中国新股民

百万◆编著

入门必备（第三版）

 经济管理出版社
ECONOMY & MANAGEMENT PUBLISHING HOUSE

前　言

自笔者出版《中国新股民入门必备》（第一版）以来，受到诸多股民朋友的喜爱，已多次加印，并登上了投资板块的图书畅销榜。在中国股市频繁的跌宕中，笔者根据中国股市现状和新的形势，在《中国新股民入门必备》第一版、第二版的基础上进行升级再版，以此来答谢股民朋友的支持与厚爱！

《中国新股民入门必备》（第三版）一书主要以中国股市现状为依据，在刚刚度过的 2014 年——"牛市"年之后，结合新的股市动态，通过最前沿的投资案例，对《中国新股民入门必备》（第二版）进行了升级与完善；通过对相关投资技术和投资策略等知识的分析，帮助新股民更加全面地了解并掌握入市的必备知识。

近年来，跌宕起伏的股市吸引了众多投资者的目光，在中国庞大的股民投资队伍中，不断有新生力量涌进。然而，对于以往新股民的成长经历而言，入市必交学费，大多数人通过付出惨痛的代价才成长为今日的元老。在这些元老的背后，无数新股民默默倒下、消失，退出了这一行业。

基于这种现状，笔者认为有责任将《中国新股民入门必备》（第二版）再次尽心升级，以帮助更多新股民不再陷入股市的亏损泥潭，帮助更多新股民获得最大程度的成长。

有人说股票是一种一夜暴富的获利渠道，关键在于我们是否能抓住正确的机遇。笔者认为机遇的把握绝对不能凭借运气，实力才是获利的最大倚靠。

股市中令人一夜成为百万、千万富翁的故事并不少见，甚至十分常见，这就是股票的魅力。但由于股市无情，风险并存，股市也曾让无数投资者倾家荡产。所以无论股市如何，对于新股民而言，掌握炒股的基础技巧才是获利的重要前提。

对于新股民而言，迫切融入股市的心情我们可以理解，但是炒股不同于简单的投资，这需要专业的知识与细腻的分析。然而如果新股民连最基本的股市专业术语都不能完全掌握，我们又如何去把握住转瞬即逝的获利机遇呢？

另外，股市中有很多先辈为我们留下的炒股经验，这些经验转化成的炒股理念是确保我们资金安全的重要保障。新股民最欠缺的不仅是这些前辈的经验、专业的理念，还有颗平常心。

如果新股民可以短期内具备一颗冷静、客观、正确对待股市的坚强内心，那么他必然会成为股市强者。这也是笔者向读者表达的一个重要思想，无论是新股民还是元老人物，对股价的处变不惊是运筹帷幄、决胜千里的基础，是所有股民成长的主要方向。

笔者通过思考读者对《中国新股民入门必备》第一版、第二版的反馈与回应，将更多股市新动态，炒股新方法，股民新状态融入到了《中国新股民入门必备》第三版当中，全书用通俗易懂，以图析文的方式全面地讲解了新股民涉足股市需要了解和掌握的股票知识及操作技能，笔者希望通过学习本书，读者可在短时间内完整地学习到炒股的各种技巧，顺利融入到股市当中，从而达到利用股市实现远大梦想的目标。

目　录

第一篇　新股民炒股前的准备

第三篇　买卖股票的实战技巧

第六篇　新股民如何巧妙跟庄

第七篇　新股民如何规避损失

第八篇 新股民入门其他知识必备

附 如何利用大智慧软件炒股

第一篇

新股民炒股前的准备

第一章 初识股票

什么是股票

近年来，投资理财逐渐成为人们竞相追捧的一门科学，越来越多的人希望通过投资理财增加自己的财富，但由于对股市行情或股票一无所知，使投资连连失利。若想成为投资理财真正的赢家，就需要对股票有一定的了解，熟识后方可操作。

一、股票的由来

随着社会化大生产时期的到来以及资本主义经济的发展，大工厂规模生产经营的不断扩大，供需矛盾日益突出，继而出现了资金、货源的短缺，资本的严重不足成为资本主义经济发展的巨大障碍。

为了使工厂企业的生产经营得到更多的资本，以股票为特定凭证筹集资金并用来证明资本家出资额的多少的方式逐渐进入工业领域，随后又出现了以股东共同出资经营的股份制公司形态的组织，用来吸收社会上的闲散资金。随着收集范围的不断扩大，出现了最早的股份制公司。

股份制公司的诞生与发展，迅速为资本主义国家广泛利用，并成为资本主义国家企业发展的重要组成部分。

股票是股份制公司资本的构成部分，它的产生，是社会化大生产的产物。它向社会公开发行，将筹集资本的范围扩大，是投资者投资入股公司，并按出资额的大小享受相应的利润并承担相应责任的有价凭证。它可以买卖、转让或作价抵押，通过这些形式流动，就促使股票市场的形成与发展。

股票的产生，促使了股票市场的产生。在1611年有大量的商人在荷兰的东印度公司进行股票的买卖交易，这形成了世界上第一个股票市场，发展至今已有大约 400 年的历史。股票的发展已经成为资本主义国家筹集资金的有利渠道之一，也是投资者投资的基本形式。

随着社会主义市场经济的发展，股票也随之进入国内并迅速发展。企业可以通过向社会公开发行股票以筹集资金用于生产经营，国家可通过控制多数股权的方式，用同样的资金控制更多的资源。

二、股票的定义

股票是一种有价证券，它是股份有限公司在筹集资本时，向出资人发行的入股凭证。它是股东出资额及股东权益的体现，用来证明投资者利益大小的依据，并据此获得红利和股息。

股票一经发出，持有者就是公司的股东。持有者凭借股票来证明自己的股东身份，参加股份有限公司的股东大会，对股份有限公司的经营发表意见及参加股份发行企业的利润分配，以此获得一定的经济利益。同时也承担公司在经营过程所进行的一切经营事务及经营风险。

一旦入股，持有者就不能以任何理由要求退还入股的本金，只能通过证券的交易市场进行转让出售。

目前，股票已经成为金融市场上长期使用的交易方式。但是，它只是股份资本所有的一种权利证书，其本身并没有实用的价值，只是资本收入的代名词。

股票的特征

1. 稳定性

股票投资没有时间的限制，但是一经买入，只要所买股票的公司存在，任何持有者都是公司的股东。

王鹏是初进股市的新股民，在买了 2000 股某公司的股票后，由于该公司的发展不景气，其股票一直处于下降趋势，王鹏见此情形，并没有把手持股票转让出售，一直自负盈亏。10 年过后，该公司经过改革得到了飞速发展，其股价连连攀升，王鹏也因此得到了一笔丰厚的利润。

由此我们可以看出，股票的发行具有一定的稳定性，它不会随着时间的增加而终止。

2. 风险性

（1）只要是投资就会有风险，股票的发行也是如此。股票投资者的盈亏取决于企业的盈利状况：企业盈利多则投资者获得的利益就多；反之，就少。更有甚者，公司一旦破产，所投资的股票就会血本无归。

（2）任何一种商品都有自己的价格，股票也不例外。股票的价格由于受到企业经营状况、政治性因素、经济性因素的影响也会不断地变化。价格的大起大落同样也会影响投资者的盈利。

所以，想要进入股市投资的新股民，一定要谨慎、细微，否则会对自己的投资造成不良的影响。

3. 流通性

股票是一种流通性较强的流动资产，股民所持有的股票可以随便转让出售，也可以赠送抵押。也正是这种流动性，才使股票成为一种重要的融资工具，并不断发展。

4. 权责参与性

（1）股票持有者具有参与股份公司盈利分配和承担有限责任的权利和义务。股东可凭其持有的股份向股份公司领取股息、红利。但是当公司遇到重大危机而解散或破产时，股东需对公司承担有限责任。

（2）股票持有者有权出席股东会议，或参与公司的某项重大的决策，具有投票权，可看作是参与经营权。从实质上看，股东参与公司决策的大小，取决于其拥有股份的多少。股东所持有的股票数量越高，越能掌握公司的控制权。

5. 法定性

股票须经有关机构批准和登记注册，进行签证后才能发行，并必须以法定形式，记载法定事项。

6. 无期性

股票投资是一种无确定期限的长期投资，只要公司存在，投资者一般不能中途退股。

7. 不可偿还性

股票是一种无偿还期限的有价证券，投资者认购了股票后，就不能再要求退股，只能到二级市场卖给第三者。股票的转让只意味着公司股东的改变，并不减少公司资本。

8. 收益性

（1）股票持有者有权凭借其手中持有的股票，按照公司的相关制度及章程，从公司领取股息和红利，进而获取经济利益。公司盈利水平和盈利分配政策在一定意义上影响了股息与红利的大小。

（2）股票持有者可以通过低价买入、高价卖出股票的方式，获取差价利润，或实现资产保值增值。

股民买股票的动机

投资不仅仅是一种行为，更是一种带有哲学意味的东西！
—— 美国科幻小说家约翰·坎贝尔

很多时候人们所期望的简单美好的生活就是有一份稳定的工作、一定的薪金待遇，减少不必要的开支，然后幸福快乐地生活。

想要创造美好的未来，就要学会聪明地理财。有人说，理财很难，费心费神。其实不然，理财工具有很多，投资人可以挑选适合自己的理财工具。

目前，我国常见的投资工具主要有：银行存款、股票、基金、债券、期货、房地产等。这些投资工具各有其报酬与风险。有的投资，报酬率越高，风险性也就越高。

因此，股票作为一种投资报酬高，风险也相对高的投资工具，已成为人们投资理财优先考虑的对象。

为什么人们纷纷加入购买股票的行列，人们购买股票的动机又是什么？

有的人买股票是因为听说朋友或是亲戚买股票赚了大钱，自己也想碰碰运气；有的人因为手中有闲散的资金，用买股票的方式进行投资；有的人认为银行的利息太少，想通过买股票的方式获得更高的利益；还有的人把买卖股票当成一种投资游戏，以享受收益和风险的双重刺激。

总之人们购买股票的动机不尽相同，但有一点是肯定的，那就是想赚钱。

那么，人们购买股票真的能赚到钱吗？仅从单个股民购买股票的行为中分析，我们就能得出两种截然不同的结果。既然这样，为什么还有那么多的人愿意购买股票呢？

成为企业的股东、享有股东权利并不是人们购买股票的主要原因、目的，而是在于以下六个方面：

（1）每年有可能得到上市公司的回报，如分红利、送红股。股份公司按照其经营状况，在获得的利润中抽取一部分并按股份的比例分配给投资者。有的企业采取的不是按利润分配，而是送红股的形式，也就是增加股东的持股数量，最后获得更高的收益。

（2）能够在股票市场上交易，获取买卖价差收益。

（3）能够在上市公司业绩增长、经营规模扩大时享有股本扩张收益。这主要是通过上市公司的送股、资本公积金转增股本、配股等来实现。

（4）投资金额具有弹性。相对于房地产与期货，投资股票并不需要太多资金。由于股票价位多样化，投资人可以根据自己的财务状况选择股票。

（5）变现性佳。若投资人急需用钱，通常都能在当天卖出股票，在下一个交易日便可以收到股款。但目前中国股票市场上市公司越来越多，也出现了若干流动性不佳的股票，投资人在选择股票的时候，需多加注意。

（6）在通货膨胀时期，投资好的股票还能避免货币的贬值，有保值的作用。

通过上述六点可以看出，股票的好处越多购买股票的人也就越多，股价自然就会上涨。

伴随着中国经济的发展，众多的企业在打击与风险中越挫越勇，盈利也随之不断增加，继而股民得到的回报也就越多。

什么是分红配股

一、分红

所谓分红就是投资者购买上市公司的股票，对其进行投资，但同时还有享受利益分红的权利。

上市公司在进行分红时，可采用向股东派发现金股利和股票股利两种形式，如图 1-1 所示。

除此之外，投资者还经常会遇到上市公司转增股本的情况。转增股本指公司将资本公积转化为股本。投资者在股权的登记日持有转增股的股票都会享有转增股权。

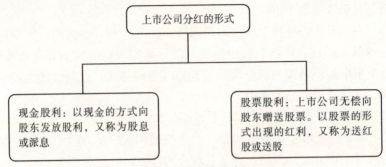

图 1-1　上市公司分红

　　送股和转增股都是通过证券交易所的系统自动地打入投资者的账户，等到上市之日，投资者便可使用该部分股票进行交易。

　　那么，上市公司在进行年度分配时，必须要经过哪些程序？见图 1-2。

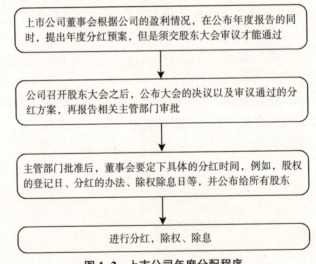

图 1-2　上市公司年度分配程序

　　上市公司的年度利润分配须经过四项程序，公司的盈利要按顺序进行分配，如图 1-3 所示。

二、配股

　　所谓配股是上市公司为了进一步筹集、吸收资金以满足公司发展的需求，而向公司的股东配售一定数额的股票的行为。配股是一种筹资的方式，

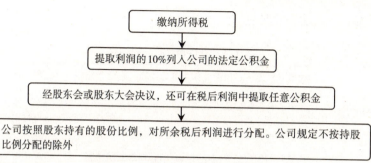

图1-3 上市公司年度利润分配程序

本身不进行分红。公司股东可以自由选择是否购买所配的股票。

配股不是一种利润分配方式，而是投资者对公司再投资的过程。投资者经常会遇到配股这一情况，因此要详细地了解配股所具备的条件。

配股的条件：

（1）上一次发行的股份已经募足，并间隔1年以上，募集资金使用效果良好。

（2）公司上市超过三个完整会计年度的，最近3年连续盈利。

（3）公司在最近3年内财务会计文件无虚假记载或重大遗漏。

（4）本次配股募集资金后，公司预测的净资产收益率应达到或超过同期银行存款利率水平。

（5）配售的股票限于普通股，配售的对象为股权登记日登记在册的公司全体股东。

（6）公司一次配股发行股份总数，不得超过该公司上一次发行并募足股份后其股份总数的30%，公司将本次配股募集资金用于国家重点建设项目、技改项目的，可不受30%比例的限制。

配股的分类如表1-1所示。

表1-1 配股的分类

有偿配股	无偿配股
有偿配股是股份公司办理现金增资，股东必须按所持有股票的比例用现金认购，此种配股除权，除的便是新股认购权	公司依法经营赚取利润，按照股东大会的规定分配盈余。盈余的分配有两种方法： 1. 配息。股东按照所持有股票的比例依法领取现金，也称为除息 2. 配股。股东按照持股的比例领取股票，不用现金认购，无偿取得

投资者在认购配股时应该具体地了解以下内容，如表1-2所示。

表1-2　投资者认购配股须知

配股认购说明	投资者可以通过当面委托、电话委托、自助委托等方式认购，方法与买卖股票大致相同 投资者认购配股还可以通过多次申报的方式进行，但是每个申报人申请认购的配股总数量最多不可超过配股的数量。然而，投资者也可根据自己的意愿决定是否认购配售部分或是全部的配股
如何确认认购的配股有效	所要认购配股的时间是有限制的，如果到期没有交款，当成是自动放弃配股权处理 投资者在认购配股的第二天到券商处打印交割单，查看账户的现金是否上交，确认购买是否有效
认购的配股是买入还是卖出	在交易所的电脑系统中，深市的配股认购的买卖方向是"买入"，而沪市的认股权证在交易所买卖方向限制以"卖出"完成
如何计算配股数	以股权登记日算起，投资者持有的股份数×社会公众比例数，取整数。如果不足1股的四舍五入取整。但是，深市规定配股不足一股的不予配售
配股中的"零碎股"要如何处理	不足1股的股票称为零碎股。它一般会在分红或是配股之后出现。根据深交所的规定，公众股以及内部职工股在分红时产生的零碎股不派发给投资者，而是计入深圳证券登记结算公司的风险账户 国有股、法人股分红时产生的零碎股也要计入结算公司的风险账户 配股所产生的零碎股要按数量的大小排列，数量小的循环进位给数量大的股东，以达到最小记账单位1股 如零碎股大小相同者，由电脑随机抽签决定
配股时数量错误输入怎么办	投资者在上交配股款项时，如果发现已委托的交易所发出的电脑主机的单子出现错误，如委托的股票数超出了认购的限额，此时可以撤单再重新委托

熟知股价指数

想要在股市中盈利，就要对股票价格的指数有所了解。

所谓股价指数，就是股票的价格指标，是股市中动态地反映某个时期各种股票价格的一种比例数或指标。它由金融公司根据众多上市公司的股票价格综合编制而成。

具体地说，以某一个基期的总价格水平为100，用各个时期的股票总价格水平相比得出的一个相对数，就是各个时期的股票价格指数。

股价的指数通常以某一段时间或某个固定的日期为基期，基期的股价指数为一常数，股价指数的计算公式为：

$$各期的股价指数 = \frac{计算期股价平均值}{基期股价平均值}$$

股票价格指数一般是用百分比表示的，简称"点"。股票价格指数由专门的金融机构编制后，在报刊、电台、电视上登载和播放，投资者可以根据指数的升降情况判断股票市场的变化趋势。

股票价格指数的计算方法大致可分为两种，如图1-4所示。

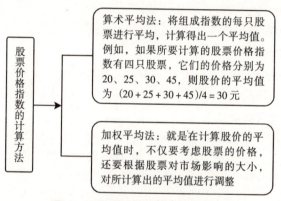

股票价格指数的计算方法

算术平均法：将组成指数的每只股票进行平均，计算得出一个平均值。例如，如果所要计算的股票价格指数有四只股票，它们的价格分别为20、25、30、45，则股价的平均值为（20 + 25 + 30 + 45)/4 = 30 元

加权平均法：就是在计算股价的平均值时，不仅要考虑股票的价格，还要根据股票对市场影响的大小，对所计算出的平均值进行调整

图1-4 股票价格指数的计算方法

对股票价格的计算方法有所了解后，我们介绍几种股市中最常见的股价指数：上证股价指数、深圳综合股价指数、上证180指数、上证50指数、道·琼斯指数、标准·普尔指数、香港恒生指数、日经指数、金融时报指数。其中，上证股价指数、深圳综合股价指数是我国常见的股价指数。

一、上证股价指数

1. 上证股价指数的编制及计算公式

"上证股价指数"的全称是"上海证券交易所综合股价指数"。最初的上证股价指数是根据上海股市的情况，参考国外股价指标的制定方法，由中国工商银行上海分行信托投资公司编制而成。

上证指数以1990年12月19日为基期，以"点"为单位，基期指数被定位为100点，1991年7月15日开始公布。上证股价指数是以上海股市现有的全部股票为计算的对象，能够清楚地反映上海股价的变动情况。其计算公式如下：

当今的股票指数 = （当日股票市价总值÷基期股票市价总值）×100

2. 上证股价指数的修订方法

由于非交易性的各种因素，使股票市价的总值出现变动，大多数采用"除数修正的方法"以用来维持股价指数的连续性。指数修正公式如下：

修正前采样股的市价总值/原除数=修正后采样的市价总值/修正后的除数

当股票在进行分红派息的时候，上证股价指数不需要修正。那么股票指数遇到何种情况时才给予修正呢？

（1）新股上市之时。

（2）股本的数量出现变动，如送股、配股等。

（3）股票摘牌之时。

（4）进行股票撤权时暂时不计入指数，复权后修正重新计入指数。

（5）汇率的变动。

3. 上证股价指数的分类

由于上海股票市场的不断发展，在 1992 年 2 月 21 日，为反映 A 股、B 股的走势情况，增设上证 A 股和上证 B 股指数两大类。在 1993 年 6 月 1 日又增设上证分类指数，大体包括的内容见表 1-3。

表 1-3　上证股价指数分类

上证分类指数	工业类指数
	商业类指数
	地产类指数
	公用事业类指数
	综合业类指数

随着股票的发展，上证指数已经发展成为综合股价指数、分类指数、样本指数在内的股价指数系列。

4. 上证股价指数的发布

到目前为止，上证股价指数是逐笔计算的，即每一笔新的业务成交，就会重新计算一次股价指数。但是，采样股的股价（X）要根据以下情况计算：

（1）如果当日的股票没有成交，则 X = 前日的收盘价。

（2）如果当日的股票成交，则 X = 最新的成交价格。

二、深圳综合股价指数

由深圳证券交易所编制的深圳股价指数，是以 1991 年 4 月 3 日为基期，以"点"为单位，基日指数被定为 100 点，以深圳交易所上市交易的现有的全部股票为计算的对象，其计算公式如下：

深圳股价指数 =（现时采样股票总市值÷基期采样股票总市值）×100

大致的计算方法是：采样股票的每日收盘价分别乘以股票的发行量后求和得到采样的市价总值，再除以基期的市价总值后乘以 100 得到股价指数。

如果股票的数量和结构发生变化，要用变动之日的新基期数计算，同时用"连锁的方法将计算得到的指数追溯为基日，以保持指数的连续性"。

熟通股市的常用术语

一、股票的常用术语

ST 股	ST 股是指境内上市公司出现异常状况，连续 2 年亏损，继而进行特别处理的股票
垃圾股	指业绩较差公司的股票
绩优股	公司经营好、业绩好、每股收益 0.5 元以上的股票
成长股	股份公司在发行股票时，销售额和利润额持续增长，速度快。发行这类股票的公司，发展前景好，具有长远的规划并留有大量的资本促进扩张
热门股	是指发行量大、流通性强、股价变化幅度较大的股票
冷门股	指交易量较小或没有交易，流通性差、价格变化小的股票
红筹股	一般指 30% 以上的控股权直接或间接隶属于中国内地有关部门或企业，并在中国香港注册上市的公司所发行的股票
蓝筹股	指具有稳定的盈余记录，能定期分派较优厚的股息，被公认为业绩优良的公司的普通股票
股票前 N 含义	当新股上市时，为与以前发行的股票有所区别，在新股票的名称前加 N（英文 NEW 的首写字母）
股票前 S 含义	未完成股改的股票
小盘股	此类股票股本较小，没有统一的标准。流通股在 3000 万股以下
大盘股	股本较大，同样没有统一的标准。流通股在 1 亿股以上 3 亿股以下
投机股	股份公司发行的此类股票风险大，有时在几天内股票的价格上涨几倍，故此吸引了一批投机者

续表

投资股	股份公司经营状况良好，发行的具有稳定性好、获利强、股息高的股票
板块股	上市公司同处在一个行业、地域或其他领域里所发行的股票
领导股	即为热门股，是指对整个股市行情的变化具有领导功能的股票
职工股	股份公司发行的股票，其中一部分由公司的本职员工购买的股票
内部股	股份有限公司是采取定向募集的方式设立的，并且定时向内部职工募集的股份称为内部股。在本公司公开发行股票 3 年后方能上市流通
公众股	公众股又称个人股，是指社会个人或股份公司内部职工以个人合法财产投入公司形成的股份
五无概念股	没有国家股、法人股、外资股、内部股、转配股，它全部的股份是社会公众股
非上市股	没有在证券交易所注册挂牌的股票

二、股价的常用术语

白马	股票的价格已经具有慢慢上涨的趋势，并且有很大的上涨空间
黑马	在一定的时间内股票的价格上涨一倍或几倍
最低价	是指在当天成交的价格中最低的成交价格
最高价	在各种不同的成交价格中最高的成交价
涨跌停板价	股票在公开竞价时，为了防止证券市场上价格暴涨暴跌，引起过分的投机现象，证券交易所对证券市场价格的涨跌幅度给予适当限制。当天股票的价格涨跌到一定程度就不会再有涨跌，这种现象就是停板。当天价格的最高限度称涨停板，涨停板时的市价称为涨停板价；反之，就是跌停板、跌停板价
涨跌	每天的收盘价要与前一天的相比较，决定是涨还是跌。一般交易的公告盘上用 "＋"、"－" 表示
票面价值	股份公司最初所定的股票票面值
天价	少数股票由多头市场转为空头市场时的最高价格
填空	就是指跳空出现时，将没有交易的空价补回来，以填补跳空价位
除息	企业所发行的股票，在发放股息或红利时，需要对股东名册进行核对、召开股东大会等多种筹备工作。并以某日在册股东的名单为准，公告在此日以后一段时期为停止股东过户期。在停止过户期内，股息红利仍发给登记在册的旧股东，新买进股票的持有者因没有过户所以不能享有领取股息红利的权利，这就称为除息
除权	股份公司在向投资者发放股利时，除去交易中股票配股或送股的权利称为除权。除权一般会造成股价的下跌，投资者要根据股价的走势，做出准确的判断
填权	除权后股价上升，将除权的差价补回称为填权
填息	如果除息完成后，股价上涨接近或超过除息前的股价，两者的差额被弥补，就叫填息
含权	凡是拥有可以享受送配权利的股票均称含权

续表

贴权	股票除权后，价格在除权价的基础上往下跌的现象称贴权
涨权	上市公司在送转股、配股和派息时产生了除权除息的情况，在股价上留下下跌的缺口。如果股价上涨，将缺口填满甚至超过，就是涨权
跌权	如果股票的价格继续下跌，把缺口越拉越大，就是跌权
横权	如果股价长时间平盘，缺口没有动静，就是横权
铁底	指股价不可能跌破到最底部的价位
头部	当股价上涨到某个价位时，遇到阻力而下跌
突破	指股价经过一段盘整时间后，产生的一种价格波动

三、上市公司与股票的发行术语

委托书	股东委托他人在股东大会上代表自己行使投票发言权的书面证明
董秘	股份有限公司的董事会秘书，负责上市公司在股票交易所的信息发布事务
资本化证券	根据股东持有普通股股份的比例，为其免费提供新股，也称临时股或红利股
法定资本	股份公司要具备承担责任的能力，其设立要达到法定的资本金额，以保护债权人的利益
净流动资本	即流动资产减去流动负债，它是公司的生命线
年度报告	公司一年一度向全体股东宣布财务状况的报告
股本	代表企业所有权的股票，如普通股、优先股等
股东	以合法的方式购买股份公司的股份，就是该公司的股东，按持有股份的多少相应地享有各种权利
股民	在证券交易市场进行买卖股票，以用来赚取差价的群体。股民要比股东的流动性强
高息股	指发行公司派发较多股息的股票
高送配	指上市公司高比例送股或配股
增资	为了业务的需求，上市公司经常会办理有偿配股或无偿配股
增发新股	指上市公司再次发行股票的行为
股票发行	指符合证券发行条件的发行人按照法定程序向投资者募集股份的行为
路演	指股票商帮助发行人安排发行前的调研活动
承销	股票的销售业务专门委托给股票的承销机构代理
主承销商	上市公司专门聘请负责新股票的上市的辅导，并帮助发行股票的证券公司
公募价格	股份公司在发行股票时，公开招募的价格，其价格要比股票市场低

续表

认购证	早期股票市场的规模小，需求以认购证的方式来分配新股的申购
认股权证	股份公司在增发新股票时，以优惠价格发给股东购买一定数量股票的证书
发行费用	指股票的发行公司在筹备和发行股票的过程中所使用的费用
股票发行价格	股份有限公司把股票售出时，对投资者提出的购买价格
中间价发行	以时价和面值的中间价发行
红利股票	以证券的形式而不是以现金的形式发行的股票
配股	公司在发行新股时，按股东所持股的比例进行分配认股
分红派息	公司将税后的利润在弥补亏损后将剩余的利润以股票或现金的形式，按股东持股的比例进行分配
分股	把公司已销售的股票分成更大数量的股份
摘牌	上市公司由于长期亏损以致扭亏无望或由于其他原因被停止上市交易

四、常见股市术语

多头	投资者对股市的前景看好，用低价买进股票，待日后股价上涨后抛出
空头	对股市的前景不够看好，认为股价会下跌，趁高价时将其马上卖出
死多头	对股市的前景看好，只买进而不卖出，即使下跌不获利也不会卖出
死空头	分析失误或不根据实际的情况，坚定自己想法
看多	预计股价会上升，对股市的前景非常看好
看空	预计股价会下跌，认为股市不会有很大的发展前景
利多	刺激股价上涨的消息，这对看好股市的人有利
利空	刺激股价下跌的消息，对空头者有利
多翻空	对股票前景看好，突然改变看法将手中的股票卖出的行为
多杀多	认为股价会上涨，人们争着购买股票，然而当天的股价并没有大幅度地上涨，不能高价卖出，在当天股票交易快要结束之时，又争着卖出，造成股价出现大幅下跌的情况
空翻多	原本对股市的前景不够看好，改变看法，把卖出的股票再买回的行为
短多	认为股票的价格会上涨，于是先买进大量股票，并在短时间内将其卖出
新多	指新入股票市场的人，对股票的前景非常看好
实多	在资金充足的情况下，买进股票即使出现下跌，也不会轻易卖出
实户	买进股票不马上卖出，长期持有从而获利者
实空	将自己手中持有的股票放空，股价出现回升也不着急买进的人
长多	买进股票的时间较长
牛市	也称多头市场，就是股票的价格普遍上涨

熊市	也称空头市场，就是股价呈下降趋势的市场，而股价的变动情况是大跌大涨
反弹	股票经过一段时间的下跌之后，有可能出现短期的上升，人们称为反弹
反转	在长期的熊市或牛市过后，股票的价格回调或反弹到一定程度时，使得股价由多头转入空头或由空头转入多头
盘整	股价的发展趋势不明显，而是停在某个小区间内上下波动
回调	股价涨势强劲，但因上涨过快而引起的下跌
突破	股价在盘整中转入到多头或空头市场
吸货	指庄家在低价时不动声色买进股票
出货	指庄家在高价时不动声色卖出股票
建仓	买入股票
仓位	所持股票占所有资金和股票的比例
囤仓	买入大量的股票并不卖出
持仓	手持股票不买也不卖，见机行事
轻仓	在资金和股票的总额中，股票占较少的部分，大部分为现金
重仓	在现金和股票的总额中，现金占较少的部分，大部分为股票
满仓	将手中的现金全部买成股票
全仓	买卖股票不分批次，一次性建仓或一次性平仓，并有成交结果的行为
半仓	仅用50%的现金买股票建仓
平仓	股票买进后，股价上涨获得盈利后卖出，是一种成交结果的行为
斩仓	将股票赔本卖出
倒仓	庄家自身或庄家之间股票筹码的转移
补仓	股价在上涨时对股市的前景看好或摊低成本，再次买入原先已经持有的股票
解套	股价上涨，使得股票的持有者不赔本卖出
散户	资金少，小量买卖股票的普通持有者
大户	手中有较大量的资金，对股市大量投资，大批买卖股票的投资者
机构	从事股票交易的法人，如证券公司、保险公司等
庄家	有强大的实力，能够大量买卖股票，从而使价格出现变动的大户
主力	有很强的实力，并通过买卖股票而影响整个股市的大户
抢帽子	是股市上一种短期的投机性行为
帽客	从事抢帽子行为的人
断头	股票的价格当天并没有上涨，反而下跌，只好低价将股票赔钱卖出
吊空	股价当天并没有下跌，反而上涨，只好高价赔钱将卖出的股票买回
对敲	是股票投资者（庄家或大的机构投资者）的一种交易手法。具体操作方法是在多家营业部同时开户，以拉锯方式在各营业部之间报价交易，以达到操纵股价的目的
敲出	直接按买入价格卖出股票的迅速行为

敲进	直接按卖出价格买进股票的迅速行为
拔档	对股市的前景看好，突然遇到股价下跌，并预计可能还要下跌，于是将股票卖出，等到股价跌到一定程度后再将其补回
保证金	投资者在购买股票时必须预付一定比例的金额，但是我国目前不允许保证金股票交易
报价	在证券交易所内，交易者在一定的时间内对股票所报出的最高进价或最低出价
套牢	指买入股票后，股价下跌不愿赔本卖出而是持股等候股价上涨，称为多头套牢；预测股价会下跌于是将股票卖出，结果股价却一路上涨，称为空头套牢
打底	股价在最低点慢慢回升，随之人们认为股市的前景不好使股价再度下跌，但是有一部分人却对股市看好，支撑股价上涨，这样来回几次后，股价便会脱离最低点而上涨
打开	股价由涨跌停板滑落或回升
打压	用各种方法将股价压低
差价	股票在买进和卖出之间的差价，获得的利润或亏损
筹码	买进股票但是还未卖出等待估价的代称
诱多	主力庄家根据股市情况将股票清仓出货，但还引诱股民对股市看好大量买入股票
诱空	主力庄家依据股市情况建仓进货，但引诱股民，认为股价会下跌，让其大量卖出的行为
轧多	投资者认为股市的前景较好，股价会上升，他们存储的股票较多。此时，对股市的前景不够看好的投资者便会大量外抛，将股价打下，使认为股市前景好的人损失惨重
轧空	多头对空头的重大打击。当空头认为股市会继续下跌时，他们基本是空仓。此时，多头实施攻击，将股价提升，让空头失去翻身的机会
踏空	投资者认为股价会继续下跌，而没有购进，但是股价却一路上涨，失去了赚钱的大好时机
浮多	对股市的前景看好，认为股价将会上涨，想大赚一笔，于是向别人借钱买股票。如果放款人想要收回资金，卖股票的多头则急需卖掉股票，归还资金。这时，即使股价上涨，也不敢长期拥有股票，一旦获得利润就会卖出。一旦股价出现下跌，便会心慌意乱，赶紧赔钱了结，以防套牢
浮空	投资者认为股价会下跌，借股放空，但是所放空的股票，有被收回的顾虑
割肉	将股票以低于买入的价格卖出
挂出	卖出股票
关卡	买入股票
惯压	用大量股票将股价大幅度压低，以便低成本大量买进，谋取更多的利益
僵牢	指股价有时会出现左右徘徊的局面，在一定的时间内，既不上涨也不下跌
零股交易	不到一个成交单位的股票
买力薄弱	股票的成交量小，买股票者能力低，大多数的投资者持观望的态度
哄抬	用大量的股票将股价抬起，大户在哄抬高价后便会大量卖出股票以获取暴利
抢搭车	投资者看到股价上涨马上买进的行为

续表

抬轿子	在别人买进后方醒悟,跟着买进,结果把股价抬升使别人获利,而自己将要买进的股票价格也会上升,无利可图
下档	在当时股价以下的价格
下轿子	投资者获得高利后即刻了结
现卖	在交易市场,当交易成功后,要求在当天交付证券的行为
线仙	指精于线路图分析和研判大势的老手
行情停滞	指行情没有特别的起伏,股价也没有出现变动,投资者持观望情形的状态
盈亏临界点	股票交易量的基数点,超过则盈利,反之则亏损
游资	在股票市场上频繁地流动,并且专以投资套利为目的
老鼠仓	操盘手在为公司操盘时,同时用自己的资金跟着炒作,以获得利益

五、常见股市盘口术语

买盘	用大量的资金买入该股票的实际行为
卖盘	将资金撤出该股票的实际行为
洗盘	庄家已经达到了炒作股价的目的,于是中途低价买进股票,意志不坚定的轿客下轿,减轻上档的压力,并让持股者的平均股价上升的行为
平盘	股价稳定,即不涨不也跌
开盘价	每天集合竞价产生的价格
开平盘	今日的开盘价与前一营业日的收盘价相同
开低盘	开盘价比前一日的收盘价低
全盘尽黑	所有的股票都呈下跌的状态
砸盘震仓	将股价拉升之前先降低,使得获利盘、止损盘出局,以便减少日后股价上升时的抛压
震盘	股价在一天中出现忽高忽低的状态
崩盘	由于某种原因,使投资者将大量的股票抛出,导致股价大幅度地下跌,何时停止无法预测
红盘	今天的收盘价高于昨天
护盘	刺激股民购买股票,促使股价上涨,带动大小股东也随之一起购买的行为
整理	股价在经过一段时间的上涨或下跌后,进入稳定、变动的阶段,为下一次的大变动做准备
支撑线	当股价下跌到一定程度时,股民认为此时是有利时机,便大量买进股票,使股价停止下跌,直到出现回升的局面,股价下跌时遇到的阻力便是支撑线
阻力线	股价上涨到一定的程度,有大量的股民卖出股票,使股价停止上涨并出现下跌的情形
箱体走势	股价走势的一种形状

集合竞价	在每天早晨的 9：15~9：30，通过计算机的整理，以价格优先、时间优先为指标确定开盘价
高开	指股票当天的开盘价高于昨天的收盘价
低开	指股票当天的开盘价低于昨天的收盘价
跳水	股价在较短的时间内大幅度下跌
盘档	股价的变动幅度不大，最高价与最低价之间的变动幅度较小，如果时间一长，则持续的时间达半个月之久
盘坚	股价慢慢上涨
盘口	具体到个股买进、卖出 5 个档位的交易信息
盘软	指当天的股价缓慢盘旋下跌
盘体	描述股市行情整体态势的俗称
扫盘	主力不计代价和成本将盘面上的筹码全部吃掉
拉抬	利用大量的股票将股价抬升的行为
露单	将买卖显露在盘面上
杀跌	在股价下跌时抛出股票，使得股价继续下跌
上档	在股市以上的价格
升高盘	指开盘价比前一天的收盘价高出很多
升水	与以前的投资价格相比，目前的市场价格已经提高，称为升水
试盘	主力通过少量的买卖了解市场人气、买卖意愿、持仓成本等
探底	股价跌落到一定程度，便会止跌回升，如此一次或数次
形态分析	利用 K 线组合的各种形态，分析股市情况
早晨之星	通常情况下会被认为是股价上涨的一种 K 线组合
盘整	指股价经过一段时间的上涨或下跌后，遇到某些因素继而出现小幅度的变动
W 底	股票中的一种形态理论，通常在这种形态下股价会上涨
死叉	死亡交叉是指下降中的短期移动平均线由上而下穿过下降的长期移动平均线，这个时候支撑线被向下突破，表示股价将继续下落，行情看跌
金叉	短期移动平均线或短期、中期移动平均线的走势图形。此交叉点是建仓的机会，所以把此交叉称作黄金交叉

第二章　新手入门必备知识点

如何购买新股

一、购买新股程序

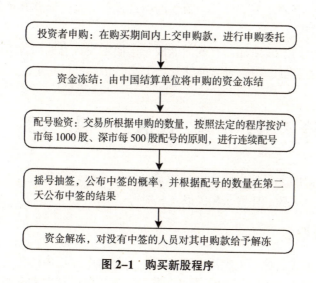

> 投资者申购：在购买期间内上交申购款，进行申购委托
>
> ↓
>
> 资金冻结：由中国结算单位将申购的资金冻结
>
> ↓
>
> 配号验资：交易所根据申购的数量，按照法定的程序按沪市每 1000 股、深市每 500 股配号的原则，进行连续配号
>
> ↓
>
> 摇号抽签，公布中签的概率，并根据配号的数量在第二天公布中签的结果
>
> ↓
>
> 资金解冻，对没有中签的人员对其申购款给予解冻

图 2-1　购买新股程序

二、购买新股需要注意的问题

（1）如果是没有购买过股票的人，在购买新股之前要办理好资金账户和股票账户。

（2）新股购买的时间为上午 9：30~11：30，下午 13：00~15：00。

（3）委托申购新股，不能在中途撤单，并在申购的期间内不能撤销指定交易。

（4）申购新股每 1000 股或是每 500 股配备一个申购号，同一笔申购号码是连续的。

（5）如果投资者发生透支申购的情况，则透支的部分将撤销申购不予配备号码。

（6）购买新股，每个账户只能使用一次，如重复购买，只以第一次作为有效申购。

（7）新股的上市日期经证券交易所批准后，在指定证券报上刊登。

（8）投资者购买新股要详细阅读招股说明书和发行的条款。

虽然购买新股的人很多，但并不是说购买新股没有风险，特别是在股市处于低迷时期。所以在购买新股时一定要详细了解、分析新股的内在价值，不要被表面的利益所诱惑。

有时，上市公司为了投资一项新的项目或急需资金兼并其他的公司，而增发少量的新股。

增发新股的形式多样，有的向老股东定向增发，有的向投资者发行。新股的定价有高有低，投资者需要认真地了解，切忌盲目购买。

什么是A股、B股、H股、N股、S股、L股

由于股票的上市地点和面对的投资者不同，所以，我国将上市公司的股票分为 A 股、B 股、H 股、N 股以及 S 股等。

一、A 股

A 股的正式名称是人民币普通股票。它是由中国境内的公司发行，供境内机构、组织或个人（不含台港澳投资者）以人民币认购和交易的普通股股票。A 股不是实物股票，而是以无纸化电子记账，实行"T+1"交割制度，有涨跌幅（10%）限制，参与投资者为中国大陆机构或个人。

A 股有如下三个特点：

（1）在公司发行的股票中所占比例最大，流通性较好。但是 A 股并不是公司发行最多的股票。

（2）在中国境内发行，只允许中国境内的投资者用人民币进行买卖。

（3）是一种只注重盈利分配权，不注重管理权的股票。大多数购买 A 股的人只关心它的买卖价格，对其他的权利并不关心。

二、B 股

B 股的正式名称是人民币特种股票，它是以人民币标明面值，以外币认购和买卖，在境内（上海、深圳）证券交易所上市交易的外资股。

它的投资人限于：外国的自然人、法人和其他组织，港澳台地区的自然人、法人和其他组织，定居在国外的中国公民，中国证监会规定的其他投资人。

现阶段 B 股的投资人，主要是上述几类中的机构投资者。B 股公司的注册地和上市地都在境内，只不过投资者在境外或在中国香港、澳门及台湾地区。

三、H 股

H 股，也称国企股，即注册地在内地、上市地在香港地区的外资股。香港的英文是 Hong Kong，取其首字母 H。

四、N 股

N 股，是指在中国大陆注册、在纽约（New York）上市的外资股票，取纽约字首的第一个字母 N 作为名称。

另外，在我国股市中，当股票名称前出现 N 字，表示这只股是当日新上市的股票，字母 N 是英语 New（新）的缩写。看到带有 N 字头的股票时，投资者除了知道它是新股，还应认识到这只股票的股价当日在市场上是不受涨跌幅限制的，涨幅可以高于 10%，跌幅也可深于 10%，这样就较容易控制风险和把握投资机会，如 N 北化、N 建行、N 石油等。

五、S 股

S 股，是指主要生产或者经营等核心业务在中国大陆而企业的注册地在内地，但是在新加坡交易所上市挂牌的企业股票。

S 股在我国是指尚未进行股权分置改革或者已进入改革程序但尚未实施股权分置改革方案的股票，在股票名前加 S，此标记从 2006 年 10 月 9 日起启用，日涨跌幅仍为上下 10%（ST 股为 5%）。从 2007 年 1 月 8 日起，日涨跌幅调整为上下 5%。

六、L 股

L 股，指的是股份公司注册地在我国内地，上市地在伦敦的外资股，即在伦敦证券交易所上市股票。伦敦的英文是 London，取其首字母 L。

股票名称前包含 "ST" 和 "PT" 是什么意思

一、ST 股

1998 年 4 月 22 日，沪深交易所根据 1998 年实施的股票上市规则宣布将对财务状况或其他状况出现异常的上市公司股票交易进行特别处理（Special Treatment）。由于特别处理的英文首字母分别为 S、T，因而这类股票被称为 ST 股。

所谓 "财务状况或其他状况出现异常" 主要表现为：

（1）最近两个会计年度的审计结果显示的净利润为负值。

（2）最近一个会计年度的审计结果显示其股东权益低于注册资本。

（3）注册会计师对最近一个会计年度的财产报告出具无法表示意见或否定意见的审计报告。

（4）最近一个会计年度经审计的股东权益扣除注册会计师、有关部门不予确认的部分，低于注册资本。

（5）最近一份经审计的财务报告对上年度利润进行调整，导致连续两个会计年度亏损。

（6）经交易所或中国证监会认定为财务状况异常的。

一旦上市公司的股票被冠以 "ST" 前缀，其在股票交易的过程中，必须遵循三项规则：

（1）股票报价日涨跌幅限制为 5%。

（2）股票名称改为原股票名前加 "ST"，例如 "ST 辽物资"。

（3）上市公司的中期报告必须审计。

对于会炒股的人而言，当某公司公布亏损年报后，这些股民就能清楚知道自己持有的股票将会暂停上市。如果此时他们仍继续进行投资，是因为这些人在之前已经做好思想准备，所以暂停上市不会对他们造成严重打击，作为一名新股民，不要盲目跟风。

同样情况，对于新股民而言，一旦满仓搁浅，绝不是一件好玩的事情。历史上曾有一个血淋淋的教训。一位对股票一知半解的老太太，在他人的劝导下买进一只 ST 股票。然而短短几天的时间，这只 ST 股票就暂停交易，经过向证券公司工作人员询问，才知道这只股票暂停上市。

经营性亏损是 ST 股被特殊处理的主要原因，所以，在短时间内很难通过强制管理扭亏为盈，就这一点而言，对新股民是一个沉重的打击。

但是也有例外，比如有些 ST 股的亏损是由特殊原因造成的，或者有些 ST 股正处于资产重组阶段，而这样的 ST 股往往暗藏巨大的潜力。

因此，对于处于特别处理阶段的 ST 股，新股民要区别对待，具体问题具体分析。

二、PT 股

PT 是英文 Particular Transfer（特别转让）的缩写。依据《公司法》和《证券法》规定，上市公司出现连续三年亏损等情况，其股票将暂停上市。沪深交易所从 1999 年 7 月 9 日起，对这类暂停上市的股票实施"特别转让服务"，并在其简称前冠以"PT"，称为"PT 股"。

所谓"特别转让服务"指的是：

（1）公司股票简称前冠以"PT"字样（PT 为 Particular Transfer 的缩写，即"特别转让"）。

（2）投资者在每周五（法定节假日除外）开市时间内申报转让委托。

（3）申报价格不得超过上一次转让价格的上下 5%（上一次转让价格显示在行情系统中的昨日收盘价栏目中）。

（4）每周星期五收市后对有效申报按集合竞价方法进行撮合成交，并向本所会员发出成交回报。

（5）转让信息不在交易行情中显示，由指定证券报刊设专门栏目在次日公告。

（6）公司股票不计入指数计算，成交数据不计入市场统计。

PT 股与正常交易股票的不同之处主要有以下四点：

（1）交易时间不同。PT 股的交易日每周只有一个，即交易只在每周五的开市时间内进行。

（2）涨跌幅限制不同。据《上市公司股票特别转让处理规则》规定，PT股只有 5% 的涨幅限制，没有跌幅限制，投资的风险也随之增加。

（3）撮合方式不同。正常股票交易是在每交易日 9：15~9：25 之间进行集合竞价，集合竞价未成交的申报则进入 9：30 以后连续竞价排队成交。而 PT 股是交易所在周五 15：00 收市后一次性对当天所有有效申报委托以集合竞价方式进行撮合，产生唯一的成交价格，所有符合条件的委托申报均按此价格成交。

（4）交易性质不同。PT 股作为一种特别转让服务，其所交易的股票并不是真正意义上的上市交易股票，因此股票不计入指数计算，转让信息只能在当天收盘行情中看到，或由指定报刊设专栏于次日公布。

特别转让服务，一方面能为暂停上市的股票提供交易场所，另一方面可以向新股民提示风险，保护其合法权益。

股票的其他分类

一、股票根据股东的权利和义务可分为普通股与优先股两大类

1. 普通股

普通股股票是指股票持有者享有参加公司经营决策、获取盈利以及财产分配的同等权利。它是股票的一种基本形式，也是股份有限公司最重要的一种股份，是构成股份有限公司的基础。

那么，普通股又有何特点？如果要买此类股票应该怎样去了解？

（1）普通股股票的持有者，是股份有限公司的基本股东。普通股的有效期是与股份公司相始终的，也是股份公司发行的一种标准股票。

（2）股份有限公司最初发行的便是普通股股票，它是极其普通也是最重要的股票种类。由于其发行的范围广泛、发行量大，是占市场上绝大多数的股票种类。股份有限公司大部分的资金都是通过普通股筹集而来的。

（3）普通股是股票种类中风险最大的一种，因此股票的持有者所获取的盈亏是不稳定的，它随着公司的经营状况好坏而上下波动。所以，持有普通股股票的股东其收益最不稳定，投资风险也最大。

但普通股股票对于股份公司而言，股东的地位是平等的。只要股份公司存在，股东就享有一定的权利。

（1）参与公司经营决策权。普通股股东有权参与公司经营管理、参与股东大会，并有建议权、表决权和选举权，也可以委托他人代表其行使股东权利。

（2）分配公司经营利润权。普通股股东凭借自己所持有的股份有权参与公司的盈利分配，在利润中获得红利和股息。普通股的股息是不固定的，由公司盈利状况及其分配政策决定。普通股股东必须在优先股股东取得固定股息之后才有权享受股息分配权。

（3）优先认股权。当股份有限公司为增加公司资本而决定增资扩股时，原有普通股股东有权按其持股比例，优先认购新股，从而保持其对公司所有权的原有比例不变。

（4）剩余资产分配权。当股份制公司破产清算时，若偿还债务过后还有剩余，在分配给优先股股东之后，普通股股东按持有股份比例的大小对剩余资产进行分配。

2. 优先股

所谓优先股是指股份有限公司在分配红利和剩余资产时具有优先权的股份，但是股份制有限公司对持有该种股份股东的权益给予一定的限制。

（1）一般来说，优先股具有以下特征：

1）当股份制公司解散、破产清算时，优先股获得剩余资产的权利在债权人之后、普通股股东之前。

2）优先股股东权利范围小，不享有公司经营决策权，既不包含表决权、选举权，也无权利过问公司的事务。但是在影响到优先股股东利益时，优先股股东为维护自身的利益有权发表意见。

3）优先股获得股息先于普通股，通常是事先确定股息的收益率，所以优先股的股息不会随着公司的经营状况而改变。一般情况下，优先股股东也不会参与公司的分红。

4）优先股的流通性受到一定的限制，一般不能上市交易。

（2）优先股的权利虽然受到一定的限制，但是种类多样，大致可分以下几种：

1）累积优先股和非累积优先股。累积优先股股票是指在某个营业年度内未支付的股息，如果公司所获的盈利不足以分派规定的股利，优先股的股东对往年未付给的股息有权要求如数补给。非累积优先股股票是指只能按当年盈利分取股息的优先股股票，如果当年公司经营不善而不能分取股息，未分的股息不能予以累积，以后也不能补付。

2）可转换优先股和不可转换优先股。可转换优先股股票是指股票的持有者可以在规定的时间内，按股份公司的规定，把优先股转化成普通股股票或者是其他的证券。不可转换优先股是指不论在何种条件下都不具备转换成其他金融证券的优先股股票。

3）可赎回优先股和不可赎回优先股。可赎回优先股是指允许股份有限公司发行，并按一定的价格或是追加补偿金将已发行的优先股股票收回，这又称为可收回优先股股票。不可赎回优先股是指没有与之相匹配的股票代替已经发行的优先股，并没有附加的条件收回的股票。

那么，要运用何种方式才能将可赎回优先股收回呢？

第一，股份有限公司在发行优先股时，在所获得的资金中调拨一部分以用于赎回发出的优先股股票。

第二，转化方式，即优先股可按规定转换成普通股。虽然可转换的优先股本身构成优先股的一个种类，但在国外投资界，也常把它看成是一种实际收回优先股方式，只是这种收回的主动权在投资者那里而不在公司那里，对投资者来说，在普通股的市价上升时这样做是十分有利的。

第三，溢价方式，公司在按一定的价格赎回优先股股票时，往往会给投资者带来不便或是损失，因而公司会追加一部分补偿金，这就是通过溢价方式赎回的优先股。

二、股票按投资主体可分为国家股、法人股、公众股、外资股

国家股	国家股是指以国有资产向有限公司投资形成的股权。国家股又称"国有股"或"国有资产股"，它是由国家投资或经国有资产管理部门确认的国有资产折合成的股份。国家股的股权所有者是国家，由各级国有资产管理部门或机构行使监督和管理的职能。国家股股权也包含国有企业向股份有限公司形式转换时，将现有的资产折合成的国有股份
法人股	法人股是国有法人股和社会法人股的总称，是指企业法人或具有法人资格的事业单位和社会团体持有的上市公司的股份。如果该法人是国有企业、事业及其他单位，那么该法人股为国有法人股；如果是非国有法人资产投资于上市公司形成的股份则为社会法人股。根据法人股认购的对象，可将法人股进一步分为境内发起法人股、外资法人股和募集法人股三个部分

续表

公众股	定义	公众股又称为个人股，是指社会个人或股份公司内部职工以个人合法财产投入公司形成的股份，我国公司法规定，单个自然人持股数不得超过该公司股份的5%
	分类	1. 公司职工股：股份有限公司的职工在本公司按发行的价格向社会公开发行时认购的股份
		2. 社会公众股：股份有限公司通过向社会公众（非本公司职工）募集资金而设立的股份
外资股	定义	外资股是指股份公司向外国和我国香港、澳门、台湾地区投资者发行的股票。它是我国股份公司吸收外资的一种方式
	分类	1. 境内上市外资股：指股份有限公司向境外投资者募集并在我国境内上市的股份，主要指 B 股
		2. 境外上市外资股：主要由 H 股、N 股、S 股等构成

三、股票根据发行的业绩可分为 * ST 股、垃圾股、绩优股、蓝筹股、红筹股、题材股

*ST 股	* ST 股是指境内上市公司连续三年亏损的股票
垃圾股	股份公司经营亏损或是违规的股票
绩优股	公司经营好、业绩好、每股收益 0.5 元以上的股票
蓝筹股	股票市场上，那些在其所属行业内占有重要支配性地位、业绩优良、成交活跃、红利优厚的大公司股票称为蓝筹股
红筹股	指在中国香港上市，但由中资企业直接控制或持有 30%以上股权的上市公司股份
题材股	指具有某种特别内涵的股票，这一内涵通常会被当作一种选股和炒作题材，成为股市的热点

四、股票按是否记载股东姓名可分为记名股票和不记名股票

```
          ┌─────────────────┐
          │  是否记载股东姓名  │
          └─────────────────┘
```

记名股票：将股东姓名或名称记载于股票票面并同时载于公司股东名册的股票。记名股票所包含的股东权益归属于记名股东，只有记名股东或其正式委托授权的代理人，才能行使记名股票所代表的股东权	不记名股票：不记名股票也称无记名股票。是指在股票票面不记载股东姓名或名称，也不将其载入公司名册的股票。这种股票与记名股票相比较，只有记载姓名或名称的差别，而在股东权内容上没有任何差异

五、股票的其他分类：成长股、收入股、周期性股、防守性股、投机性股

成长股	指发行股票时公司规模还不大，但它们的销售额和利润额持续增长，产品在市场上具有强大竞争力的上市公司股份
收入股	也称受益股、高息股，是能够支付较高收益的股票
周期性股	指支付股息非常高，并随着经济周期的盛衰而涨落的股票，这类股票多为投机性的股票
防守性股	指不论在怎样的市场环境下，都能提供稳定回报的股票，是一种低风险、低回报的股票
投机性股票	指那些易被投机者操纵而使价格暴涨暴跌的股票

如何判断股票是否成交

一般情况下，新股民很难进入证券交易所进行股票的买卖交易。他们都是通过证券商获得股票的有关信息，但并不全面。在变化无常的股市中，如果投资者将股票卖出，如何判断是否成交？

（1）通过证券商的委托系统查询，上面的软件菜单上有一项成交查询，如果记录说明交易成功，则股票已经成交。

（2）可以直接拨打委托电话，根据电话的提示查询股票的交易情况，如果股票已没有则是卖出，此时查询银行账户的资金是否增加，如果增加则交易成功。如果没有变化，则股票交易还没有完成。

（3）挂单后出现低于委托买价或者高于委托卖价的即时成交价，必定成交。

（4）盘后还可以通过查询交割单和查询股票数量来看股票是否交易成功。

如何办理、变更全面指定交易

全面指定交易制度是指在上海证券交易所进行证券的买卖，首先应当指定一家营业部作为委托、交易的办理机构，并由此证券营业部审核投资者的身份证和证券账户并签订《指定交易协议书》，其次该证券营业部向上海证券交易所交易系统申报，指定交易申报一经上证所电脑交易系统确认即生效，上证所于当日闭市后通过成交数据传输系统将已确认生效的指定交易数据传送至相关证券营业部的制度。如果投资者没有输入证券号码系统则会拒绝其交易指令，B股除外。

全面指定交易可以有效地保证投资者的交易安全，也会促进证券商对投资者提供良好的服务，还有助于投资者各类服务的查询，如开户资料、持有人姓名、成交日期、编号、余额等，并且还可以享受证券商为其提供的股票现金红利。

一、全面指定交易的办理

1. 如何才能办理全面指定交易，其步骤有哪些

（1）投资者须选择一家证券营业部为指定办理交易的代理机构。

投资者可以借此机会按照自己的实际情况选择一家距离自己住所较近并且服务、硬件设施良好齐全的证券机构。

（2）投资者应持本人身份证和证券账户到选定的证券交易代理机构，由管理人员审核同意后，签订《全面指定交易协议书》。

（3）由证券营业部向上海证券交易所的电脑交易系统申报投资者证券账户的指定交易指令，经审核通过后，投资者也可以通过证券营业部的电脑自动申报系统自行完成证券账户的指定交易。

在进行证券申报的过程中，证券账户的指定交易指令的申报代码是"799999"，数量是"1"、价格是"1"、买卖的方向是"买入"。

（4）上海证券交易所电脑交易主机接收证券账户的指定交易指令，并实时反馈成交信息，指定交易即时生效。

2. 何种情况下无法办理指定交易

（1）投资者的账号刚刚开出，并未生效。

（2）办理的账户被其他的证券营业部错误指定。

3. 办理全面指定交易时应该注意的事项

（1）上海证券交易户必须先要输入证券交易指令，才可以进行股票的买卖。

（2）办理全面指定交易必须是投资者本人，如委托办理要有委托说明书。

（3）如果还没有办理指定交易的投资者想要查询数据，可先到证券代理机构查询。

（4）办理指定交易的投资者，其证券账户如不慎遗失，应先向其指定交易所属证券营业部挂失，在投资者未办妥挂失、过户等手续前，由该证券营业部监控报失的证券账户，以防止其他人用该证券账户在该证券营业部买卖记名证券。

（5）办理挂失、补办证券账户及证券过户等手续时，须经原指定交易所属证券营业部证明其无交易交收违约等行为，方能按规定予以办理。

如果投资者办完所有的全面指定交易后，还可以根据自身的需要到指定的证券交易机构办理变更交易。

二、全面指定交易的变更

1. 如何办理变更指定交易，其步骤有哪些

投资者撤销指定交易的程序为：

（1）向指定的证券营业部填交"指定交易撤销申请表"。

（2）由证券营业部通过交易人员向上海证券交易所电脑主机申报撤销指定交易的指令。

（3）交易所电脑主机接收撤销申报指令，当日收市后，由上海证券交易所审核通过后，此证券账户的指定交易立即失效。

2. 在何种情况下不能办理撤销指定交易

（1）当天股票有成交。

（2）当天委托成交，但没成交的情况。

（3）账户的余额有负数并没有进行处理的情况。

（4）证券撤销后，造成券商席位上总的证券余额出现负数。

（5）正处于新股的认购期间。

（6）证券机构认为不可撤销的情况。

证券机构认为不可撤销的情况主要包括以下两种：

1）在新的一家证券机构办理全面指定交易手续。

2）经过多方审核后，投资者便可以进行指定交易。

如果出现被误认为进行了指定交易，则可能是投资者的账户已经被其他的证券商错误指定，此时可拨打服务电话（021）68809608 进行咨询。

如何办理委托

问题：赵某是初入股市的投资者，当深圳的证券代码上升至六位数时，他想要办理委托代理，可不知该向何处咨询？一时之间陷入苦恼，对投资也造成很大的影响。

让我们帮助赵某解决这一问题。初入股市的投资者在办理完开户手续后方可进行委托办理。

一、明确委托的内容

（1）投资者的姓名以及股东卡的卡号。

（2）买卖股票的名称。

（3）买进还是卖出。根据交易所的规定，股民在进行买进委托时必须购买整数股；但在委托卖出时可以委托卖出零股，但必须是一次性卖出。

（4）买卖股票的价格以及数量。上证和深证交易所的股票都实行涨跌停板制度，其涨跌的幅度为10%。当日的委托价格不能超过或低于前一交易日收盘价的10%，否则被视为无效委托。

（5）委托的有效期限。

二、委托办理的四种方式

（1）当面委托，又称柜台委托，是指投资者带上自己的身份证件以及账户卡，到柜台前亲自填写买进或卖出的委托声明书，然后由有关人员审核无误后生效。

（2）电话委托是近几年大规模使用的一种委托方式。投资者本人不用到营业部，只要一部双音频的电话，无论身在何方都可以办理委托。

投资者在办理开户手续时一般情况下都会开通电话的委托业务。如开户后，并没有开通电话委托，投资者该如何去做？

1）投资者需携带身份证、账户卡到指定的证券代理机构办理开户手续。

2）领取电话委托申请，正确填写本人的资料，并由相关人员审核无误后发放一份《电话委托协议书》以及操作说明书。

电话委托虽然方便、灵活，但是如果证券部电话系统较少，则常会出现占线的情况；电话委托是间接的委托，极易产生纠纷以及不必要的麻烦。

（3）电脑自动委托，是指在证券营业部的大厅里亲自输入买进或卖出股票的代码、价格以及数量，由电脑自动帮你完成委托。

（4）远程终端委托是指通过与证券部的电脑系统联网或通过互联网进行买进或卖出的委托。

三、委托的价格又可分为限价委托和市价委托

限价委托是指投资者在进行证券买卖委托时，给出限定的价格。如果是买入委托，证券商则以不高于该价格的价格将证券买入；如果想卖出，证券

商则以不低于该价格的价格将证券卖出。但是最终的成交价格则会按照市场实际的价格为准，有可能高于委托者的限价卖出，也有可能不高于投资者的委托买入价成交。

限价委托的好处是：投资者可以预期价格或比限定的价格更有利成交，可以使投资者实现预期的投资计划，取得更大的利益。

但是限价委托成交的速度较慢，如果投资者进行限价委托，容易错过更有利的时机，进而遭受损失。

市价委托是指当投资者向证券商发出买卖某只股票的指令时，要求证券商按照证券交易所内当时的实际市场价格买进或卖出证券。

市价委托的优点：并没有价格上的限制，执行时比较容易，成交的速度快且成交率高。

市价委托的缺点：只有在委托执行后才知道实际的执行价格。

如何竞价成交

股票交易的价格并不是交易所本身规定的，是通过买卖双方竞争形成的。股价在竞争的过程中不仅有买者与卖者的竞争，还有证券商交易之间的竞争，通过双边拍卖的方式形成竞争的价格。

目前，我国上海、深圳的证券交易所采用的竞价方式主要有集合竞价与连续竞价两种方式。

一、集合竞价

1. 集合竞价的概念

集合竞价是指对一段时间内接受的买卖申报一次性集中撮合的竞价方式。

集合竞价在一段时间内股票的价格是平等的，不需要按照时间优先、价格优先的原则进行交易，投资者按照买卖申报一次性集中撮合，按照最大成交量的原则定出股票的价格。

对于初入股市的股民，他们买入股票的数量不大，不会影响到股票的集合竞价，但是也要有充足的资金，以备不时之需。

2. 集合竞价如何定价成交

（1）将投资者申报的买卖股票进行一次排列。电脑系统买入有效的股票，按照其委托的价格由高到低进行排列。如果股票的限价相同则按照进入电脑系统的时间先后顺序进行排列。

对于卖出的股票则按照申报委托的价格由低到高排列，限价相同的也是按进入系统的时间先后进行排列。

（2）撮合成交。撮合成交是指以参考价为成交的价格，依次按照排列在前面的买入或卖出申报进行撮合成交，一直到不能成交为止。

（3）开盘参考的价格。对高出参考价的买进申报和低于参考价的卖出申报，必须全部成交。

在集合竞价的过程中，如果有一个以上的基准价格同时满足集合竞价的条件则选用基准价格的中间价为成交价。

3. 集合竞价应注意的事项

（1）在集合竞价中委托成交的价格，不论高低，其成交价均为开盘价。

（2）沪深两地股票的开盘价由集合竞价产生，在集合竞价中未能找出符合上述三个条件的成交价格，则开盘价格将在以后的连续竞价中产生。

二、连续竞价

1. 连续竞价的概念

所谓连续竞价，即对申报的每一笔买卖委托，由电脑交易系统按照以下两种情况产生成交价：

（1）最高买进申报与最低卖出申报相同，则该价格即为成交价格。

（2）买入申报价格高于即时揭示的最低卖出申报价格时，以即时揭示的最低卖出申报价格为成交价；卖出申报价格低于即时揭示的最高买入申报价格时，以即时揭示的最高买入申报价格为成交价。

连续竞价在集合竞价结束后，交易时间开始时（上午 9：30~11：30；下午 1：00~3：00），每一笔买卖经过电脑撮合后进行判断处理，能成交的给予成交，不能成交的等待机会成交。依照我国目前的规定，在没有撤单的情况下，委托当日有效，如果遇到停牌，则停牌期间的委托无效。

此外，在开盘期间没有成交的买卖申报，会自动进入连续竞价。深证交易所规定，在连续竞价期间如果没有成交，则自动进入收盘的集合竞价。

在连续竞价的过程中，证券交易所的计算机会对每一种股票按照时间优先、价格优先、成交决定优先的原则竞价成交。

2. 连续竞价的原则

（1）时间优先的原则。这一原则是指以口头报价，并且按照经纪人所听到的先后顺序排列。当计算机的终端系统进行报价时，按计算机接收的时间顺序排列。当板牌竞价时，按照中介经纪人看到的顺序排列。如无法区分，则抽签决定。

（2）价格优先原则。此原则是指高买进申报优先满足于低买进申报，低卖出申报优先于高卖出申报。如果是同价位的申报，先申报者优先。计算机终端申报竞价和板牌竞价时，除上述的优先原则外，市价买卖优先满足于限价买卖。

（3）成交决定原则。这一原则是指当以口头报价时，最高买进申报与最低卖出申报的价格等同，即为成交。在计算机终端进行申报竞价时，如买方的申报价格高于卖方的申报价格或卖方的申报价格低于买方的申报价格，则采用双方申报价格的平均价格。如果买卖双方只有市价申报没有限价申报时，则采用当日最近一次的成交价格。

按照以上的原则，投资者在进行股票的买进时，其竞价一般选择较高于最高卖出申报价的价格；当投资者卖出股票时，其竞价一般较低于最低买入价的价位，这样可以确保买入和卖出成功。

清算交割

清算交割是指在证券交易所，证券的买卖双方进行买卖成交后，通过证券交易所将证券买卖双方的数量和金额分别给予轧抵，差额由证券商确认后，约定时间将证券和价款的收付做出了结的行为。

清算交割反映了投资者证券买卖的最终结果，它是用来确保买卖双方交易顺利进行，维护双方利益的一种手段。

这里我们提到的清算交割主要分为两个部分：一是证券商与交易所之间的清算交割；二是证券商与投资者之间的清算交割。

双方在规定的时间内进行价款与证券的交收确认，也就是买入方付款得到证券，卖出方付出证券获得价款。

一、清算

清算是将买卖股票的数量和金额分别予以抵消，然后通过证券交易所交割净差额股票或价款的一种程序。证券交易所如果没有清算，那么每位证券商都必须向对方逐笔交割股票，浪费财力、物力以及时间。

1. 清算的程序

（1）要核对成交单是否准确无误，是否为证券商填写的清单。

（2）买卖价款的清算，应收应付价款相抵后，只计轧差后的净余额。

（3）对买卖股票的清算，对于同一股票应收应付的数额相抵之后，只计轧差后的净余额。

（4）清算的工作由证券交易所组织，而不是由证券商与证券商之间的轧抵清算。

2. 清算的规定

（1）建立清算账户制度。证券商在证券交易所进行股票买卖业务，都必须在交易所的清算部建立清算账户，并在此账户中保留一定的余额，以防止在清算交割时划拨价款。但是以我国现在的经济条件，证券商必须到人民银行的营业部建立清算账户。

（2）设立集中保管库制度。各证券商除将自有的股票扣除一部分留作自营业务所需外，将大部分集中寄存在证券交易所集中保管库内，入库时只限于批准上市的股票。若有证券商不参加集中保管造成不能通过库存账目完成交割时，该证券商必须承担送交或提取股票的全部事务。

（3）实行清算交割准备金制度。实行清算交割准备金制度的目的在于保证清算交割能够正常顺利地进行，保证清算的连续性、及时性和安全性。

证券交易所规定，在一般情况下，同一日成交者为清算期，证券商不得因委托人的违约而不进行清算。

二、交割

股票在进行清算完毕后，即刻办理交割手续。所谓交割是指卖方向买方交付股票而买方向卖方支付价款的行为。

1. 交割方式

（1）当日交割。当日交割又称 T+0 交割，是指买卖双方在成交后的当天办理付款交付股票的事宜。此种方式可以使买卖双方即刻得到股票或是现款。上海证券交易所目前采用此种方式。

（2）次日交割。次日交割又称 T+1 交割，指在成交后的下一个营业日（逢节假日，延续一天）办理交割事宜。这种方式很少采用。

（3）例行交割。例行交割是标准的交割方式。它是指买卖双方于成交之日后，在第五个营业日之内办理相关的交割事宜。通常，如果买卖双方在成交时未说明交割方式，一律视为例行交割方式。

（4）选择交割。买卖双方自由选择交割的日期，我国目前尚未使用此种交割方式，它一般是在场外交易中使用。

（5）例行递延交割。指买卖双方约定在例行交割后选择某日作为交割时间的交割。买方约定在次日付款，卖方在次日将股票交给买方。

（6）卖方选择交割。卖方有权决定交割时间。其期限从成交后 5~60 天不等，买卖双方必须订立书面契约。凡按同一价格卖出"卖方选择交割"时，期限最短者应具有优先成交权。凡按同一价格买入"卖方选择交割"时，期限最长者应具有优先选择权。但是，由于条件的限制，我国目前仍未采用此种交割方式。

2. 证券交易所对于交割的一般规定

（1）在规定交割日的时间内，买方应将价款、卖方应将证券送至清算部。

（2）卖方将证券交付买方时，意味着权利的相应转移。

（3）证券商不得因客户的违约而不进行交割。

（4）证券商违背应尽的义务时，证券交易所可在交割当日收盘前一定时间内指定其他证券商代为卖出或买进。

当价格上出现差额以及经纪人佣金及其他费用时，应由违背交割义务的证券商负担。若交割日收盘前无法了结交易，则应由证券交易所从证券商中选定 3~5 人为评价人，评定该证券的价格，作为清算的依据。

（5）若证券商违背交割义务时，其经手的已成交但尚未交割的各种其他买卖，可由证券交易所指定其他证券商代为了结。

（6）违背交割义务的证券商所应付的款项，证券交易所可以从其营业保证金与其应付款项中冲销。冲销后若尚有余额，将其返还；若余额不足，证券交易所可向违约证券商追偿。

（7）证券商在违背交割义务的案件尚未了结前，不得进入证券交易所进行交易，也不得接受客户的委托。

尤为关注的是，投资者要小心保管好交割单。如果有任何的疑问，投资者最好在成交后的三日内向证券商进行查询。如果在证券成交后的一定期限内，由证券商与客户本人约定日期，若投资者不向证券商进行交割，证券商则会认为是投资者本人对成交结果的认同。此外，投资者还可以要求证券商为其提供一定时期内的历史对账单。

股票交易有哪些基本规则

规则是投资者达到稳定持续盈利的有效保障。在股市，需要股票投资者遵守的交易规则主要有持股规则、资金管理规则、买入与卖出规则等。

一、持股规则

（1）中期持股以保持交易及其收益的稳定性，波段出入以降低持股成本和提高投资收益率。

（2）当持有的股票出现浮动亏损时，只要不违反停损规则，仍须坚定持股。

（3）不能因为短期波动或其他非相关因素影响投资策略和持股计划。

（4）投资者只有在确定个股选择重大错误时，才清仓性卖出持有的股票，否则不要随意改变持股计划。

二、资金管理规则

（1）严格控制每个账户的交易次数和交易量，禁止频繁交易和过量交易。

（2）结算性卖出个股后的账面资金，在没有做出新的投资决策和交易指令前，坚决不介入其他股票。

（3）对于买入个股时的资金分布应该按照正金字塔规则执行。建议投资者在加码区买入的股票不超过总投资的25%。

（4）账户现金比例与持仓比例保持合理结构是资金管理最重要的问题。在不同的市场阶段和市场态势下分别采取不同的操作比例。

（5）对于个股的投资资金比例与数量严格按照投资组合中的分类定性与交易计划来具体实施，以此保证对个股的足量投资。

三、买入与卖出规则

1. 买入规则

（1）对于初始投资新仓买入来说，严格在建仓区域买入股票是最重要的原则，并尽可能以低价格买入，股票价格离开此区域后严禁再行买入。

（2）成本优先是买入股票时要考虑的第一因素，即买入股票时首先要考虑股票的价格，其次才是买入时机，即时间因素。

（3）对于阶段性卖出后补仓买入来说，以不影响原有投资策略和持股结构为基本原则，及时以合理的价格再次补进原来的股票，不一定拘泥于最低价时买入。

（4）按当日价格标准来说，全天平均价和前日收盘价是两个重要的参考指标，建议买入价格不得高于其中较高者。

（5）按价格变化趋势来说，在确定买入区域的前提下，永远在价格下跌的过程中买入股票，建议投资者尽量避免在股票价格上涨时去追涨买入。

2. 卖出规则

（1）时间优先是卖出股票时要考虑的第一因素。

（2）对于阶段性卖出股票，只有单个股票的上涨幅度超过30%以上才能考虑实施。

（3）股票的上涨幅度达到确定的盈利目标时也是卖出股票的一个重要时机，保守型或稳健型投资者可在此价格果断卖出。

（4）跟踪100%的上涨行情，将上涨幅度的80%盈利装进口袋是结算卖出股票的基本准则。对于投资者来说，这是一个极其重要的客观卖出点。

（5）按当日价格标准来说，全天平均价和前日收盘价是两个重要的参考指标，与买入规则相反，股票卖出价格不得低于其中较低者。

（6）按价格变化趋势来说，在确定离场区域的前提下，尽量在价格上涨的过程中卖出股票。

（7）在确定某个股上涨行情结束以及相应的结算卖出点后，在合适的时机一次性卖出所持有的全部数量，建议投资者不要分次卖出。

第三章 沪深股市简介

上海证券交易所证券代码

一、上海证券交易所的基本知识

1. 上海证券交易所的简介

上海证券交易所简称上证所（Shanghai Stock Exchange），创立于1990年11月26日，同年12月19日开始正式营业，是中国内地两所证券交易所之一，位于上海浦东新区。

上证所市场交易时间为每周一至周五。上午为前市，9：15~9：25为集合竞价时间，9：30~11：30为连续竞价时间。下午为后市，13：00~15：00为连续竞价时间，周六、周日和上证所公告的休市日市场休市。上海证券交易所归属中国证监会直接管理，它是不以营利为目的的法人。

2. 上证所的主要职能

（1）提供证券交易的场所和设施。

（2）制定证券交易所的业务规则。

（3）接受上市申请，安排证券上市。

（4）组织、监督证券交易。

（5）对会员、上市公司进行监管。

（6）管理和公布市场信息。

上证所市场交易采用电子竞价交易方式，所有上市交易的证券的买卖均须通过电脑主机进行公开申报竞价，由主机按照价格优先、时间优先的原则自动撮合成交。上海证券交易所新一代交易系统峰值订单处理能力为每秒高达80000笔，系统日双边成交容量高达1.2亿笔。

二、上海证券代码

2007 年 5 月 28 日发布的《上海证券交易所证券代码分配规则》规定，上证所证券代码采用六位阿拉伯数字编码，取值范围为 000000~999999。六位代码的前三位为证券种类标识区，其中第一位为证券产品标识，第二位至第三位为证券业务标识，六位代码的后三位为顺序编码区，如图 3-1 所示。首位代码代表的产品定义分别为：0：国债或指数，1：债券，2：回购，3：期货，4：备用，5：基金/权证，6：A 股，7：非交易业务（发行、权益分配），8：备用、9：B 股。

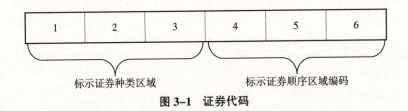

图 3-1 证券代码

1. 证券产品代码按规则分配

0	国债或是指数
1	债券
2	回购
3	期货
4	备用
5	基金或是权证
6	A 股
7	非交易业务（发行、权益分配）
8	备用
9	B 股

2. 证券业务代码按规则分配

第一位	第二位至第三位	业务说明
0	00	上证指数、沪深300指数、中证指数
	09	国债（2000年前发行）
	10	国债（2000~2009年发行）
	90	新国债质押式回购质押券出入库（对应010***国债）
	99	新国债质押式回购质押券出入库（对应009***国债）
1	00	可转债（对应600***），其中1009**用于转债回售
	10	可转债（对应600***）
	12	可转债（对应600***）
	13	可转债（对应601***）
	20	企业债（席位托管方式）
	21	资产证券化
	26	分离交易的可转换公司债
	29	企业债（席位托管方式）
	81	可转债转股（对应600***）
	90	可转债转股（对应600***）
	91	可转债转股（对应601***）
	01	国债回购（席位托管方式）
	02	企业债回购
	03	国债买断式回购
	04	新质押式国债回购（账户托管方式）
3	10	国债期货（暂停交易）
5	00	契约型封闭式基金
	10	交易型开放式指数证券投资基金
	19	开放式基金申赎
	21	开放式基金认购
	22	开放式基金跨市场转托管
	23	开放式基金分红
	24	开放式基金转换
	80	权证（含股改权证、公司权证）
	82	权证行权
6	00	A股证券
	01	A股证券

第一位	第二位至第三位	业务说明
	00	配股（对应 600***）
	02	职工股配股（对应 600***）
	04	持股配转债（对应 600***）
	05	基金扩募
	06	要约收购
	30	申购、增发（对应 600***）
	31	持股增发（对应 600***）
	33	可转债申购（对应 600***）
	35	基金申购
	38	网上投票（对应 600***）
	40	申购款或增发款（对应 600***）
	41	申购或增发配号（对应 600***）
	43	可转债发债款（对应 600***）
	44	可转债配号（对应 600***）
7	45	基金申购款
	46	基金申购配号
	51	国债分销
	60	配股（对应 601***）
	62	职工股配股（对应 601***）
	64	持股配转债（对应 601***）
	80	申购、增发（对应 601***）
	81	持股增发（对应 601***）
	83	可转债申购（对应 601***）
	88	网络投票（对应 601***）
	90	申购款或增发款（对应 601***）
	91	申购或增发配号（对应 601***）
	93	可转债申购款（对应 601***）
	94	可转债配号（对应 601***）
	99	指定交易（含指定交易、撤销指定、回购指定撤销、A 股密码服务等）
	00	B 股证券
9	38	网上投票（B 股）
	39	B 股网络投票密码服务（现仅用 939988）

对于初入股市的投资者，一定要多了解一些股票，记住它们的名称，发行于哪个公司，发行股票的代码是多少，这样才会掌握股市的行情。

深圳证券交易所证券代码

一、深圳证券交易所的基本知识

1. 深圳证券交易所简介

与上海证券交易所并驾齐驱的深圳证券交易所简称深交所，成立于1990年12月1日，是证券集中交易的场所，它是不以盈利为目的，实行自律性管理的法人。

深圳证券交易所同上海证券交易所一样由中国证监会直接监督管理。

2. 主要职能

（1）证券交易重要的场所和设施。

（2）具有制定相关业务规则的职能。

（3）接受各公司的上市申请，审核通过安排上市。

（4）组织、监督证券的交易。

（5）对上市公司以及交易所的会员进行监督。

（6）管理公布证券市场的信息。

深圳证券交易所的营业时间是周一至周五，在每天上午 9：15~9：25集合竞价，9：30~11：30、13：00~15：00 是正式开市连续竞价并交易的时间。

二、深圳交易代码的分配规则

深圳交易代码已由原来的四位升为六位，代码的前两位是证券种类的标识码，其中首位标识证券大类，第二位标识该大类下的衍生证券，证券代码的后四位为顺序码，如表3-3、表3-4所示。

1. 深圳交易代码业务说明

第一位	第二位	定　义
0	0	A 股证券
	3	A 股认购或认沽权证
	7	A 股增发
	8	A 股配股权证
1	0	国债现货
	1	债券
	2	可转换债券
	3	债券回购
	5	开放式基金
	6	开放式基金
	8	证券投资基金
2	0	B 股证券
	8	B 股配股权证
3	0	创业板证券
	6	网络投票证券
	7	创业板增发
	8	创业板配股权证
	9	综合或成分指数/成交量统计指标

2. 深圳代码区间所代表的含义

代码区间	业务说明
030000~032999	认购权证代码区间
038000~039999	A 股认沽权证代码区间
033000~037999	权证业务预留的代码区间
112000~112999	公司债的证券代码区间
115000~115999	分离交易型可转债的证券代码区间
119000~119999	资产证券化产品的证券代码区间
369999	为用于投资者服务密码激活/挂失处理的专用证券
365000~368999	供创业板网络投票的证券代码使用

三、深圳证券交易所创业板股票代码

2009 年 10 月 23 日，创业板举行开板仪式。同年 10 月 30 日首批 28 家创业板公司集中在深交所挂牌上市。

创业板证券账户只允许 A 股证券账户中的适当投资者参与创业板的各项业务。A 股证券账户中的适当投资者是指：

A 股机构投资者，可实时开通并在开通当天参与创业板的各项业务。

具有两年以上（含两年）股票交易经验的自然人投资者，在书面签署《风险揭示书》两个交易日后，证券公司可为其开通创业板的交易权限。

尚未具备两年交易经验的自然人投资者，应当抄录"特别声明"，并在书面签署《风险揭示书》5 个交易日后，证券公司可为其开通创业板的交易权限。

创业板股票代码使用【300000，309999】区间，一般按发行顺序依次编码。

创业板增发时，将加挂专用证券代码 37××××，后四位与股票交易代码30×××的后四位相同。

创业板配股认购时，将加挂专用证券代码 38××××，后四位与股票交易代码 30×××的后四位相同。

创业板上市公司通过交易系统开展股东大会网络投票时，将加挂专用证券代码 36××××，创业板网络投票的证券代码使用【365000，368999】区间，根据对应股票的交易代码顺序编码，即 300001 股票的网络投票代码为365001，301001 的网络投票代码为 366001，依次类推。下面是创业板首批28 家挂牌交易公司一览表。

表 3-1　创业板首批 28 家挂牌交易公司一览表

简称	代码	发行价（元）	市盈率（倍）	发行股数（万股）
特锐德	300001	23.80	52.76	3360
神州泰岳	300002	58.00	68.80	3160
乐普医疗	300003	29.00	59.56	4100
南风股份	300004	22.89	46.24	2400
探路者	300005	19.80	53.10	1700
莱美药业	300006	16.50	47.83	2300
汉威电子	300007	27.00	60.54	1500

续表

简称	代码	发行价（元）	市盈率（倍）	发行股数（万股）
上海佳豪	300008	27.80	40.12	1260
安科生物	300009	17.00	46.83	2100
立思辰	300010	18.00	51.49	2650
鼎汉技术	300011	37.00	82.22	1300
华测检测	300012	25.78	59.95	2100
新宁物流	300013	15.60	45.48	1500
亿纬锂能	300014	18.00	54.56	2200
爱尔眼科	300015	28.00	60.87	3350
北陆药业	300016	17.86	47.89	1700
网宿科技	300017	24.00	63.16	2300
中元华电	300018	32.18	52.62	1635
硅宝科技	300019	23.00	47.96	1300
银江股份	300020	20.00	52.63	2000
大禹节水	300021	14.00	53.85	1800
吉峰农机	300022	17.75	57.26	2240
宝德股份	300023	19.60	81.67	1500
机器人	300024	39.80	62.90	1550
华星创业	300025	19.66	45.18	1000
红日药业	300026	60.00	49.18	1259
华谊兄弟	300027	28.58	69.71	4200
金亚科技	300028	11.30	45.20	3700

第二篇

新股民的看盘技巧

第四章　如何看股市大盘

什么是股市

股市，即股票市场。

股票市场是已发行股票转让、买卖和流通的场所，一般由股票发行市场和股票交易市场两部分组成。由于股票市场是建立在股票发行市场基础之上的，因而又称作二级市场。

1. 股票发行市场

股票发行市场，又被称为一级市场或初级市场。

股票发行是发行者自己或通过证券承销商向投资者发行新股票的行为，需要注意的是，股票发行大多没有固定的场所，或通过证券商品柜台发行，或通过网络进行交易。

2. 股票交易市场

股票交易市场，又被称为二级市场或流通市场。

股票交易市场，主要分为两类：

（1）证券交易所市场，即专门经营股票、债券交易的有组织的市场，根据相关规定，只有符合交易所资格的人才能进入交易大厅从事交易，即交易所的会员、经纪人、证券商，且进入交易的股票必须是在证券交易所登记并获准上市的股票。

（2）场外交易市场，又名证券商柜台市场或店头市场，未在交易所上市的股票是其主要交易对象，且这类市场都有固定的场所。

股票市场是投机者与投资者频繁活动的战场，经过多年来的实战总结，股票市场共有以下五个特点：

（1）有一定的市场流动性，但这一变化主要取决于当日交易量。

（2）股票市场的开放时间只在北京时间上午 9：30 到下午 3：00 之间，且收市后的场外交易有限。

（3）成本与佣金不是特别高，适合大部分投资人。

（4）卖空股票会受到政策（需要开办融资融券业务）和资本（约 50 万元）的约束，这无疑会使众多股民倍感沮丧。

（5）完成一项交易需要进行烦琐的步骤，在一定程度上增加了执行错误与误差。

股市的职能

股票市场的基本职能主要有三个：

1. 为股票的流通转让提供场所，使股票能够长久发行下去

如果没有股市，发行股票会比较困难甚至难以为继。当投资者选择银行储蓄时，完全不用为这笔资金的流动性担忧，投资者随时能将资本变现。因为一旦约定的期限到了，投资者可按照约定的利率收回本金与利息，即使提前支取，除了收回本金以外，仍能收取少许的利息。

但是股票不一样。一旦股民购买公司的股票，既不能要求发行股票的公司退股，也不能要求发行股票的公司赎回。此时，如果没有股市为股票提供流通与转让的场所，股民购买的股票将变成一笔死钱，一旦股民急需一笔周转资金，股票将无法兑现，这样无疑增加了股民的忧虑，进而影响股票的发行。股市的存在，在于股民随时能够将手中的股票转让，按公平、合理的价格将股票兑现，将手中的死钱变成活钱。

所以，股市一方面为股票的流通转让提供了基本场所，另一面刺激了股民的购买欲，为股票发行市场提供了发行保障。

2. 减少投资风险，保护股民的利益

股票的投资风险主要来源于发行股票企业的经营不善、股价下跌、诈骗性的股票发行三方面。股市的设立能有效地规避以上三种风险因素：

（1）上市挂牌的企业都是经过严格审核的，且上市条件中明确规定了过去几年公司的财务状况必须是连续盈利，同时还规定了要定期公布经营信息，这在一定程度上约束了企业的经营，保证了上市公司的盈利性。

（2）股市中的股票种类繁多，股民可以多种股票组合投资，从而将风险

有效降低或分散。

（3）股市是一个具有高度组织性的市场，会从法律上对股票的发行、上市有所限制，在一定程度上能有效防止和减少诈骗行为的出现。

3. 引导资金合理流动，实现资源的优化配置

股市中，业绩好、有发展潜力的企业是股民竞相投资的对象，而这些公司的股票价格在股市上也会相对较高。而同类企业在发行股票或进行配股时，就能参考这些股票制定股票价格，进而筹得更多的资金，使资金、资源得到更为合理的配置。

入市须知：入市八大准备

作为一名新股民，贸然入市无疑是一个极其不明智的选择，因为那意味着我们将掏出更多的"学费"。那么，为了缩短磨合期、减少"学费"支出，在入市之前应做好哪些准备工作呢？

1. 学习证券交易基础知识

作为一名股民，如果连最基础的知识都不知道，例如交易时间、股票代码、每股收益、上市公司公布定期报告的时间等，就贸然入市，这样的冒险行为无异于一场彩票赌博。

另外，目前我国证券市场正处于全力发展的阶段，各类创新金融产品层出不穷。很多投资者还没有完全弄明白、搞清楚时，就哄然入市，这就导致了直到武钢权证、机场权证到期后，才有投资者发现手中握着的票据早已成为一张废纸；导致了股指期货仿真交易中，投资者把新合约当作新股来炒作的笑话。

所以，在入市之前，一定要将最基本的知识、问题弄清楚、搞明白。

2. 学会基本技能

首先要学会看行情，将常用名词的含义弄明白。其次要学一些股市常用的投资技巧。

一般情况下，可以将股市投资自上而下分为技术分析、博弈分析、价值分析三个层面。无论我们掌握哪个层面的投资技巧都能为我们的投资增加胜算。

3. 合理安排时间与精力

及时掌握政策、公司行业的动态信息是做好投资的必要条件，这项工作是一种日复一日年复一年的持续性工作，需要大量的时间与精力，因而，在入市之前，我们需要考虑清楚自己是否有足够的时间与精力来进行。

4. 合理安排资金

新股民对于股市的风险往往缺乏足够的了解，所以常常出现将全部资金投入股市，或借钱炒股、卖房炒股的现象，这是万不可取的行为。

股市有风险，考虑到股市的跌宕起伏以及股票流动性等问题，以及资金也属于家庭财产的有机组成部分，我们应该将手中的闲置资金用作投资，这样一方面不会影响家庭生活，另一方面也不会让自己在心态上过于急功近利。

所以，如果我们对股票跃跃欲试，需要控制自己的投入资金。

5. 选择委托方式

如果自己对股市的行情不太了解，也不想到证券交易所进行买卖，那就到离自己最近的证券营业部炒股。在那里可以得到很多股市信息，也会得到各种培训等。

6. 买股之前一定要确定自己的投资方式

股票的投资分为长期、中期、短期三种方式。有人把买股票当成一种储蓄的方式；也有的人急需资金，今天买明天卖，以赚钱为根本。所以在购买股票时一定要根据具体情况确定自己的投资方式。

7. 正确评估自己承担风险的能力

要对自己的家庭状况、收入情况、投资目的、关于证券投资相关知识的了解程度等因素进行详细分析，明确自己承担风险的能力，进而对自己的投资金额和投资风格提前规划。

8. 有效控制心态与情绪

羊群效应、跟风操作等是股市中最常见的现象，因而，新股民要学会控制自己的心态与情绪，不要被周围人的言行所干扰。

当某只股票被股民疯狂追捧的时候，我们要控制情绪、保持冷静，不要抱有侥幸心理，要采取有效的方法反复验证主力的建仓成本；当手中的股票疯狂跌落的时候，不要盲目抛出或补仓，要弄清楚它是"价值套牢"还是"价格套牢"，再做进一步行动。

如何获取及时、有效、正确的股市信息

全球著名的投资商沃伦·巴菲特说过："听内幕消息可能让你赚一点钱，但也可能让你倾家荡产。"

确实如此，在某些股市消息中我们能大赚一笔，但下一次的市场消息我们就可能会赔得倾家荡产。为什么会出现这样的现象？消息本身是有价值的，不付出相应的代价我们很难获得第一手的消息，有时即使付出相应代价，甚至超出范围的代价，获得的消息也可能是假消息。

股市，是金钱的游乐场，同时也是谎言的传播地。处于这样一种境地，我们如何才能获取及时、有效、正确的股市信息？

1. 从证监会指定的信息披露报刊上获取股市信息

这类刊物都是专业报刊，其披露的信息都是通过证监会严格审查的，因而报刊上刊登的股市信息具有较高的真实性与可信度，在很大程度上不会对股民产生误导。

通过阅读相关内容，新股民能够及时掌握世界和国内经济形势的变化，明白突发事件的起因、经过、结果以及影响，知晓国家新出台的政策与措施以及个别上市公司的经营状况等。

2. 收集上市公司的相关报表，例如招股说明书、上市公告书、年度报表、月度报表等

当然，我们不能以偏概全，某上市公司某一年的相关资料只能说明该公司这一年的经营情况，并不能清楚、完整地对公司的发展潜力作出判断。所以，我们需要全面收集这家上市公司的有关信息，分析过去与现在的状况，进而判断出其未来的发展趋势。

3. 去股市进行实地考察，收集各个股民对股市的看法

我们经常用"气氛"这个词语，俗称人气，这个词同样适用于股市，确切地说，它是反映股市交易情况的一面镜子。虽然，它不能告诉我们确切的股市消息，但是我们总能从中感应到一些东西。例如，过去总是热闹非凡的股市突然变得冷冷清清，往日一向门庭若市的市场突然变成门可罗雀的地方等，这大多与股票价格大幅度变化脱不了干系。

4. 挖"宝藏"，主动收集不为人知或被人忽略的资料

经贸杂志、消费者指南、政府公告等都蕴藏着不少宝贵的资料。如果你对某一行业特别感兴趣，可以时刻留意这一方面的资料，进而从中获取众多不为人知的内部消息。

5. 建立坚实的人际关系网

各种消息都是由人以直接或间接的形式传播出去的，因而，在获取股市消息的所有渠道中，建立人际关系网是非常重要的。当投资者与上市公司各级人员建立了良好的人际关系，就能对该企业的经营情况了如指掌。

6. 及时浏览各大网站的财经、股票论坛

很多时候，从正面渠道不能得到的消息往往能从各大网站的各个论坛中得到。更有意思的是，起初这些消息以小道消息的形式被广而告之，随后大多会被证实。因而，抢先一步获得小道消息，有时候也能使你赢得市场先机。但是，这样的小道消息，我们还是要谨慎对待。

收集、整理各类资料，有时候确实是一件枯燥无味的工作，但是当我们在对股价的变动趋势进行分析与预测的时候，这些资料占据着决定性的位置。所以，为了获取及时、有效、正确的股市消息，我们需要正确对待。

股票的交易时间及地点

1. 交易时间

股票的交易时间为：星期一至星期五上午 9：30~11：30，下午 1：00~3：00。双休日和交易所公布的休市日休市。

上午 9：15~9：25 为集合竞价时间，投资人可以下单，委托价格限于前一个营业日收盘价的上下百分之十，即在当日的涨跌停板之间，9：30 前委托的单子，在上午 9：30 撮合，由集合竞价得出的价格便是所谓"开盘价"。

万一你委托的价格无法在当个交易日成交，隔一个交易日必须重新挂单。

2. 交易地点

对于股票买卖的地点，大多数投资者尤其是新股民都无权进入交易所进行股票的买卖，他们大都通过证券商报告给证券交易所的信息完成股票的交易。

股票交易的地点包括营业部现场交易、电话委托交易、网上交易、手机

交易、交易所交易等。

投资者到现场进行股票买卖是由营业部提供操作磁卡进行交易，还可以和周围的人一起交流沟通，得到更多的股市信息，一般选择到此处交易的大多是老年人。

在电话中进行股票的买卖，根据电话的录音即可完成，但是使用此种方式交易的人很多，一旦电话业务出现忙碌的状态，会给投资者的交易带来一定的影响。

如果你拥有一部计算机，并且有优越的条件上网，便可以通过上网进行股票的买卖。不论是营业部还是证券大厅都会提供上网交易的网址，下载交易资讯软件即可使用，这主要针对的是有经验的老股民。

利用手机炒股是最近新流行的一种炒股方式，但并不是所有的营业部都提供。这对于经常出差的投资者来说是一种不错的选择，他们可以通过手机上网直接了解股市的信息，完成股票的买卖。

例：李某因为公司业务的发展需要，到广东出差，但是对于自己最近买的 A 股交易很是担心，经同事介绍可以用手机炒股后，便开通手机上网的功能，不论身在何处都可以及时地了解股市信息，完成股票的交易，从中获利。

股市中股票的发行价格有几种

股票的发行价格一般分为四种：

1. 面值发行

即按照股票的票面金额确定发行价格。采用股东分摊的方式发行时，最常用的是按平价发行，不受股票市场行情的影响。一般情况下，股市价格都高于股票的票面价格，以股票的票面价格为发行价格，中间产生的价格差异能够为认购者带来收益，使认购者产生更大的购买欲，同时也保障了股票公司顺利筹得股金的目的。

2. 时价发行

不是以股票的票面金额为发行价格，而是在流通市场上股票价格（即时价）的基础上确定发行价格。这种时价发行往往高于股票的票面金额，两者之间产生的差价被称为溢价，溢价所带来的收益全部归股份公司所有。

对于发行者而言，时价发行一方面能使其以较少的股份筹得较多的资金，帮助其减轻负担，另一方面能稳定流通市场的股票价格，使资金得到更好的配置，可谓是一大利好。

按时价发行，对投资者也未必全是坏事。股市是一个变幻莫测的场所，如果股票公司将溢价所得到的收益用于改善经营，公司和股东收益增加的同时股票价格也会随着上涨。此时，投资者如果能掌握时机，按时价适时将股票卖出，收回的资金将远远高于购买时的资金。

3. 中间价发行

即取股票的票面金额和市场价格的中间值为股票的发行价格。通常，这种价格高于股票的票面金额，中间价发行一般适用于公司既要增资也需要照顾原有股东的情况。

原有股东，是中间价发行的对象。采用这种价格发行，对原有股东、公司而言都是有好处的。因为采用折中的价格发行，实际上就是将差价收益分成两部分，一部分归还原有股东，另一部分用于公司经营。因此，在进行股东分摊的时候不改变原有的股东构成，按比例配股。

4. 折价发行

即发行价格低于股票的票面金额，价格被打了折扣。折价发行分两种情况：一种是优惠性的，即让认购者分享权益。例如，为了体现对公司现有股东的优惠，公司将股票的票面金额打了折扣，折扣不足股票票面金额的部分由公司的公积金补上。另一种是公司所在股票市场股票行情低迷，发行股票有一定的困难，此时发行者与推销者会商定一个折扣率，进而吸引那些预测行情能上升的投资者认购。

由于各国统一规定发行价格不得低于票面金额，所以，这种折扣发行必须经过许可方能实行。

股市中股票的发行方式有哪几种

一、按发行对象进行划分

1. 公开发行

又称公募，是指在发行之前没有特定的发行对象，通过公司自己或中介机构向所有合法的社会广大投资者公开发行股票的发行方式。

这种发行方式，既能帮发行公司扩大股东范围，防止囤积股票或权力操控的现象产生，又能增加股票的试销性和流通性。

2. 不公开发行

又称私募，指只对特定的发行对象发行股票的发行方式。一般情况下，这种发行方式适用于：

（1）股东配股，又名股东分摊。顾名思义发行对象就是公司的原有股东，当然，如果公司原有股东不愿意认购本公司股票，可以主动放弃新股认购权，将这种新股认购权转让他人。

（2）私人配股，又名第三者分摊。股票的发行对象是除公司股东以外的本公司的职工、来往客户以及与公司有特殊关系的第三者。

二、按发行对象发行股票的方式进行划分

1. 直接发行

又称直接招股，即发行者直接向认购者发行股票的发行方式，且发行股票的一切事务以及发行风险均由发行公司自己承担。这就要求发行公司需要具备一定的条件、能力，如熟悉招股手续、精通招股技术等。

2. 间接发行

又称间接招股，指发行者通过中介机构出售股票的发行方式。由于发行股票的一切事务以及发行风险均由中介机构承担，所以中介机构会从中获得相应的收益。

有三种间接发行股票的方式：

（1）代销，又名代理招股。在这种形式下，发行者要承担所有的发行事务和风险，推销者唯一需要做的就是按照发行者的要求在约定的时间内推销股票、代理招股业务，推销股票没有数额限制，如果期满时仍有剩余的股票，只需将其归还发行者即可。

（2）承销，又名余股承购，即在发行股票之前，发行者与中介机构会签署一份合同，合同中规定，在约定时间内，如果中介机构不能完成合同中约定的发行数额，中介机构需要将差额部分承购下来。

（3）包销，又名包买招股，即中介机构用自己的资金将发行的新股票一次性认购下来，然后根据股市行情逐渐将其卖出，进而从中赚取买卖差价。

三、按投资者认购股票时是否加纳股金进行划分

1. 有偿增资

指投资者按照股票的某种发行价格，以现金或实物的形式购买，方能获得股票的发行形式。

这种形式多用于公开发行、股东配股、私人配股。

2. 无偿增资

指投资者无须向发行者缴纳任何现金或实物就能获取股票的发行方式。这种发行方式的发行对象只限于公司原股东。

3. 搭配增资

指当发行者向公司原股东分摊新股的时候，原股东只需要支付部分发行价格，就能获得一定数额股票的发行方式。

开启股市淘金之旅——正式进入股市

如何开立股票交易账户和资金账户？

一、开设股票交易账户

投资者想要进入股票市场必须先开立股票交易账户，股票交易账户是投资者进入市场的通行证，股票交易账户相当于一个"银行户头"，只有拥有它，才能进场买卖证券。

那么，投资者如何才能开设股票交易账户呢？

（1）投资者开设股票交易账户需要持有效身份证及复印件。

在上海证券交易所开设股票交易账户需要由证券登记公司委托有关机构集中办理。在深圳交易所，开设股票交易账户，除了持有本人的有效身份证外还需持有指定的银行存折。其办理的费用大致为：上证交易所 40 元（每人/每账户），深证交易所 50 元（每人/每账户）。

（2）投资者在开设股票交易账户时，要详细地填写本人和委托人的详细资料。如本人以及委托人的真实姓名、性别、身份证号码、联系电话、家庭住址、职业等。

如果开设股票账户是企业法人，则需要提供营业执照及复印件、法人证

明书、委托书等，并提供法人的电话、住址、姓名、性别、授权书、机构性质、银行的账号等。

其收费标准为上证交易所 A 股的法人账户为 400 元，深证交易所 A 股的法人账户为 500 元。如果想办理公司的自营账户，还要有证券交易所同意提供的成立自营账户的有关批文。但是"三资"企业想办理法人证券卡可按 B 股的有关规定办理。

那么如何办理 B 股的证券账户卡呢？

首先，要提供境外人士身份证以及护照。

其次，在深证办理个人账户需缴纳 120 港元（每户），机构 580 港元（每户）；上证 19 美元（每户），机构 85 美元（每户）。

投资者办理完股票交易账户后，尚不能进行交易，必须开设资金账户才有条件进行股票的买卖。投资者在进行股票交易时股票账户和资金账户一同使用，两者缺一不可。

二、开设资金账户

投资者开设了证券账户之后，就具备了投资证券的资格，但是没有进入交易所进行交易的资格，因为唯有交易所的会员才能在此交易。那么投资者必须选择一家具有交易资格、可以进行证券经营的证券营业部作为证券交易的经纪商，并在证券营业部设立资金账户，使其代理个人到交易所进行交易，并办理过户、交割、清算等手续。

那么，投资者要如何选择证券交易的经纪商？选择时应该考虑的因素又有哪些呢？

1. 遵循就近原则

一般的股票投资者大多数属于业余投资，即为了赚钱或进行投资理财，他们所要考虑的因素就是只要离自己上班或居住地近，方便下单即可。

2. 实力强、信誉好、设备齐全

投资者对股市的行情未知，如何看盘进行交易全部依靠于证券商。此时就要选择实力强、信誉好的证券商，以便对自己的投资放心。

再者就是要有过硬的、齐全的设备。设备齐全，质量好，不会出现断电等故障，这样有助于投资者更好地理清思路，以做出正确的判断，不会造成巨大的损失。

3. 信息的传送是否及时

股市变化无常，如何以更快的速度了解当前股市股价的情况，在获利时完成交易是投资者所关心的问题。但是，如果证券商对股市的信息传送不及时，会给投资者的决策带来重大的影响，延误大好的获利时机。投资者在对证券商的选择有所了解之后，要开立自己的资金账户，用来进行股票交易。

那么，如何开立资金账户？开立资金账户的程序有哪些？

（1）投资者带上身份证及复印件、上海和深圳的股东卡及复印件，以及券商要求的开户保证金。

如果是机构客户，需提供营业执照副本及复印件、证券账户卡、法人证明书、法人授权委托书、法人及代办人的身份证及复印件（以上复印件均需加盖公章）。在填写所有资料后，可开立资金账户。

（2）投资者在出示股东卡之后，有关人员将要求投资者填写相关的资料，并将"买卖协议委托书"交给投资者，让其仔细阅读无异议后签字。

（3）缴纳开户手续费，如需要开通网上交易、电话委托业务等，需要当场开通并签订协议书。

（4）一切办理完毕后，证券营业部会为投资者开设资金账户。

投资者请注意，一定要保护好自己的交易密码，以免被盗或丢失，给自己的投资带来巨大的损失。

如何看股市大盘

证券公司大都用大盘来显示股市的行情，要想掌握股票市场的走向，就要学会如何看股市的大盘。只有将大盘看得通透，才会成为股市里的"战神"。

股市营业大厅的墙壁上都有一个大型的彩色显示屏幕，也就是我们平常所说的大盘。不同的证券营业部所显示屏幕不同，有的营业部的屏幕较大，可以将所有上市公司的股票代码以及股票的名称固定在一定的位置，让其他内容不停变化。有的营业部的屏幕较小，只能将各只股票的行情轮流显现。大多数营业部的显示屏，都会用不同的颜色显示每一只股票的价格与前一天的相比是涨还是跌。

大盘显示的内容主要包括开盘价、前收盘价、最高价、最低价、买入价、卖出价、买盘、卖盘、买手、现手、卖手、涨跌、总额等，股民看盘时也是从中获取自己需要的信息。对于看盘首先就是要看大盘上所显示的各种术语以及一天之内的集合竞价和成交额。下面我们简单介绍一下这些内容。

1. 开盘价

指当天股市第一笔交易的价格。

2. 前收盘价

指前一天最后一笔成交的价格。

如果开盘价比前收盘价低，则说明空方占强大的优势，即使股价出现反弹，在开盘初大量堆积的前收盘价则会成为反攻的阻力。

如果开盘价比前收盘价高，且越走越高，说明多头一方占优势，如果股价在上升中回档跌落，大量堆积的前收盘价的股价会给其支撑，并且大盘中出现的最高价、最低价对股价的走势同样有巨大作用。

大盘中的股价到达最高点后出现下跌的情况，则说明有大量卖盘积压，当股价遇到阻力回落到一定程度后，会再次上升到高点。

3. 最高价、最低价

它们是指开盘以后各笔成交价格中最高和最低的成交价格。

4. 买入价

买入价是指证券交易系统显示已申报但尚未成交的买进某只股票的价格。一般情况下，只显示最高买入的价格。这对投资者卖出股票的价格提供了参考依据。

5. 卖出价

卖出价是指证券交易系统显示已申报但尚未成交的卖出某只股票的价格，通常显示的只是最低卖出价。这对投资者买入股票的价格提供了参考依据。

6. 买盘

买盘是指当前申请所买股票的总数。

7. 卖盘

卖盘是指当前申请所卖股票的总数。

8. 买手

买手是指买入的股票比最新价格低于 3 个价位的买入手数之和的数量。

9. 卖手

卖手是指卖出的股票比最新价格高于 3 个价位的卖出手数之和的数量。

10. 现手

现手是指股票刚成交的交易量的大小。股票最小的交易单位为手，一手100股，所以在显示交易量的大小时通常用手代替股。

11. 涨跌

涨跌是指股票最新价格与前一天相比是涨还是跌。其中有两种表示方法：一种是直接标出涨跌的钱数；另一种是给出涨跌幅度的百分比。通常在一个屏幕上只显示一种数字，但是有的证券公司大盘上显示的是绝对数字，有的显示的则是相对数字。

12. 总额

总额是指在开盘以后某只股票交易的所有金额之和，单位通常是万元。大盘除了显示各只股票上市的行情外，还会显示整个市场行情的指数。如上证指数、深证指数等。

第五章 如何看大盘走势图

K线技术走势图

一、K线图简介

K线图早在日本的德川幕府时期就已使用，当时是用来记录米价在一天、一周或一个月的涨跌情况，后来被股市所引用。它是通过对一段时期内股价变动情况的分析来找出未来股价变动的趋势。

K线图具有直观、立体感强、信息量大的特点，能够充分地显示出股价的强弱情况，以及买卖双方力量平衡的变化。预测以后股市发展的方向比较准确，是应用较多的技术分析手段。其具体的记录方法如图5-1所示。

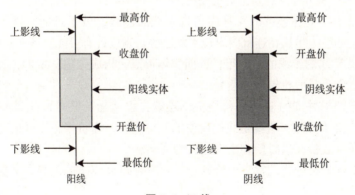

图5-1　K线

当开盘价在下、收盘价在上时，则收盘价高于开盘价，两者之间用红色的长方柱绘出，称为阳线。上影线的最高点为最高价，下影线的最低点为最低价。

当开盘价在上、收盘价在下时，收盘价低于开盘价，两者之间用黑色的长方柱绘出，称为阴线。上影线的最高点为最高价，下影线的最低点为最低价。

一般根据 K 线图的实体是阳线、阴线或是上下影线的长短分析，可以用来判断多空双方力量的对比以及以后的走势情况。

如果收的是阳线，说明通过一天多空双方的击杀，买方占上风，并且以多方的胜利而告终。阳线越长，说明多方盈利的机会要比空方大，在后市的发展中也可能继续走强。

如果收的是阴线，则说明卖方的力量强大，阴线越长，表示空方的力量胜过多方，后市的发展会越来越弱。

假若阳线带上影线，说明多方经过长时间的拼杀取得了暂时性的胜利，但继续上升则很困难。阳线带下影线，说明多方经过很大的努力拼斗，但还是以多方的胜利而结束。

阴线带下影线，表示在买方没有战胜卖方的情况下，买方不可能再下跌，而卖方的实力却在逐渐地减弱。上影线、实体、下影线中如果哪一段较长，则表明其股价的变化趋势就越大。

当开盘价与收盘价相等或十分接近时，K 线的实体会变窄，上影线和下影线的长度差不多时，我们称为十字星，这是多空双方取得平衡的结果，也是转势的征兆。但有时这只是股价在上升与下跌中的一个暂缓趋势，因此要通过几个 K 线组合图观察走势的情况。

如果十字星在连续的几日内出现上涨的趋势，就不可能出现下跌的情况；但是如果十字星在连日内出现下跌趋势，则股价有可能出现上涨的情况。

如果 K 线的影线的一侧很长，而实体很窄，构成"瘦"字形，和十字星一样，常常也是股价转势的信号。

如果两根并列的 K 线在价格上不连续，也就是一根 K 线比另一根 K 线的最低价格还要低，这就是我们所说的跳空现象，而价格在断开的地方称为缺口，通常股价在这时候会出现较大的变动。

在实际分析中我们常常要研判较长一段时间 K 线图的走势，来找出其可能前进的方向。

股价在上升或下降之时出现的缺口，会致使原来股价的趋势变化得更加猛烈。当出现利空或利好的消息时，极易出现较大的跳空缺口。

当跳空上升时出现缺口，由股价的回落弥补；下跌时留下的缺口，由股价的反弹填补。但这种做法并不是绝对的，在长时间的情况下没有弥补也是时常发生的，这也显示出股价在一定的方向上出现了较大的变化。

当岛形出现反转，即在一个向上（或向下）的大跳空缺口之后不久又出现一个向下（或向上）的大跳空缺口，这是股势强烈反转的信号。

二、K线图的分类

（1）根据开盘价与收盘价的变化趋势，可将 K 线分为极阴、极阳，小阴、小阳、中阴、中阳和大阴、大阳等线型。极阴线和极阳线的波动范围在 0.5%左右；小阴线和小阳线的波动范围一般在 0.6%~1.5%；中阴线和中阳线的波动范围一般在 1.6%~3.5%；大阴线和大阳线的波动范围在 3.6%以上，如图 5-2 所示。

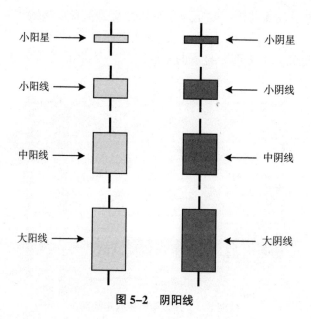

小阳星 ——>　　　　　　<—— 小阴星

小阳线 ——>　　　　　　<—— 小阴线

中阳线 ——>　　　　　　<—— 中阴线

大阳线 ——>　　　　　　<—— 大阴线

图 5-2　阴阳线

（2）根据 K 线的计算周期可将其分为日 K 线、周 K 线、月 K 线、年 K 线。

日 K 线是根据股价（指数）一天的走势情况形成开盘价、收盘价、最高价、最低价四个价位绘制而成。

周 K 线是指以周一的开盘价、周五的收盘价、全周最高价和全周最低价来画的 K 线图。周 K 线图在分析股市上有特殊重要的意义。因为一天的走势容易受人为操纵所影响，而庄家操纵周 K 线很困难，所以周 K 线有较高的准确度。

月 K 线则以一个月的第一个交易日的开盘价，最后一个交易日的收盘价和全月最高价与全月最低价来画的 K 线图，同理可以推得年 K 线定义。

大盘分时走势图

大盘分时走势图也称为即时走势图，可分为指数即时分时走势图和个股即时分时走势图。

一、指数即时分时走势图

指数即时分时走势图：是把股票市场的交易信息以指数实时地用曲线在坐标图上加以显示的技术图形。坐标的横轴是开市的时间，纵轴的上半部分是股价或指数，下半部分显示的是成交量，是股市现场交易的即时资料，如图 5-3 所示。

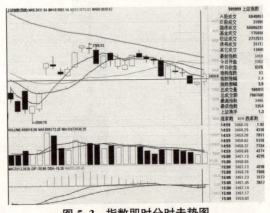

图 5-3　指数即时分时走势图

（1）白色曲线：表示上证交易所对外公布的一般情况下的大盘指数，也就是加权数。

（2）黄色曲线：表示不考虑上市股票的发行量的多少，将所有的股票按照对上证指数的影响等同计算，并且不含有加权数的大盘指数。

把黄色曲线与白色曲线进行比较，当指数上涨，黄色曲线的走势在白色曲线之上时，则表示发行量少的股票股价的涨幅比较大；当白色曲线的走势在黄色曲线之上时，则表示发行量多的股票股价的涨幅较大。

（3）红绿柱线：在红白两条曲线的附近，是反映大盘即时所有的股票的买盘与卖盘数量上的比率。

红柱线增长表示买盘大于卖盘，指数会呈逐渐上涨的趋势；红柱线缩短，则表示买盘小于卖盘，指数会呈逐渐下降的趋势。

绿柱线增长，表示指数下跌量增加；绿柱线缩短，表示指数下跌量减小。

（4）黄色柱线：在红白曲线图的下方，表示每一分钟的成交量，其单位为手，每手等于100股。

（5）委比数值：是委买委卖手数之差与之和的比值。

当委比数值为正值的时候，表示买方力量较强，股指上涨的概率大；当委比数值为负值的时候，表示卖方的力量较强，股指下跌的概率大。

（6）委买委卖手数：代表即时所有股票买入委托下三档和卖出上三档手数相加的总和。

二、个股即时分时走势图

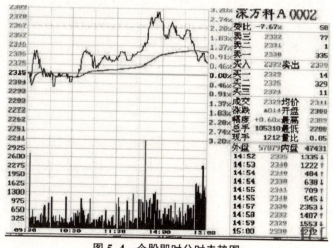

图5-4　个股即时分时走势图

（1）白色曲线：表示某种股票即时实时成交的价格。

（2）黄色曲线：表示某种股票即时成交的平均价格，即当天成交总金额除以成交总股数。

（3）黄色柱线：在红白曲线图下方，用来表示每一分钟的成交量。

（4）成交明细：在盘面的右下方为成交明细显示，显示动态每笔成交的价格和手数。

（5）外盘内盘：外盘又称主动性买盘，即成交价在卖出挂单价的累计成交量；内盘又称主动性卖盘，即成交价在买入挂单价的累计成交量。外盘反映买方的意愿，内盘反映卖方的意愿。

（6）量比：是指当天成交总手数与近期成交手数平均的比值。

具体公式为：现在总手/（5 日平均总手/240×开盘时间）。量比数值的大小表示近期此时成交量的增减，大于 1 表示此时刻成交总手数已经放大，小于 1 表示此时刻成交总手数萎缩。

（7）成交明细：在盘面的右下方为成交明细显示，显示动态每笔成交的价格和手数。

（8）现手：已经成交的最新一笔买卖的手数。在盘面的右下方为即时的每笔成交明细，红色向上的箭头表示以卖出价成交的每笔手数，绿色箭头表示以买入价成交的每笔手数。

大盘的分时走势图要与实战中的 K 线分析结合起来观察，才能真实、可靠地获得股市的信息，才能看懂股市的各种专业术语。

第六章　看盘时应看些什么

开盘时的集合竞价

由于大盘内容众多，看盘时各种信息并不可能面面俱到。如何看大盘呢？投资者首选的便是开盘时集合竞价的股价与双方的成交额。

在开盘时要看集合竞价的股价和成交额，看是高开还是低开，也就是说，和昨天的收盘价相比价格是高了还是低了。它表示出市场的意愿是期待今天的股价上涨还是下跌。成交量的大小则表示参与买卖的人的多少，它往往对一天之内成交的活跃程度有很大的影响，然后在半小时内看股价变动的方向。

看盘时，要了解股价是高开还是低开，要看前一天收盘价格的高低。根据市场的行情，大多数股民都会期盼当天股价是上涨。

如果成交量大则表示买卖的人数较多；反之，则会少。开盘时的集合竞价往往会对一天之内成交的活跃程度产生很大影响，而且股民大多数情况下会在半小时内观察股价的变化情况。

一般情况下，在开盘时的集合竞价中，股价开得过高，有可能会在半小时内出现回落；如果股价开得过低，在半小时内也有可能出现回升。这主要取决于投资者双方成交量的大小。

如果股价高开又没有出现回落，并且成交量也过大，那么此类股票的股价就有可能一路上涨。

在看盘时，不要总关注股票的价格，还要看前一天的收盘价、近日的开盘价、近日的最高价和最低价、股价的涨跌幅度等，这样便会清晰地看出股价处在什么样的位置。若是想等到止跌以后买卖或在上升之中买卖，千万小心不要被套牢。

在一天之内股票的价格往往会出现几次较大的波动。这时主要看你所买的股票在集合竞价时是否和大盘的走向一致。如果是，就要盯住大盘，当竞价达到最高点时将股票抛出；当股价下降时则是买入的有利时机。

股价的涨跌情况

看股价时不仅要看现在的价格，而且要根据大盘看昨天的收盘价、当日开盘价、当前最高价和最低价、涨跌的幅度等，这样才能看出现在的股价是处在一个什么位置，依照涨跌的情况判断是否有买入的价值。

一般情况下，股票处于下降趋势时不要急于买入，要等到止跌之后介入。股票呈上涨趋势可以考虑买入，但要注意不要被套牢。在一天之内，股价往往有几次升降波动。投资者要根据股价是否与大盘的走势相同，是强于大盘还是弱于大盘，再判断买卖。

如果走势相同，则要盯住大盘，在股价上升到最高点时卖出，下降到最低点时买进。虽然此种方法并不能确保买卖的准确性，但可以买到一个相对的低价，卖到一个相对的高价，不会对投资造成损失。

一般情况下，可以从买卖股票的手数中看出是买方力量大还是卖方力量大。如果某种股票的卖方力量大于买方力量，那么此种股票最好不要买进。如果某种股票连续不断出现大的成交量，则说明该种股票有很多人在买卖，就值得引起重视。相反地，如果某种股票交投冷淡，则说明这不是只好股票，在买卖时最好持谨慎的态度。

现手数和总手数

股票最小交易量是一手，即时的成交量称为现手。它说明的是计算机刚刚自动成交的那次成交量的大小。比如：

如果张某以5元价格买100股，赵某以5.01元的价格卖300股，这固然不会成交。5元就是买入价，5.01元就是卖出价。

这时王某以5.01元买200股，于是赵某将200股股票卖给王某，此时还有100股没有卖出。其现手数就是2手即200股，显示2，显示的颜色是红色。

还是按照上面的情况，如果李某以 5 元卖 200 股，于是张某和李某就以 5 元成交，由于张某只买 100 股，所以成交了 100 股，现手数是 1 手，显示颜色是绿色。

如果股市连续出现大量成交，则说明有多人在买卖该股，投资者应当注意。而如果许久无人问津，则成为好股的可能性不大。

总手数又称成交量，是现手数的累计。有时总手数比股价更为值得关注。总手数与流通股数的比例称为换手率。它说明在持股人中有多少人是在当天买入的。换手率高，说明此股买卖的人多，容易呈现上涨趋势。但是如果不是刚上市的新股，就出现特大换手率（超过 50%），则常常会在第二天呈下跌趋势，所以投资者最好不要买入该类股票。

根据股价所处的位置，判断是否买入

股民在看股价时，不仅要看其现在的价格，还要对它所处的位置进行深入的研究，是处于上升还是下降状态。

1. 当股价降至支撑线时，适时买入

当股价冲破支撑线（如切线、通道线等）时，止跌回升意味着股价得到了有效的支撑，此时是买入的有效时机。

2. 股价在底部时的动态

当股价处于低价区时，头肩底形态的右肩完成，股价突破短线处为买点。当圆弧底形成 10% 的突破时，即可大胆买入。

当底部成交量剧增，股价放长红。盘久必动，主力吸足筹码后，配合大势稍加拉抬，投资者即会介入，在此放量突破意味着将出现一段飙涨期，出现第一轮上涨趋势，此时宜大胆买进。

若低价区出现十字星，这表示股价已止跌回稳，有试探性买盘介入。若有较长的下影线更好，说明股价居于多头有利的地位，是买入的好时机。

3. 股价上升顶部时的买入动态

一般情况下，股价上升至顶部时，庄家会大力出货，而此时不是买入的最佳时机。股价上升至顶部，已经没有上升的空间，一定会出现回跌的情况。如果投资者在高价位买进，承担的风险较大，获利相对较小。

　　此外，如果股价连续飙升至顶部时，出现 W 底，此时投资者也不要买入。

　　所以，股价呈下降趋势时，投资者不可贸然买入，要等到止跌之后根据实际情况分批买进。当股价处于上升状态时，投资者可以建仓买进，但千万不要因贪心而被套牢。

第七章 看盘时应注意的几个问题

注意买卖盘口问题

盘口观察是看盘的关键，其基本工作是观察买盘和卖盘。主力经常利用买单或卖单使价格朝一定的方向运动，并运用盘口的挂单技巧，引诱投资者做出错误的买卖决定。那么，在盘口应该具体注意哪几个方面的问题？

一、上压板与下托板

大量卖盘挂单俗称为上压板；大量买盘挂单俗称为下托板。不论是上压还是下托，目的都是为了操作股价，诱人跟风。当股价处于不同的阶段，其作用不同。

当股价在中低价区启动，此时主动性买盘较多，盘中出现下托板，预示主力看好多头一方，这时可以考虑买入。如果出现上压板，股价不跌反涨，说明主力压盘吸货的可能性较大，此时预示股价可能出现大幅上涨。

当股价升至或是超过高价区位时，盘中出现下托板，但其走势是股价停滞不前，成交量大幅上升，此时要注意主力诱多出货。如果上压板较多，并且无限上涨，则预示着顶部出现，股价即将下跌。

二、买卖盘

1. 买卖盘的基本概念

买卖盘即指买卖双方给出的价格以及成交的数量构成在盘口中的买盘和卖盘。投资者一般情况下都能看到买卖委托中的"买三"、"卖三"以及"内盘"、"外盘"，"委比"、"量比"的概述。

以上讲述的几项都表示盘中多、空双方力量的对比。如果当时的成交价是以"委卖价"成交，说明买方愿以卖方的价格成交，"委卖价"越多说明市场中多头一方的力量越来越强。

以"委卖价"实现的成交量称为外盘，又称为主动性买盘；以"委买价"实现的成交量称为内盘，又称为主动性卖盘。如果外盘大于内盘，说明市场中买盘力量强劲，走势看好；如果外盘小于内盘，说明卖盘力量强劲，走势较弱。

由于内盘、外盘显示的是在开盘后至当时以"委卖价"和"委买价"各自成交的累计量，这对于判断股价的走势极为有利。若"委卖价"与"委买价"相差较大，则预示多空双方处于僵持的状态。

2. 买卖盘的种类

买卖盘的种类较多，可分为主动性买卖盘、隐性买卖盘、扫盘等。

（1）主动性买卖盘。主动性买卖盘是主力出击的结果，它能够掌握股价的走势。在股市中，总会出现对倒的成交量。如果只是在收盘后看成交量，则极易被迷惑。

投资者可以通过主动性买卖盘判断主力的真正走向。主动性买盘与卖盘相对，其成交时用红色箭头标记，委卖单不断减少，股价上涨。主动性卖盘就是在股价上涨的过程中，投资者卖出股票的数量增加，如果卖出始终与买入相对，其成交时用绿色箭头标记，此时委买单不断减少，股价呈下降趋势。

一般情况下，盘中出现主动性买盘，投资者可以顺势买进做多；如出现主动性卖盘，可顺势抛出做空。在此阶段的投资者千万不要逆势而行，以避免吃亏上当，造成严重损失。

（2）隐性买卖盘。隐性买卖盘是指在买卖成交过程中，有的价位并没在委买、委卖挂单中出现，却在成交栏中出现。

隐性买卖盘能够显示出庄家的踪迹。如在隐性买盘中单向整数连续性出现，而挂单无明显变化，则说明主力拉升初期的试盘动作。

一般情况下，上有压板，出现大量隐性主动性买盘，此时股价不会下跌反而会出现大幅上涨。如下有托板，出现大量隐性主动性卖盘，则预示着庄家即将出货。

（3）扫盘。扫盘是指在涨势中常伴随大量的大单出现，它将卖盘挂单连续吞并。当股价刚刚形成，以多头一方力量为主。股价在涨势初期，如果有一大笔单子连续横扫多笔卖盘时，则说明主力正在着手建仓，此时是投资者跟进的绝佳时机。

三、多种大单

大单在不同时期所代表的作用不同，下面介绍大单在低迷期、盘整期、股价下跌期的不同情况。

1. 低迷期

当某只股票长期处于低迷期，如某日股价启动，卖盘上挂出巨大抛单，此时买单较少。如果有大量资金进场，将挂出的卖一、卖二、卖三档的压单吃掉，则预示着主力将要建仓。

但是，此时的压单并不一定是有人在抛空，极有可能是庄家自己的操作，以此吸引众多投资者。

2. 盘整期

某股在一定时期正常平稳运行，股价突然被盘中出现的大量抛单赶到跌停板附近，随后又被快速拉升或是被出现的上千手大买单拉升后又快速回至原来的位置，此时表明有主力在试盘、向下砸盘，目的是试探股价的稳定性，然后决定是否拉升。如果此股在一段时间内总以下影线收场，则向上拉升的可能性较大。

3. 下跌期

某股如处于连续下跌的过程中，在其买一、买二、买三档中常见有大手笔买单挂出，这是护盘操作，但并不能说明此股后市止跌。

因为在市场中，股价最好的防守就是进攻。主力护盘，说明实力有限，否则可以拉升股价，这就说明该股股价有较大的下跌空间。投资者可以注意此股，因为此股可能将庄家套住，一旦市场走强，则会出现一鸣惊人的效果。

4. 内盘、外盘

内盘和外盘的数量可以反映出主动买入和卖出量的大小。不少投资者用它做短线买卖的依据。但是内盘和外盘的数值有时并不真实，主力庄家有时为了诱惑散户制造出虚假内盘、外盘。如果散户没有一定的判断能力，极有可能会上当受骗。

所以，散户在利用内盘、外盘的大小判断股票的走势时，一定要同时关注股价所处位置以及成交量的大小。其主要注意的内容如下：

当股价经过较长时间的下跌后，成交量已有明显回升，当日的外盘数量大于内盘，股价极有可能上涨，此种情况较为可靠。

当股价经过长时间上涨至高位、成交量达到顶点，当日盘中内盘数量大于外盘，股价极有可能下跌。

在股价上涨过程中，会有内盘大外盘小的情况发生，此时并不代表股价会出现下跌。因为庄家会用少量的成交将股价抬高，然后又在股价小幅下跌后买进。初入股市的新股民，看到内盘大外盘小，则认为股价会下跌，就以买进的价格卖出股票。此时，庄家却将投资者抛出的股票买走，随后股价止跌反涨。

如果股价的涨幅较大，但在一定时间内，外盘增加股价不涨，此时可能是庄家利用假象引诱投资者出货。

当股价下跌被打压到较低位置时，卖一、卖二、卖三会有大量的抛单挂出，这让投资者误认为抛压很大，因此在买一的价位提前将其卖出。这实际上是庄家在暗中吸货，待筹码吸足后，突然撤掉巨大抛单，此时股价呈大幅上升趋势。

当股价升至较高位置时，会有大量的买单挂出，这又使投资者误认为行情会持续走好，纷纷又以卖一的价格买入。但此时庄家却悄悄出货，等到一定时机撤掉买单全线抛空，使股价迅速下跌。

注意当日盘中的关键时间段

有句名言说得好：时间就是金钱，浪费时间就等于浪费金钱。股票交易看重的也是时间，在一天的交易过程中，有几个重要的时间段，投资者万万不可忽视。

1. 上午开盘期间 9：30~9：45

股市开盘，预示着新一轮的交易开始。因此，新股民一定要明确开盘的时间，了解影响开盘的因素，在交易的过程中才不会手忙脚乱。其中在开盘前投资者应该注意哪些内容？

（1）昨日的收盘价。当日的开盘价格大多数都会受到昨日收盘价的影响，理所当然地会按照昨天的价格进行交易，除非遇到某种强大的阻力。

于是，昨日的股价以最高点收盘，则当日的开盘就会高开；相反，如果昨日的收盘价以低点收盘，那么，当日的开盘价就会走低。如果一路上升，则说明购买此股票的人数较多，股市的前景会出现良好局面。

如果股价高开过大，使得前日买入股票者获得丰厚的利润，则极易造成获利过重而出现回吐的情况。

（2）其他股市的影响。比如你所买的股票是在上证交易所交易，那么深证交易所证券交易的价格也会对其有一定的影响，所以，初涉股市的新股民除了自己所投资的股票外，还要多多地留意其他股市的交易情况。

此外，每天都会有众多的新闻、杂志、报纸报道股市的情况，这也是影响股市开盘的因素之一。

所以，新股民一定要收集大量的信息，做好充足的准备，方可进入股市。

2. 开盘后的 30 分钟

一般情况下，如果大盘的指数或是个股的股价开得过高，在半个小时内就会出现回落；若大盘指数和个股股价开得过低，在半小时内就有可能出现回升，这主要取决于投资者双方成交量的多少。如果股价是高开且又不会出现回落，则股价可能呈上涨的趋势。

大盘指数或是个股的股价高开后，就一路高开高走，低开低走，但是这种情况在股市中尤为少见。久经股市的老股民，一般真正操作的时间大都在此时间段。

在大盘指数或是个股的股价高开回落时买进，不贸然追求高的价位；股票在卖出时，要选在大盘指数或个股股价低开回升的时候，不可贸然杀跌。

这个时间段主要是观察开盘股价的走势，并对其忽低忽高的股价做出调整。一般股票开盘价在 9：30 开出，如果股价太高则被拉回，太低便会让其反弹；如果开盘 15 分钟后还没有对开盘股价的两极分化做出调整，那就可以断定今天收盘价格的强弱。

多头一方为了能够顺利吃货，开盘后会大量地买进，而空头也会为了完成派发，故意将价格抬高，于是造成开盘后价格走高的趋势，这在强势市场中较为常见。

在弱势市场中，多头为了买进便宜货，会在开盘时将股价向下砸，空头一方由于心怯，会不顾一切抛出，这就造成开盘后股价急剧下跌。因此，开盘后 10 分钟内观察市场有助于正确判断市场的走势。

多空双方重视开盘后第一个 10 分钟的原因在于参与交易的股民不多，盘中买卖的数量不大，因此用小量的股票就可以达到预期的目的。

在开盘的第二个 10 分钟多空双方进入休整时期。一般都会对原有的趋势进行调整。如果空方的力量较大，多头会大力反击。如多方进攻太猛，空头也会给予反击。因此，此时间段是买入或卖出的一个转折点。

在第三个10分钟内参与交易的人越来越多，虚假成分减少，可信度大。此时间段的走势往往决定了全天的走势。

3. 上午10：00左右

上午10：00是庄家将股票价格拉升、准备抛出的大好时机。通常，在上午10：00这个时间段可以预测出股价当日的大致走向和收盘的高低点。

一般情况下，庄家将股价拉高出货都会选择上午10：00这一时间。所以，不论是个人股票的买卖还是大盘，在上午10：00左右将会出现短期的高位现象。如果股票的交易量过大，且股价出现一路飙升的情况，投资者一定要小心大户随时会将高价股票抛出。此时，投资者要根据走势分析图做出果断的决定。

4. 上午收市前与下午开市后

此时间段是多空双方拼斗的时间。中午停市休息，投资者可以有充足的时间研究股市的发展方向，并冷静地做出判断。因此主力大户常利用收市前的机会做出有利于自己的走势，引诱广大中小散户上当受骗。一般情况下，投资者应该将收市前与开市后的走势综合观看，而不应该将其对立分开。

如果上午高收，下午就可能高开高走；如果上午低收，下午可能低开低走。此外，上午停牌的股票，尤其是热门股停牌后，下午开盘会影响股价的总体走势，投资者要结合公开的信息对此做出判断，以做好做多或做空的准备。

5. 下午开盘期间14：00~14：30

此时间段，是多空双方中占优势的一方发起攻击的时间。大盘在这段时间内会朝着最后收盘的方向运动。众多主力庄家往往会选择在此时间段内出击，使得大盘或个股跟随自己的意图变化。这样，庄家既可以维持股价和技术指标的走向，也可以节约控盘成本。

一般情况下，大盘或是个股在最后的半小时内走强，则说明庄家想推升股价，使得第二日继续上升。当大盘或是个股在最后的半小时内走弱，说明庄家想打压股价，使得在第二日继续下跌的偏多。因此，有经验的投资者往往根据这一现象决定自己的买卖行动，顺势操作的手法定会盈利。

6. 15：00收盘

收盘前的几分钟，投资者不可在最后做出决策，要谨慎、小心，多观察少出手，如有异常情况在次日及早入市进行操作。

如果在临收盘前出现异常，常常是庄家在做盘。如果庄家明日出货，他们就有可能在尾市收盘的最后几分钟急速拉高股价，采取诱多的手法，以便在第二日交易时将不知情的追高者一网打尽。因此，投资者在第二日买进时要小心，以免落入庄家的圈套。

如果在收盘前的几分钟庄家吸货，使股价下跌，这是利用诱空的手法在第二日交易时把不知情的投资者在低位抛出的股票全部买进，以此降低建仓成本。因此，投资者一定要细心观察，不要轻易将股票全部抛出，以免上当受骗。

第三篇

买卖股票的实战技巧

第八章　买卖股票的几项原则

忍

俗话说"忍者为王"，唯有一颗忍耐之心方能成就大事。初涉股市的新股民亦是如此，一定要有忍力，切忌盲目跟风，不根据自己的实际情况乱买乱卖。

股市变化无常，有时还会出现八卦消息，比如说，××因为购买×家企业的股票大赚一笔；××也因为购买某只股票输得一无所有。听到这些，新股民的内心肯定会出现巨大波澜，以致出现跟随别人行为的举动。

一般情况下，新股民对股市的行情分析不够透彻，对股价的来源也只是道听途说，于是出现急买急卖的现象。然而，对股市行情分析透彻的股民，善于忍耐，时机不成熟，也不会盲目出击，以防浪费精力、资金。

但是，在股市中，最难做到的是"忍"，切忌心急。任何一项投资都需要具有大智慧的忍耐力。决定买卖股票要理性，千万不可道听途说仓促买卖。否则，不仅不会盈利，反而会赔钱。

有一些初涉股市的新股民等不到底部就买入，结果被套牢。早一步则赔，晚一步则会错失良机，股票的价格变化趋势很大，与其犹豫不决，受尽煎熬，不如耐心地观察时机，掌握股价的走势，在忍耐中做出最好的决策。

狠

股市犹如一个战场，容不得有半点感情。新股民想要在股市中盈利，就要精通兵法，做一个善于用兵的良将。

战场上，双方交战靠的是"狠"，股民买卖股票也要"狠"，在买进卖出的过程中不要犹豫不决，例如在股价下跌需要抛出之时，企图会有回旋的可能，一拖再拖，以致造成巨大的亏损。

买卖股票不要打持久战，该出手时就要出手，不要因为股价不断上涨而不忍心抛出。新股民要切记，股价在上涨的背后一定隐藏着巨大的风险。所以，股民一定要做到心狠，见好就收。

准

股市格言，"不要亲吻所有女孩的脸"，意思就是把诱人的股票比作漂亮的女孩。股票的种类众多，投资者不要贪图在所有的股票上获利，要选准对自己有利的一种进行投资。

如果投资者将资金分散，投资众多的股票，这样很难看出股票的好坏以及变化的趋势。

俗话说"东一榔头，西一棒子"是学不会东西的，要想在股市中赢得大利就要选准适合自己的股票，集中精力研究通透，这样的决策才会更加准确。

第九章　股市选股技巧

如何择股

在股市中，人们通常把选股票看成是选择自己的妻子。任何人都想拥有一个贤惠温婉的妻子，上得厅堂下得厨房。股民选择股票同样也要选择最佳的、获利性强、安全性好的股票。

一、选择最佳股票要注意的问题

1. 获利的大小

股民炒股的目的就是为了赢取利润赚得大钱，所以在选股时，一定要看其获得利润的大小。

这就要对股票发行公司的经营状况进行详细的了解分析。对于那些从事多元化、主营业务不强、获利能力小、无法在实际的市场上经久长存的公司选择则要慎重。

2. 成长的大小

股票会在很长的一段时间内呈上涨的趋势，且成长性良好，此类股票一般收益的回报较高。

具有成长性的股票发展前景较好。随着我国经济的发展，很多家庭已经达到小康水平，使得市场经济得到快速的发展，随之而来的便是各类行业的兴起、发展。

但是，由于我国经济发展的局限性，大多数传统的行业无法与科技先进的产业竞争，最后不得不被迫撤出市场。所以，股民在选择股票时一定要看其发行的企业是否是成长型、发展前景好的企业。

3. 竞争力强

股民在择股时，应该选择竞争能力较强的股票。而这类股票的发行公司一般资金雄厚，经营完善，发展前景好，并且是引领行业的先行军。

当经济出现危机给股市带来危险时，不会对其造成很大的影响。或是出现同类行业与其竞争时，也具备优厚的条件与之抗衡。再者就是，这类企业会得到国家政策的扶持，即使出现重大的金融危机，也不会损伤元气。

4. 市场优异性

几乎所有的热门指标股，都有良好的市场性，这些股票筹码锁定性好，易大起大落，投资者高度认同这些股票，一有风吹草动即大胆跟风，往往造成股价疯涨。大众认同程度越高，其市场属性越好，而这些股票往往有主力介入，在其中推波助澜，甚至有些股票的主力每隔一段时间总要折腾一番，似乎是吃定了这只股票。而主力对于长期以来介入较多的股票的市场性很熟悉，常常选择同一只股票多次介入，这正是形成个股独特股性的重要原因之一。

5. 波动的大小

既然每只股票的特性不同，自然波动的大小也不同。波动大的股票最适合短线炒手进出。当一只原本平静无波、股性死寂的股票突然连续数日转强时，不能等闲视之，如果此时成交量配合，那这只股票大可有一番表现了。

二、散户选择股票的方法

1. 查看近几日的涨跌排行榜

散户在选择股票时，要查看各类股票在一月内升涨的排名，以便找出整个股市中的龙头股。

2. 看走势图

走势图是以 K 线形式为主的参考图谱，它反映了股指或股价的即时动向、历史状况、内在实质、升降数据等，是技术判断派的重要参考依据。故无论短炒长做，最好是学会看图定策略。尤其是月 K 线图，一般都会潜藏着个股的可能后势，对炒股的进出决策会有很大的帮助。

3. 判别大行情

这是散户的一个重要技巧。判对了，可事半功倍，坐享行情带来的升涨喜悦。判错了，高位被套，那已不是心情的问题了，因为你在贬值的同时，还得受到亏割的打击。故对大势的判断是很重要的，长线得判个股的质地，中短线得判大盘的可能后势。

三、选择股票应遵循的原则

1. 选择行业龙头股

作为行业龙头的上市公司，其投资的价值远远超过同行业的其他企业。因此，抓住龙头股也就是抓住了未来的大牛股。

在新一轮行情中，龙头股涨得快跌得慢，它通常有大量的资金做后盾，安全系数和操作性较其他板块内的股票高。因此，不论是短线、中线、长线投资，只要抓住龙头股就能获得丰厚的盈利。

2. 选择成长股

成长股就是指发行此类股票的公司处于高速成长期。高成长性的公司主营业务收入和利润呈现高速增长的态势。而成长股的股价总体上也会呈现强势上扬的走势，能够抵抗股价的下跌。投资此类股票可采用长线投资策略。

3. 选择价值低估股

市场中有相当一部分股票的内在价值被低估，具有投资头脑的股民，要善于抓住上市公司发行股票的内在价值的价格购买股票。

4. 选择政策支持股

国家政策对股市的运行有着重大的影响，受到国家政策支持的行业，其发展稳定、前景较好，投资者应当关注此类行业公司发行的股票。

5. 选择蓝筹股

蓝筹股具有稳定的盈利，并且会分派丰厚的股息。它注重的是企业的业绩而不是投机性。投资者不用每天看盘，不用担心股价的暴涨暴跌，坐等收利。所以，蓝筹股较适合中长线投资者。

6. 选择资源稀缺股

经济的发展离不开资源，一些专营稀缺资源的公司成长性较好，发展潜力大，会不断地吸引资金涌入。

7. 选择熟悉的股票

股票的种类多样，要想对自己的投资做出正确的判断，就要选择较熟悉的上市公司，选取合适的股票，会增加投资的准确度。

不同市场行情中的选股思路

每个人买卖股票都想低价进高价出，但现实的市场是残酷的，有时不但没有高卖的机会甚至想保本或少亏点都卖不出，这是因为投资者不了解市场的行情，错误判断股票的市场价值，以致造成损失。

市场行情分为熊市和牛市。在熊市中投资的股民大多数亏损，赚钱犹如火中取栗般艰难。但是仍有一部分投资者在熊市中收缩自如，赢得丰厚利润。其盈利的关键在于选股，因为熊市大盘逐渐下跌，大部分个股走势也呈下跌趋势，只有极少数个股逆势向上，因此，在熊市中选股，要遵循一定的方法，不可盲目选股。

一、熊市选股遵循的方法

1. 基本面发生巨大变化，业绩有望突升的个股

此类个股不论是在熊市还是牛市都受到青睐。由于基本面发生了巨大好转，必然或早或晚反映到股市上，注意介入时机，不要等到涨了再去买。

2. 具有长期良好发展前景的个股或发行公司

选择具有良好发展前景的个股或发行公司是大多数股民追求的目标，这类公司经营稳健发展，前景光明，为多数人看好。此类股票在牛市中地位颇高，业绩良好。然而在熊市中则可能随大盘大幅下降，此时给投资者一个绝好的介入机会，用很低价买到一只优质股，但是此种方法适合于中长线投资者。

3. 选主力机构介入的个股

虽然股市中的主力机构实力强大，但他们进出不够灵活，一旦介入一只股票就要持有较长时间，尤其在熊市中，除非认输赔钱，否则就要利用每次反弹机会，拉升个股。中小散户只要利用合适的时机介入，其投入的成本在庄家之下或是持平，其获利的概率很大。

4. 选择在熊市后期超跌的个股

熊市持续时间较长或是在熊市的后期，总体跌幅已经明显，股价再次下跌的空间有限，已经跌无可跌。即使大盘继续下跌，此类个股也会止跌反弹。

5. 靠近重要支撑位的股票

6. 远离均线的股票

牛市与熊市选股思路完全不同，熊市中要选价值股，牛市中则关注成长股的发展。

二、牛市选股遵循的方法

1. 涨幅要高

此类股的起步处于较好的状态，即经历了由慢涨到加速的过程。而大部分投资者都希望在最高点卖出，以获得丰厚利润。正所谓"富贵险中求"，讲的也是这个道理。

当行情加速进入高段后，也是涨幅已高的时候。此时投资者一定要注意涨幅的三个方面：

（1）涨幅绝对要高，如果股价从底部上涨50%以上，其进入高价位是轻而易举之事。

（2）阶段性的突破，股价能够成功突破前一阶段；如不能突破，在前一阶段的结尾处徘徊，则会无功而返。

（3）创新高，股价出现历史性的高位，其价值被重新审视，价格重新定位，如正常成交，理应会看高。

2. 投入主力资金要高

主力资金多半是研究实力雄厚、前景看好、敢于重仓介入的股票。虽然散户无法研究公司的基本面，但可以通过K线研究主力资金的进驻程度。只有散户没有主力，投资者应放弃；主力弱小，应观察；主力强大，应建仓参与。如果主力资金将股票做成新庄股，说明风险大于收益，投资者应该回避。

3. 板块呼应度要高

有板块呼应度的股票，说明主力资金对该行业前景看好，具有潜在的发展力。即便是临时性的高点，板块呼应度高的特点也决定了被套的可能性不大，因为高点的反复表现，会多次创高。

到牛市发展后期，大多数股票出现巨大的涨幅，其主要表现形式如下：

（1）股价出现大幅升高，一直达到最高点。

（2）成交量不断放大。

（3）指标过于强势。

几种典型的错误选股行为及应对方案

正确的选股方法，能够使你赚取丰厚的利润。不论是在熊市还是牛市，投资者都应建立一套适合自己的选股思路。错误的选股思路，会让你输得一塌糊涂。

一、选股的常见错误

1. 听取小道消息选股

股神巴菲特曾讲过：让一个百万富翁破产的最有效的方法便是告诉他小道消息。听取小道消息选择股票是最常见的错误炒股方式之一。

在牛市中，曾经靠听取小道消息赚取利润的人无法改变这种错误行为，他们在长期的交易过程中，除了听取小道消息外，不会考虑其他的因素，即便是赔钱也不会认为此消息是错误的，而是认为消息的来源不够可靠、权威，以在下一次追求更正确的消息。

2. 只选择看涨的股票

在股市中常会听到有人说：这只股票涨了多少，应该买这样的股票。那只股票下跌，不应该买进，还是等等再说。

随着预测股价技术的不断进步，投资者可以预先察觉哪只股票看涨，哪只股票看跌。但是，股市变幻莫测，不论技术多先进，在短期内预测股价上涨的概率也不过是 50%。

此外，有的投资者认为，此股票呈上涨趋势，一定会连续上涨。于是没有分析行情，错误地选择，以致股票出现下跌，连遭损失。

3. 只选择便宜股票

投资者认为便宜的股票上涨的空间较大，因为低价买进其不会出现大幅下跌。但是由于我国存在较多没有上市的公司，所以有些垃圾股的价值不会被重视，以致不会出现上涨反而会下跌。

投资者盲目地根据价格的高低选择股票定会给投资带来巨大的损失。

4. 选择不熟悉的股票

多数投资者只想如何靠炒股赚钱，却不愿在选择股票上花费时间，盲目购买，以致对自己选择的股票不够熟悉，这必定会给投资带来风险。

其实，了解一只股票并不是很难。你可以在茶余饭后了解一下相关的信息，也可以与证券商或是理财师进行交流沟通。要了解所选股票的行业，熟悉关注它们。

5. 只在牛市选择股票

在牛市买股票固然是不错的选择，但是牛市也有结束的时候，总是在牛市初期或是牛市已成的时候选择股票，一旦股价出现下跌，投资者定会遭受巨大损失。

6. 只选择热门股票

对于热门股票通常在股价上涨前后 15 分钟的短时间内购买，但是对于普通散户，当你发现它的时候，已经为时已晚。

二、规避错误的步骤

1. 选择相对估值低的品种

选择估值较低的个股，可以有效地规避政策风险，比如银行利率的调整。一般情况下，不太受欢迎的小盘股具备相对较低的动态估值优势，是投资者选股投资的理想选择。

2. 规避行业面的不确定性因素

指数已经成为股市管理层重要的调控目标，所以对指数影响较大的权重可能首当其冲地受到行业不确定因素的影响，此时要规避受欢迎的大盘股。

3. 防范基本面，乐观预期被过度透支的股票

有一类股票，其静态估值可能较为合理并且基本面显示状况良好，但由于资产注入的空间不大，未来成长性被提前透支，长期投资价值一般不大。

第十章 股票投资技巧

股票投资策略

　　股票投资是风险大、难度高的投资方式。初入股市的新股民要想使自己的投资获得成功，必须明确股票投资的基本策略，依据一定的策略去指导和实施自己的投资。

　　一般情况下，投资者进行投资无疑就是通过投资股票取得巨大的收益率。但是投资的目的也要因人而异，不同的投资者要有不同的投资策略。

一、以获得股票买卖差价收益的投资策略

　　股票市场变幻莫测，其价格也是在频繁地变动，这也让股票的投资者利用价格的变化进行买卖交易，进而从中获得差价收益。

　　虽然这种投资策略能使投资者赚取丰厚的差价收益，但是，投资者必须承担一定的风险。进行此种策略的投资者大多是短期的投资者，他们频繁地在股票市场上买进或是卖出股票。

　　运用这种投资策略，投资者关心的是股市价格的走势，并不全在意公司的经营状况。由于要承担一定的风险，投资者要量力而行，不可过度地超出自己的能力范围而进行买卖。

二、以获得稳定高额股息红利的投资策略

　　一般情况下，股份有限公司的股息要高于银行的利息和债券的利率，并且还会分享额外的高额分红，正是具有这样的优越条件才吸引了众多投资者。

　　由于投资者投资的目的是获得高额的股息和分红，因此他们进行的是长期投资，投入的资金也是长期闲置的额外资金，股票买入后不急于卖出。此

时的投资者更加关注公司的经营状况和未来的发展前景，并根据这些情况做出以后的投资策略。

三、以获得股息和价差双收益的投资策略

投资者为获得更大的投资利益，会同时考虑股票的差价和股息分红。然而偏重差价收益的投资者，会频繁地在股市中进行买卖交易活动。由于要承担一定的风险，他们在分析公司经营状况的时候，看到股息收益较高时，便会在适当的时候买进股票进而分享股息和分红。

较偏重收益的投资者，一般都是将股票买进和卖出的形式看好后才做出行动，进而获得差价收益，但是不会进行频繁的买卖交易。他们在进行投资买卖时会留有一定数额的股票，以获得股息和分红。

股票买卖策略

当股市处于狂热蔓延的时候，要不失时机地将股票买进卖出。这就需要股票投资者掌握一定的买卖策略，进而取得更大的收益。

一、中小型股票投资策略

中小型股票股本小，需要的资金也较少，较易成为大户的交易对象。由于股价涨跌的幅度较大，获利较多，因此成为大户争夺的目标。

由于大户是中小型股票的操作者，投资者在买卖股票时切忌盲目跟着走，要谨慎地判断行情，小心投资。

对应中小型股票的投资策略是耐心等待股价走出低谷，开始转为上涨趋势，且环境可望好转时予以买进；其卖出时机可根据环境因素和业绩情况，在过去的高价圈附近获利了结。投资中小型股票，获利大都较为可观。

二、大型股票的投资策略

大型股票的变化较稳定，且收入大。由于投资者不会轻易地买卖此类股票，其股价的涨幅比较小。大型股票的投资价格与公司的经营密切相关。

大型股票的买卖策略：

（1）大型股票的最高价和最低价在过去具有较强的支撑和阻力，投资者

进行买卖时一定要把其作为重要的参考依据。

（2）在短期内，投资者预计利率将会上升，这时应该将股票抛出，等到利率升高时，再予以补进。

在短期内预计利率会降低，此时应该买进股票，等利率降低后再予以卖出。

（3）在经济不景气后期的低价圈里，投资者应该买进股票；当业绩出现明显的好转、股价大幅度上升的时候再予以卖出。

三、投机股买卖策略

投机股就是由投机者在背后进行操纵，从而使股价出现暴涨、暴跌的股票。投机者在短时间内可以通过买卖投机股赚取高额的利润。

那么，投机者运用何种投机策略赚取利润？

1. 选择资本额较小的股票

股票的资本额较小，所需要的资金随之就会减少。如果投入大量的资金，很容易造成股价上下的巨大波动，投机者正是运用这种巨大的股价波动赚取利润。

2. 选择新上市的股票

一般情况下，投资者对新上市的股票都寄予厚望，投机者抓住股民的这种心理进行操纵，以使股价出现大幅波动。

3. 选择优缺点兼并的股票

优缺点兼并的股票，大肆宣扬其优点，很容易使股价上升；如果缺点被广为宣传时，股价又较易下降。

4. 选择具有宣传价值的股票

比如，有送配股分红题材的股票，有业绩题材的股票，有收购题材的股票等，这些股票有助于大户对投机股进行操纵。

四、分段（平均）买入策略

如果不确定市场的行情，一次性投入所有的资金会承担很大的风险。当股价处于低区时，此只股票又是你精心研究具有投资的价值，随着行情不断上涨，买入你看好的股票，直到升至一定程度再全部投入。这样做，可以避免踏空的危险，还可以在跌势时抽身而退，减少不必要的损失。

值得注意的是当股价进入高位区时，即使升势还没有转入跌势，此时也不易跟进，以免出现套牢的危险。

五、分批卖出策略

当股价上升到一定程度的时候，投资者应该保持高度的警惕，将手中的股票逐步抛出。虽然运用这种策略，不能保证可以卖到高价，但会在跌势降临的时候全身而退。

此种方法对于犹豫不决，看见高价不收的投资者较为适用，并且安全性也较大。但是这对情绪稳定又具有理性的投资者并不是最好的办法，其应于股价在最高价圈内动荡已经无法上升的时候再卖出。

六、试盘买卖策略

此种策略就是投入少量的资金下单委托，有时可以填高或是填低几个价位，用来测试行情的走势和买卖双方力量的强弱。

如果低价极易买进，说明股市的士气弱，下方无力支撑；如果高价极易卖出，说明股市人气高涨。运用此种方法可以避免买卖的盲目性和频繁失误。大户也常用这种策略进行观察研究。

在实行的 T+0 交易后也有很大的用处，小户可以广泛使用，也可做相反的操作。

七、以逸待劳策略

在牛市到来之时，股价会出现波动趋势，此时投资者不要去选择已经涨升较快的股票，而是选择涨幅比较小的股票，甚至价格不会出现变化的股票，当有人抬轿时顺利将其脱手。

或者是采取不买不卖的策略，坚持原有的股票，股票的涨势行情不会在一两天内结束，只要持有具有发展前景的股票，大户肯定会看好前来收购。

运用这种策略要求投资者具有很好的心理素质，并且做到全面的分析研究。

八、板块涨跌策略

随着市场不断地扩大，深沪两市的发展规模也越来越大，股票的种类也急剧增多。同类型的股票极易形成"结构板块"，如商业股、地产股等，根据板块股的结构进行灵活操作。

当某种新股上市，股价上涨，同类型的新股也会跟随上涨，根据此种情况你可买进刚上市的此种新股。

九、排列组合策略

投资者要将股票的价位与类别进行科学而全方位的组合，运用理性思维进行买卖。

一般我们会将股票分为：价格高，潜力好；价格低，潜力好；价格高，潜力差；价格低，潜力差。

潜力代表公司经营状况的好坏，前景展望等。当股票的潜力与价格相互衔接，股价就不会出现巨大的波动。当资金总是流向投资回报高的地方，此时应该卖出价位高、潜力差的股票，买进价位低、潜力好的股票，运用这种排列组合的策略，会给你的投资带来很大的收益。

十、静待时机的策略

此种方法适合于长期买入冷门股的投资者，他们需要耐心地等待，等到股价大幅度上涨后，再卖出手中的股票。

冷门股是由于公司的业绩差，或者是由于某些问题无人问津，价位偏低。如果公司的业绩上涨，各种问题得到解决，此时股价就会大幅度上涨，这时可将长期持有的股票抛出，会取得一定的盈利。

买卖此种股票千万不要将所有的资金投入，只能把它作为投资的一部分，并且要经常注意公司的经营业务情况。如果是资不抵债，就很难翻身，不应该持有。投资者一定要有耐心，如果是初入股市的新股民，运用这种策略一定要小心、谨慎。

十一、进三退一买卖策略

投资者在买卖股票时设立了一个止损点和获利点，当股价上涨三成时获利了结，下跌一成就认亏卖出，这个方法操作比较简便，纪律严格，经验丰富的老投资者并不常使用，但对于新股民就很实用，既能保住获取的利润，也能在行情反转向下时避免大的损失。这个方法对于热衷短线操作的股民也很合适。

十二、顺势投资策略

投资者要顺着股市的巨大趋势进行股票的买卖，当股市处于大势向上时，应该做"多"或是持有；当股市处于大势向下时，将股票卖出则较为安全。当大势的情况不明朗时，要留有一半现金一半股票等待观望，必须在大势确认的情况下进行顺势的买卖，如果无法及早确认不必盲目跟从。这种趋势是一种中长期的趋势，并非短期的趋势。这种办法特别适合小额投资人采用。因为资本小无法操纵行情，大多宜随大流，跟大势。现在此法推而广之，也已成为大、中、小投资人共同的原则。

第十一章 炒股过程中的技巧应用

新股炒作绝招

新股上市的当天定会出现高开高走的走势，没有涨停的限制使众多投资者盲目跟随。有的会从中获得利益，有的却一无所获。要想掌握新股的炒作绝招，投资者就必须深入研究新股的炒作规律。

要想炒好新股，就必须把握新股上市的时机。一般情况下，大盘经过一段时间的下跌，技术的指标也调整到位，各方面的条件不错，新股则会成为带动大盘反弹的驱动力。

当大盘进行调整时，新股股价的定位不是很高，并且反弹的空间相对来说较大。在大盘进行反弹前期，主力选择这种机会进场，所用成本较低，炒作的空间较大；当大盘处在高位时，调整的压力会比较大，上市新股的股价相对来说较高；当大盘进行回调之时，新股抛压较大，介入的主力也被动退缩，只有等到大盘反弹时股价才会出现新的变化。

根据以上所述，当大盘调整充分的时候，投资者可以介入新股的炒作，甚至可以选择开盘价介入，都会有很好的收益。

只了解新股的炒作规律，不了解其基本情况不可行。新股的上市虽然有招股说明书、上市公告书等，但是大多数的投资者并没有时间、精力去分析研究这些上市公司的基本情况，并且不一定会有一个理想的价位介入。

对于那些潜质好的上市公司，虽然上市的价格定位较高，但是投资者要相信自己的眼光。比如东方钽业，由于受到市场的广泛关注，上市后走势一直很高，并且在相当长的一段时间内呈上涨的趋势。同批上市的新股中，发展潜质好的股票无一不被炒作，如国际实业、广汇股份、新中基等。

由此可见，市场是不会放过发展潜质好一点的新股的。但是，还要寻找新股进入的机遇。大多数投资者认为，新股入市是套不住人的。我们认真地分析一下新股的表现形式，就会发现其中的道理。

在市场行情好、个股大部分上涨的情况下，多数老股已经有大量的资金介入，并且很多股民已经不愿把所有的资金投入老股为别人抬轿子，此时上市的新股便会被场外的资金关注。

那么如何炒作新股？如何在新股中获利？投资者应该注意以下两个问题：

（1）投资者往往较为关注新股上市流通盘的指标。流通盘越小，其介入的机会也就越大。这与流通盘小的个股大部分会转送股有密切关系，同时也与小盘股轻松拉升有关。

小盘新股进行具体操作时，可以考虑中线介入，对公布有大量转送的个股，可持有到其抢权或填权时了结。对于那些科技含量高、质地好的个股可以进行长线投资。

（2）行情上涨时新股操作。当行情上涨时，一般大盘连续冲高，股指大涨，上市的新股开盘价也会随之较高。高开之后往往会进行盘整，此时不必忙于介入。而在行情调整时上市的新股开盘价往往合理一些，此时可以有选择地主动介入一些质地佳的个股做中长线。

此外，有些新股开盘当日拉出比较大的阴线，一般这种股上市之初都有个整理期，整理一下阴线形成时的成交筹码再进行下一步的操作，投资者也不必急于介入，待其形态运行完美后再介入也不迟。而一些一上市便拉出大阳线或连开几根阳线的个股，上涨概率很大，主力的实力在上市之初其实就写在盘面上，对出现这种走势的个股，投资者要给予足够的重视。

切忌轻易换股

初入股市的投资者在股票操作中，喜欢进行换股操作。今天换绩优股，明天又选蓝筹股，后天看见 A 股上升，就掉头改换 A 股。

但是，任何一只股票不是只涨不跌的。投资者追逐短线操作，频繁换股，很有可能错过优势股，反而买进一只差股，给自己的投资造成严重损失。

投资者在选好一只股票后，要耐心等待，不要轻易换股，更不要听信小道消息。如经常换股，付出的成本较高，其大多数被证券商赚走。所以不要轻易换股，除非你所买的股票真的出现重大问题，不得不换。那么换股的有利时机、遵循的原则是什么？

一、换股最有利的时机

1. 在牛市初期适合换股

在熊市下跌趋势下进行换股，只会加大亏损面。换股只有在牛市上涨的趋势中，有选择性地将不活跃、盘面较大、缺乏题材的个股卖出，换进主流板块的个股。

2. 根据股市的不同行情及成交量的大小进行换股

投资者要根据股市所处的行情不断及时换股，更新投资策略，这样才能及早解套并取得丰厚的盈利。

二、换股遵循的原则

（1）留强换弱。在股市中真正使投资者快速解套并获利的方法就是留住领头股。

（2）切记不要听取小道消息。股市变幻莫测，很多投机者利用股民赚钱的心理进行诱骗。比如，主力要增仓时，他们会编造利空的信息；在减仓时，利用利好信息进行蒙骗。

以上所要讲述的是不得不换股的操作方法。但是投资者在无任何情况下，切忌轻易换股。任何股票自身都具有一定波动规律，坚定自己的投资策略就要对选择的股票有一定信心，不能因为暂时的起落就将其放弃。

换股切忌频繁，特别是在对股市发展趋势的判断没有相当把握时，不要轻易换股。即使投资者对大盘后市发展方向有肯定的把握，也绝不能频繁换股。

留好股，卖坏股

所谓好股票就是股价上涨、具有发展潜力的股票；坏股票就是股价下跌，发展潜力不被看好的股票。那么如何才能识别股票的好坏，进而留下好股票卖掉不好的股票？

如果股价低于股票价值的，股价上涨，就是好股票；股价高于股票价值的，股价下跌，就是坏股票。所以，辨别股票的好坏就要识别股票的价值。

股票价值可以用市盈率来体现，怎样的市盈率才完全吻合股票价值？这在不同的市场，不同的发展阶段，不同的行业、企业，都有不同的体现。

一般情况下，新兴市场、初级市场、高增长、垄断性的行业的市盈率可以定高些。对于细化到企业的市盈率，就要看企业的行业地位、市场占有率、生产能力、毛利率、管理能力、产品竞争力等。

一般而言，投资者无法计算出每个企业的基准市盈率，进而判断股票的好坏。即便是拥有完美的判断决策能力，也会因为一些外在因素信息导致判断失误。

在股市中常会出现一种现象，是"强者恒强，弱者恒弱"，意思是说，越是看涨的股票越有可能继续上涨，下跌的股票可能会长期下跌，这是因为原来价格低的股票庄家将其拉升，造成很大差价，以使投资者获取更多的盈利。所以投资者要留住股价刚刚上涨、有潜力的股票。

留好股，卖坏股。如何才能发现坏股将其卖出，以减少损失呢？

（1）对于权重股和近两年解禁压力大的股票要利用反弹机会将其卖出。

（2）卖出扭亏无望、发展前景暗淡的个股。

（3）对年线和半年线下行的长线股注意及早平仓或止损。

（4）主力资金持续减仓，对于卖出的个股坚持不看、不望、不碰、不买的策略。

（5）空头排列的品种借助反弹出局，投资者要保持观望态度。

在股票市场中，投资者一定要有完美的判断力，卖出没有发展潜力的差股，留住发展前景好的优质股。

不要追涨杀跌

所谓追涨就是发现一只上涨的股票就拼命买进并且希望还能继续上涨。杀跌就是发现所买股票的股价一直下跌，于是将手中下跌的股票卖出希望将亏损降至最低点。

不追涨杀跌就是不要盲目地买进卖出。股价上涨急忙买进，随后在高位被套；股价下跌盲目出局，随后止跌回升，于是又立刻买入，当股价再次下跌，只有卖出以求自保。此种行为是中小散户的通病，他们喜欢见涨就买，见跌就杀，这也正是赔钱的原因所在。

一、投资者在何种情况下不易追涨

1. 股价暴涨

在盘整时期，股价有时会出现暴涨情况，但成交量并未加大，此种情况是庄家自拉自唱的表现，一旦盲目跟进被套，便很难出局。

2. 当日成交量过大

当某只股票的股价出现暴涨之后，在第二日会有庄家进行洗盘，此时不会再拉升。如果拉升，其成本很高，此时庄家不愿跟风者获利。

股价暴涨后的第二天定会出现回落，即使庄家不进行洗盘，也会有大部分短线手进行获利了结。一般情况下，投资者在此阶段不易介入。

3. 大盘与技术指标处于高位

当技术指标 RSI 和 KD 处于高位 70 以上时，是卖出而不是买进的时机。投资者即使要追涨，也要在该股开始上涨时逢低买进。对于已经上涨一段的个股，不易追涨买进。

4. 在走势图上，某股出现旗杆式的走势，但成交量不大

对于直线上涨的股票，投资者一定要有清醒的认识。即使想要买进，也要等到股价回落。若要按照直线上涨的情况买入强势股很可能会买入高位股。如股价下跌，极有可能被套，想要在当天出局非常困难。

二、投资者在何种情况下不易杀跌

1. 暴跌数日之后

如果买入的股票在连续数日内下跌，此时不易杀跌，这样有可能在低价位卖出。即使下跌，终有反弹时刻，如果投资者不够看好该股票，也要在反弹时将其卖出。

2. 无成交量盘整时

观察股价是否变化，一定要观察成交量的变化。如在前几日成交量下降，此时不易杀跌。因为成交量减少，说明空方对多方施加的力量减弱。若投资者不愿将其抛出，说明股价继续下跌的动力不足，投资者有充足的资金可买少量的低价股。

3. 对庄家股不要轻易杀跌

买入庄家股固然是获利的好机会，但是其风险较大。投资者往往忍受不住庄家的折磨而杀跌止损。但有时投资者会发现，在股票卖出后的第二天，

股价会上涨。在当日买进的股票却在第二日出现下跌的状况，在杀跌出局后，股价又会出现上涨。如果选择的个股不错，即使股价出现一时的下跌，也不要轻易杀跌出局。

4. 当日买入强势股被套

如投资者在当日买入强势股后被套，在第二日不可盲目杀跌出局。一般情况下，即使强势股出现下跌，也不会轻易改变强势的特性。如果该股出现第一次下跌，不必惊慌杀跌出局，要观察其成交量的情况。此类个股即使出现下跌，也有反弹的机会，因此投资者不要看到下跌就要杀跌。

第十二章　股票套牢解除技巧

拔档子解套法

所谓拔档子解套法，就是投资者在高价时卖出自己持有的股票，等价格下跌后再买回，待到价格上升后再抛出，以本次盈利弥补上次的亏损。

在通常情况下，投资者利用拔档子法在卖出与买进之间进行操作，时间不会相隔太久。最短的可能只隔一天，最长时间在一至两个月，就将抛出的股票买回。

投资者采用拔档子法的动机主要有两种：

一、挺升行进间拔档

挺升行进间拔档法是指行情上升时，将股票卖出。当股价下跌时将其买进。这是多头在推动行情上升时，见价位上涨不少，但是遇到一定的阻力区出现回落，于是自行卖出，化解上升的阻力，以便推动行情再次上涨。

二、滑降间拔档

在股价下跌时，投资者趁价位仍处在高位时将股票卖出，等降到低谷时买进，这是滑降间拔档。这是多头被套牢或是多头一方实力弱于空头时，在股价尚未跌到谷底之前将其卖出。

投资者只有将拔档法用正确，才会降低成本增加利润。如若出错，则会损失赔钱。

例如，张某以每股 45 元买进一种股票，当股价下跌到 42 元时，他经过分析研究认为股价还会继续下跌，其间会遇到阻力出现小幅度的回升。于是，将股票以 42 元卖出。随后又在股价跌至 38 元的时候买进，由于股价遇到阻力回升，升至 40 元时，将股票卖出，最终获取了 2 元收益。

拔档子解套法多用于资金有限的投资者，此法用在熊市中有明显的效果。

摊平成本解套法

随着股市价格的下跌，投资者可采用摊平成本法，在不同的时间段多次买进股票，以降低所持股票的平均成本。当股价回升到股价的平均成本时，便可解除被套牢的危险。

一、采用摊平成本解套法的主要注意事项

（1）投资者要具有充足的资金，以备使用。

（2）在整体的环境未出现恶化，股市未由多头市场转为空头市场时。

投资者使用摊平解套法可以补偿时机判断的误差，是投资者最大限度地保护自身利益的一种简便、有效的方法。

二、摊平成本解套法主要有两种形式

1. 平均操作法

平均操作法又分为买平均高买平均低和卖平均高卖平均低两种类型。

买平均高是指投资者把资金平均分为几等份，当股价在一段时间内上升至一个价位时，即用一份资金买入股票，直到全部资金买完为止；买平均低是指将资金随着股价的下降而逐渐换为股票。卖平均高是指投资者将股票分为几份，在股价上涨的过程中分期卖出；卖平均低是指等额的股票随着股价的下降而分期卖出。

投资者使用平均操作法买卖股票时，对于掌握分批买入的次数和间隔单位的大小尤为重要。

一般情况下，市场的趋势过大，其买卖的次数较多，市场价格的变化幅度与操作的时间间隔也较大。对于买入的次数和间隔的单位要多、大，而卖出的次数和间隔的时间要少、小。

2. 金字塔或倒金字塔操作法

此操作方法是指分次买卖的资金（股票）份额依次减少或依次增加。

对于买平均高买平均低的形状犹如两个正金字塔。当第一次买入的数额

最大时，以后随着市场价格的上升而依次降低，最小的一笔构成塔顶。当第一笔数额最小时，构成塔顶，以后随着价格的下跌逐渐买入，每一笔的数量较前一笔相比较大，最后一笔的数额最大构成塔底。

摊平成本解套法适用于仓位较低的投资者，它的缺点是在下跌的过程中会放大风险。

换股解套法

换股解套法适用于基本面偏弱又无后备资金支援的股票，它不受原被套股票的束缚，能够有效地控制风险。此方法是追求资金的解套而非股票的解套，目的是追求利益的最大化。其使用的缺点是风险较大，如换股失误可能会遭受巨大损失。因此，投资者在换股时一定要时刻关注股票的价位，慎重行事，以免增加新的风险。

以下介绍换股解套法的主要操作技巧：

（1）换低不换高。投资者换股时，见某种股票的价格正处于暴涨阶段，于是想买进。此种想法是错误的，股价暴涨的股票风险性最大，投资的成本也最高，在换股时要选取低价位、平稳且风险小的股票。

（2）换优不换劣。换优不换劣就是指换入基本面较好的股票。

（3）留强股换弱股。对于弱势股票，会随着大盘的调整幅度变化。如果大盘出现反弹，弱势股仍然继续下跌，即使出现反弹也会低于大盘的趋势。投资者如发现自己手中持有的是弱势股，要及时抛出，换入强势股，以保证资金的有效利用。

（4）换强不换弱。换强不换弱是指换入后备资金充裕、走势强而稳的股票。换股也不等于卖出后就立即买入，应在股价走势稳定时再行介入，以免再次出现被套牢的危险。

（5）留热股换冷股。有些冷门股全天成交较少，可能出现长期横盘或是持续下跌的状况，如果投资者持有冷门股，应该考虑将其卖出，以换入市场热门的个股。

（6）留新股换老股。新股一般持股的成本较低，套牢的盘面少，股价容易拉升，没有被疯狂地炒作。发行新股的上市公司，资金较为充足，不易出现资金风险，因此留下新股比留下老股获得的利润更大。

止损解套法

止损解套法主要适用于熊市初期，对追涨、投机性买入股价在高位股票的投资者尤为适用。

初入股市的新股民一般在遇到股价下跌时，不愿承认自己的亏损，认为不卖则不会亏，不愿将下跌的股票卖出，以希望上涨挽回损失。中小股民喜欢追高，对股价上涨的股票不愿卖出，结果股价进入调整期，调整的幅度较大，投资者只能陷入漫长的等待中。一旦股票出现猛跌的状况，投资者手中的股票将会出现被套牢的危险。

使用止损解套法的优点在于见好就收，少亏则赢，解除套牢的效率较高。其缺点在于容易出现做空的危险。

投资者使用止损解套法的操作技巧是：

（1）使用此方法，一定要果断，不要错过任何一个止损的机会。

（2）切忌在低价位操作，如发现股价下跌，要及时地设置回补，以免出现踏空的危险。

（3）如果感觉股指大幅下挫时，对于涨幅过大、在非合理估值范围内的个股应该及时止损。

（4）当个股下跌，出现异常卖盘时，说明主力资金无力护盘并获利出场，此时应该果断止损。

（5）在股价出现反弹时，应及时止损。

如果股价出现猛跌的状况，投资者未能在第一时间抽身，此时盲目杀跌所起的作用有限。而在股价迅猛下跌后极易出现反弹，投资者趁大盘反弹时将股票卖出，以减少投资的损失。

使用此方法的投资者要对大势和个股有正确的了解，要当机立断，要有亏损的心理准备。只有及时、果断地止损卖出，才能有效地防止损失的进一步扩大。

做空解套法

一般情况下，大多数投资者不愿做空，因为他们都想通过做多获利。那么，通过做空也能解套吗？其操作需要一定的技巧：

当投资者持有多数股票后被套牢，在看空后市时卖出股票，然后等待大盘股价的下跌。如果股价如期下跌，在其阶段性的底部再行买入，这样可以摊低持股成本，同时还可以利用股价反弹实现第二次获利。

此种解套方法是高抛低吸，在股价反弹时将其卖出，即使出现亏损也要等到低位时回补以降低成本，弥补亏损，完成解套。

第十三章　把握炒股心理

不贪眼前利益

目前，越来越多的人加入了炒股行列，他们的心理状况也会随着股价的升降而有所波动，心理素质较差的人更经受不住大喜大悲的刺激，以致造成不可挽回的悲剧。因此，健康炒股已经成为众多股民关注的重要话题。

炒股最重要的是不贪图眼前的利益。初入股市的新股民并不了解股市的行情就盲目跟风、见便宜就买进，一心想的只是眼前利益。其实购入价格低廉的股票不见得会有好的收益，若有很大的上涨空间，投资者既要兼顾眼前的利益又要有长远的打算，那么低价位购入当然是最好的选择。

但是如果投资者购买股票时只顾眼前利益，见低买进，认为购进以后肯定会有很大上涨空间可以大赚一笔。可事实并非如此，股票的发展趋势并没有投资者预想的那样完美，它只是在一开始迷惑股民的一种表现。

初入股市的新股民并不懂得长远投资，一味追求偏低价格，不加分析，购买没有长远发展、价值不高、波动不大的低价股票，这往往会被套牢在所谓的"垃圾股"当中。很多赚钱的机会就因没有长远的眼光，在身边溜走，有的甚至是赔钱。

有的投资者恨不得股票刚一买入就立即上涨，最好是大幅上涨，天天涨停板。但是出现这种情况的概率很小。在大多数情况下，即使是处于强势的个股也不可避免地要经历洗盘震荡、回档盘整等过程。这正是考验投资者耐心的时候，千万不要得了芝麻丢了西瓜，看见其他股票涨，就割肉追涨，或者赚了一点蝇头小利就急忙抛出，往往会得不偿失。

不抢反弹

在股市调整过程中，时常会出现股价反弹走势。投资者参与反弹行情，在追逐利润的同时也包含着一定的风险。具体而言，在市场处于以下情况时投资者不宜抢反弹，要注意以下十种情况：

一、多种局势中不宜抢反弹

如股价出现多种局势，其造成的杀伤力很大，投资者不可轻视。此时一定要耐心地等待，做空的能量完全地释放之后，再考虑下一步的操作方向，切忌出现反弹就盲目操作。

二、仓位过重不宜抢反弹

抢反弹时对投资者的仓位要求较高，既不能满，也不能重。过满过重的仓位在参与抢反弹时，极易被套，因此抢反弹的投资者要控制资金的投入比例。

三、股市新手不宜抢反弹

股市新手对股市的判断力和决定力较弱，稍有不慎就会被套，因此新手最好不要参与抢反弹。

四、不设止损位不宜抢反弹

参与抢反弹是为了盈利，但是有利益就有风险，反弹行情出现时，市场还没有变强，投资者盈利的把握并不大。因此，参与抢反弹时，最好设立止损位。

五、弱势确立不宜抢反弹

股市处于熊市时或者市场明显处于下降趋势时，表明股市还有下跌的空间，这个时候最好不要抢反弹，盈利的机会很小。

六、脉冲行情不宜抢反弹

对于昙花一现的快速反弹行情和涨幅不大的小波段行情，投资者不要对这种市场过于热情，最好多观察一段时间，因为这类反弹的空间很小，参与价值很小。

七、下跌放量不宜抢反弹

无量空跌股和放量下跌股，在不同的时间要进行不同的选择。当股市持续下跌一段时间后，抢反弹时选择无量空跌股要比放量下跌股更易成功。

八、股价抗跌不宜抢反弹

股市中的抗跌股的抗跌能力有限，只能在一定时间内起作用，但未必持久，所以抢反弹时，选择超跌股更有把握。

九、控盘老庄股不宜抢反弹

抢反弹时最好不要选择控盘老庄股，因为控盘老庄股经过长期运作之后，庄家的持股成本极为低廉，即使大幅跳水，庄家仍有暴利可图。

十、风险大于收益时不宜抢反弹

只有在预期收益远大于风险的前提下，才适合抢反弹。

投资者只有掌握以上十种不抢反弹的注意事项，才能在股价反弹的过程中盈利。

忌炒"热门股"、"冷门股"

所谓热门股就是指交易量大、流通性强、价格变动幅度较大的股票。冷门股就是指那些交易量小、价格变动小、流通性差甚至没有交易的股票。

热门股与冷门股的区别就在于市场上 80%的投资者对热门股有很深的了解，而冷门股是剩余 20%的人了解。这就好比明星与普通人一样。对于明星，不论是老人、孩子都有所了解，而普通人却没有几个人熟悉。

大多数股民会高估热门股的价格，低估冷门股的价格。但是如果选择这两种股票进行炒作一定会存在巨大的风险。

股市变幻莫测，稍有不慎就会全盘皆输。

不趋同操作

一般情况下，股市只有少数人赚钱，而多数人赔钱。因此，投资者在炒股时切忌趋同操作。

趋同操作也可认为是盲目跟风，遇事没有自己的主见，不论是否适合自己盲目跟从。而一些投机者正是利用"大众的趋同性"，通过一定的方法用"震仓"等方式骗取钱财，从而达到谋利的目的。

比如，有人说某只股票好能够赚取大钱，特别是通过某位著名专家或是股票大师的分析宣传，大多数股民便轻易相信，于是大家竞相购买。

又如，有人说现在股市的形势不好，或是发行某股票的公司出现问题，股价肯定看跌，于是众多的投资者一窝蜂地卖出而逃。

正是由于趋同操作，大多数的投资者总是被庄家利用，以致上当受骗，最终以赔钱告终。

股市格言——"盲目从众无好处"，但是依照格言去做的，在100个人中却找不出一人。因为几乎所有的人都会怀着趋同操作的心理，往人们聚集的方向走去。

再如，超市经常会有降价销售的产品，人们不论其适不适合自己都喜欢去抢购，结果买回搁置家中没大用处。股票的趋同操作也正是这个道理，投资者贸然地跟随大众"抢进、抢出"，如果跟上行情固然是好事，但是正由于趋同操作，使很多人忘记自己是在抢搭列车，以致错过卖出的好机会。

在股市中常会出现风云突变的现象，其传来的消息虚实参半。此时，投资者一定要有自主判断、决策的能力，切忌趋同操作，人买亦买，人亏亦亏。

在股市中，真理往往是掌握在少数人的手中，对于那些蜂拥而至趋同操作的人必定会遭受重大损失。因此，初入股市的投资者切忌趋同操作。

不迷信专家

进入股市炒股，大多数新股民都过分地依赖股市中专家分析，没有自己的看法见解，盲目地迷信专家的话，这对投资理财大有坏处。

　　股市变幻莫测，几乎没有哪一位专家对股价的预测能达到百分之百的准确。如果专家预测得如此灵验他们自己为何不去炒股呢？

　　事实上，大多数股市专家也不敢坚信自己的判断是百分之百的准确，投资人如果过分依赖股市专家，迟早要吃大亏。

　　股市没有理论也没有专家，大多数的理论专家无非是混钱，而投资者为了找到赚钱的秘方轻信专家，这也许是天方夜谭。按照众多人的经验，轻信专家的结果总是吃亏上当，因为股市永远不会出现相同的走势。大多数的专家也是按经验判断，有的在高位进去之后，结果连续走低，无数被套牢的人欲哭无泪。

　　在华尔街有一句颇有名的谚语：号称能够预测股市走向的人，不是疯子就是傻子，或者是骗子。

　　此话并不是一句玩笑话，其原理来源于金融投资中的"钟摆理论"。投资者看似钟摆，不停地在 4 和 8 之间摇摆，就是在恐惧与贪婪的边际徘徊。当钟摆指向 6 的时刻，是理性的象征，但是钟摆不会在这里逗留过久，继而又转向别处。因此，华尔街概括股票市场为："在诚惶诚恐中重生，在尽善尽美中塌崩。就像没有人可预知未来一样，也没人知道明天股票市场会怎么走。"

　　因此，投资者不要把所有的赚钱希望寄托于股市专家，而是要依照实际情况，从多种渠道积累经验，掌握股市的走向趋势。

第四篇

股票投资的基本分析方法

第十四章　宏观分析

国家对股市调控的政策

在我国，国家对股市的调控政策会对股价产生较大的影响。

例如，在 1996 年 12 月 16 日，《人民日报》发表《正确认识当前股票市场》的文章，同时国家计委和国务院证券委宣布 1997 年的新股发行规模为100 亿元，并且沪深证交所也公布实行涨跌停板制度，这就使得中国股市出现了历史性的股价暴跌。

在较短的时间内上证指数从 1100 点猛跌至 860 点，深证指数从 4200 点猛跌至 3100 多点。

又如，在 2007 年 5 月 30 日，财政部宣布将股票交易的印花税税率从1‰上调到 3‰，提高交易成本。上证指数从 4087.41 点跌到 4053.09 点，深证指数从 12651.20 点跌至 12627.15 点。同年 6 月 5 日，沪深股市双双出现大幅度下跌，在短短的 6 个交易日中，上证指数从 4335.96 点猛跌至 3404.15点，跌幅将近 1000 点。

再如，2010 年 4 月中旬以后，从中央到地方高层连续出台房地产调控政策，于是让股市出现极大的动荡。从 4 月 16 日股市开始下跌至 5 月 11 日收盘，上证指数最大跌幅达到 16.24%。而股市中的地产板块首当其冲，4 月初便开始出现深幅调整，截至 5 月 11 日收盘，地产指数最大跌幅高达27.43%。即便是从 4 月 16 日大盘开始下挫算起，同时期地产指数跌幅也有21.37%，远远高于上证指数 16.24%的跌幅。

国家主要通过利率、物价变动及国际收支的调控政策来影响股市。下面我们就从三个方面来讲述它们与股票的关系。

一、利率

1. 利率的概念

利率是指在一定时间内利息量与本金的比例，其计算公式如下：

$$利率 = \frac{利息量}{本金} \times 100\%$$

按其表现形式，利率是指在一定时期内利息额同借贷资本总额的比率。

2. 股票与利率的关系

股票价格与利率有着密切的关系，利率的升降会直接影响股价的变动。其主要原因是：

（1）利率上升，增加了公司的借款成本，使之难以获得需要的资金，这不得不迫使公司减小生产的规模，盈利也相对减少，股票的价格随之下降。

（2）利率上升，较多的人将投资股市转向银行储蓄或是购买债券，继而减少股票的购买需求，使得股票的价格下跌。

（3）利率下降，一方面，公司向银行的借款成本降低，从而获得更多的资金扩大生产规模，使得盈利增加；另一方面，投资者将资金由银行储蓄转向股市，购买股票的人数增多。这两方面都会使股票价格上升。

以上讲述的是在一般情况下利率与股价变动呈反方向变化。但是，当股市的形势看好时，股价出现暴涨的时候，利率的调整对股价的影响作用不大。

3. 影响利率的因素

那么，影响利率的因素主要有哪些？

（1）物价因素。如果物价处于长期上涨的趋势，国家可能采取相应的措施提高利率，使市场货币的流通量减少。一旦物价出现回落下跌，经济处于低迷状态，此时国家又可能降低利率以增加市场货币的供应量，刺激投资消费。

（2）投资因素。如果众多的投资者热衷于将资金投向基建、楼市、股市，则意味着资本出现流动性过剩的状态。此时，国家会提高利率，吸引投资者将资金转向银行投资；反之，如果经济的发展前景不好，投资出现滑坡状态，此时国家又会降低利率，使投资者将资金从银行转向市场投资。

（3）国际金融市场利率水准因素。如果国外金融市场的利率较之国内的利率低，那么就会吸引更多的国外投资者将资金投向国内，以享受无风险的高利率。如果国家不希望大量的国外资金涌入国内，势必也会提高本国利率；反之，则利率下降。

（4）利润因素。利息是企业和个人将资金投向银行，获得一定的利润回报，是衡量资金收益的一种形式，也是市场平均利润的体现。但是利息的获取也具有一定的限度，也就是说贷款利率要适应企业的承受能力，存款利率的水平要适应存款者的承受能力。

既然利率如此重要，那投资者根据什么预测出利率的升降，进而推算出股价的行情？

4. 利率的预测

（1）贷款利率的变化情况。由于贷款的资金是由银行存款供应的，因此，根据贷款利率的下调可以推测出存款利率必将出现下降。

（2）市场的景气动向。如果市场需求过旺，物价上涨，国家就有可能采取措施提高利率水准，以吸引居民存款减轻市场压力。相反地，如果市场疲软，国家就有可能以降低利率水准的方法推动市场。

二、物价变动

1. 物价的概念

物价变动是指商品或劳务的价格与以前在市场上的价格不同。

物价又可分为输入价格和输出价格两类。输入价格是指由生产或销售而取得的商品或劳务的价格，输出价格是指销售商品的价格。如果企业按输入价格购买某种商品，又按输出价格出售给个人客户，此种情况不能视为商品价格发生变动。只有输入价格与输出价格同时增高或降低时，方可视为物价发生变动。

2. 影响物价变动的原因

影响物价变动的原因主要有哪些？

（1）技术的革新。一个原因是随着技术的进步，使得某种商品凝结的劳动增多，价值增加，致使价格上涨。另一个原因便是生产产品所耗用的时间降低，成本节省，价格下降。

（2）劳动生产率的变化。如果商品生产率提高，价格就会下降；劳动生产率降低，价格就会上涨。

（3）供求关系。商品的价格在多数情况下都会受到供求关系的影响。当产品出现供不应求的时候，价格就会上涨；供过于求时，价格就会下降。

（4）竞争关系。由于竞争，使得生产商品各部门之间的资本发生转移，促使产品的价格出现变动，竞争过强，通常使价格下降。

（5）货币价值的变动。货币所表现的价值是商品的相对价值，即商品价值量同时发生等方向等比例的变动，商品的价格不变。但如果两者任何一方的价值单独发生变动，都会引起价格的涨跌。

各种产品价格的变动也会对股票的价格产生一定的影响。可以说，物价上涨，股价上涨；物价下降，股价下降。

3. 物价变动影响股价变动的具体体现

（1）商品价格出现缓慢上涨，变化幅度不大时，物价的上涨率大于借贷利率的上涨率。此时公司库存商品价格会上升，由于商品价格高于借贷成本的上涨幅度，这时公司利润上升，股票价格也会随之上升。

（2）商品价格上涨幅度过大，造成物价上涨继而引起公司生产成本上升，但上升的成本又无法通过出售转让，从而使得利润降低，股价也会随之降低。

（3）如果商品市场呈现一片繁荣时，物价可能上涨，此时的人们热衷于即期消费，造成股价下降。当商品市场的繁荣出现低迷期，此时投资股票的人数增多，股价呈现上涨的趋势。

（4）当股价出现持续上涨趋势时，股票投资者意识到保值的作用，因此将资金由股市转向保值强的物品上，如黄金、地产等，致使股票的需求量降低，股价下跌。

三、国际收支

1. 国际收支的概念

国际收支是指在一定时期内一国居民同非居民在经济、政治、文化等往来中进行的全部交易的系统记录，表示在一定的时间段内一国对外收付的累计结果，是一种流量概念。国际收支状况的好坏会对一国的经济产生重要的影响。

一般情况下，如果国际收支持续出现顺差，投放的本币增加，会刺激投资，继而推动股价的上升。

如一国的国际收支出现不平衡的状态，也就是出现收支顺差或是逆差。不论是顺差还是逆差都会给一国的经济造成不良影响。

例如当一国的经济长期出现巨额逆差会引起货币贬值，影响本国对外合作；而巨额的顺差又会造成货币投放过多，引发通货膨胀等。

以上两种情况都会影响一国经济的发展，继而影响股票市场，造成股价的不稳定。

2. 国际收支不平衡的主要表现形式

（1）结构性失衡。当一国的生产结构及相配置的要素没有进行及时的调整更新，导致不能适应国际市场的变化需求时，最终引起收支不平衡。

（2）周期性失衡。经济发展具有周期性，当一国的经济发展的变化使总需求、进出口贸易以及收入受到影响时，会造成国际收支不平衡。

（3）收入性失衡。一国国民收入发生变化时，会引起国际收支不平衡。在一定时期内，如果一国国民收入增多，意味着进口消费或其他方面的国际支付增加，国际收支可能会出现逆差。

（4）货币性失衡。当一国的货币发生变动，会造成国际收支不平衡。如果一国的物价上升出现严重的通货膨胀时，产品出口成本增高，竞争力下降，出口减少，出现逆差；当成本降低，出口增加时，出现顺差。

（5）政策性失衡。当一国的经济政策发生改变或是实施某项重大改革时，就会造成国际收支不平衡。

3. 调节国际收支失衡的措施

（1）货币政策。当一国的国际收支出现逆差时，要采用紧缩性的货币政策进行调节，以提高贴现率，吸引资金，推动经济持续发展。当一国的国际收支出现顺差时，要采用扩张性的货币政策进行调节。

（2）财政政策。当一国的国际收支出现顺差时，要采用扩张性的财政政策进行调节，降低税率、增加开支，继而刺激消费扩大需求，这有利于消除贸易收支的盈余。当一国的国际收支出现逆差时，要采用紧缩性的财政政策进行调节，提高税率、节俭开支，继而抑制物价上涨引发的通货膨胀，这有利于改善国际贸易，使本国经济持续健康发展。

（3）汇率政策。一国通过对汇率的调整实现国际收支平衡。在汇率固定的情况下，当一国的国际收支出现严重逆差时，可采用货币法定贬值政策；当出现顺差时，采用升值政策，改善国际收支。

（4）直接管制。政府通过行政命令对国际的经济交易进行直接干预，以使国际收支得到平衡。直接管制又可分为外汇管制和外贸管制两类。

外汇管制主要在外汇方面限制国际经济交易；外贸管制主要是对进出口实行直接管制。

第十五章　行业分析

行业生命周期分析

每个企业的生存发展都存在一定的生命周期，也正是由于生命周期的存在，使得各行业内股票的价格受其周期发展的影响不断变化。

行业生命周期可分为四个时期，即幼稚时期、成长时期、成熟时期和衰退时期。下面分别介绍行业不同发展时期的情况。

一、幼稚时期（初创时期）

在这一时期新行业初建不久，只有为数不多的公司投资于这个新兴产业。由于新行业在初创阶段的产品研究、开发投资费用较高，产品市场需求狭小，收入较低，因此投资于此行业的公司不但没有盈利，反而出现亏损。

但在初创阶段的后期，随着行业生产技术的不断提高，生产成本降低以及市场需求的扩大，新行业逐渐由高风险低收益转向高风险高收益的成长时期。

二、成长时期

在这一时期，由于新行业的发展前景好，吸引了更多的公司加入该行业，投入到新产品的研发与改造之中。经过长时间的竞争，一些公司的新产品被广大消费者所认可，逐渐控制占领市场，对于竞争能力不强的公司会被淘汰，于是在此时期企业获得的利润虽然增多，但是面临的风险也在增大，因此股价常常会出现大起大落的状况。

在成长阶段的后期，由于市场出现饱和状态，产品增长率下降，公司迅速赚取利润的机会在减少。由于受到不确定因素影响较少，行业的波动变小，整个行业进入稳定时期。

三、成熟时期

行业的成熟阶段是一个相对较长的时期，在竞争中生存下来的企业几乎垄断了行业市场，每家企业在市场上都占有一定比例的数额。由于实力相当，每家企业的竞争手段会不断地发生变化，如提高质量、加强售后服务等。

这一时期的市场增长率不高，需求增长率不高，技术上已经成熟，行业特点、行业竞争状况及用户特点非常清楚和稳定，买方市场形成，行业盈利能力下降，新产品和产品的新用途开发更为困难，行业极有可能进入衰退时期。

四、衰退时期

在此时期，由于市场饱和，新产品以及大量替代品的出现，使该行业的生产受到极大的阻力，甚至出现收缩衰退、利润率停滞的现象，整个行业便进入了生命周期的最后阶段。

在这一时期，该行业的股票行市会出现看淡或下跌的状况，有些行业因为出现产品过时而被淘汰，因此对股价造成严重影响。

行业性质分析

行业性质不同的公司有着不同的经营内容、特征。不同行业对外部环境变化的适应能力也不同。投资者要想准确地分析公司所属行业的性质，以预测股票发行公司的发展前景，一般从生产形态、商品形态、需求形态三方面进行分析。

一、生产形态

1. 行业标准分析

看其所属的行业是劳动密集型、资本密集型还是知识技术密集型行业。其中，劳动密集型行业是以劳动生产为主，其他生产为辅。其主要分布在经济不发达的国家和地区；资本密集型行业以资产投入为主，主要分布在发达国家和地区。但是随着科学技术的发展，知识技术密集型的行业逐步取代了其他密集型行业。不同类型的公司所属的行业不同，其劳动生产率和竞争力也会不同，这对企业产品的销售和盈利水平造成严重影响，并且也使投资收益发生巨大变化。

2. 按生产状况分析

分析所属行业的公司是连贯生产还是部分生产。如果从材料的加工到成品的全过程都由本公司完成，则属于连贯生产，假如只是一小部分的生产过程则为部分生产。连贯生产，消耗的成本较低，便于管理。但是一旦发生原材料供给不足的状况，则会影响生产的全过程。因部分生产较为专业化，其生产率较高，所需成本较低，但是如果市场需求减少，所受的损失相对也会增加。

二、商品形态

1. 生产资料、消费资料

生产资料与消费资料是社会再生产过程中必不可少的一部分。两者的发展必须保持一定的比例，如果比例失调则会对经济的发展产生影响。

消费资料是满足人们生活的需要，生产资料是满足人们生产的需要。两者受到经济环境的影响不尽相同。一般来说，生产资料极易受到经济环境的影响。当经济形势良好时，生产资料的生产增长比消费资料快；当经济出现萎缩时，生产资料恶化的速度也快。

2. 商品类别

商品按照需求的状态不同可分为必需品和奢侈品。必需品主要是生存的需要，奢侈品是享受的需要。前者所受环境的影响较小，其发展较为稳定。后者的需求变化较大，稳定程度相对较低。

两者需求的稳定与变化主要取决于产品的价格水平以及消费者的收入水平，但是随着人们生活水平的提高，两者的需求比例也在不断地发生变化。

三、需求形态

1. 产品销售的范围、对象

不同产品销售的范围、对象不同，其不同对象对产品质量、性能、等级的要求不同，不同的销售范围受经济形势的影响也不相同。对于一件商品，首先要弄清的是外销还是内销，内销产品受到国内政治经济因素的影响较为严重；外销产品受国际政治、经济、政策、气候因素的影响较为严重，收益高、风险大。通常，一国经济开放的程度越大，受到国际政治因素的影响也越大。

2. 产品需求的季节性

部分产品的销售具有明显的季节特征，其所属的公司在资金的筹集以及运用方面受到很大局限。比如，羽绒制品、风扇等消费资料以及化肥、农药、种子、机械制品等生产资料，其生产、销售、资金的流入流出都集中在某一特定的时期。

第十六章　公司分析

公司盈利模式分析

公司的盈利模式又称为商业模式，是企业赚取利润的有力渠道。因此，投资者不能仅局限于公司是做什么的，同时还要更进一步地了解其收入及利润是如何实现的？简而言之，就是企业通过怎样的经营模式赚钱。

一、分工协作经营模式

分工协作的经营模式是大企业配套发展走向市场的途径。而中小企业很难与大企业进行直接性的竞争，因此转为与它们合作，使之成为发展中最有利的伙伴。

二、特许权经营模式

特许权经营模式是连锁经营的一种重要方式。它是由特定的经营机构将自己拥有的商标、产品、专利以及专有技术等，以特许经营合同的形式授予使用者，使用者按合同规定在统一的业务模式下从事经营活动并支付相应的费用。

三、利基经营模式

利基经营模式是指通过对市场的细分，企业集中力量于某个特定的目标市场，或严格针对一个细分市场，或重点经营一个产品和服务，创造出产品和服务优势。

中小企业作为市场的补缺者，它们应精心服务于市场的某个细小部分，不与主要竞争对手竞争，通过专门化经营来占据有利的市场位置。通过选择一个特殊的利基市场，企业的战略更突出表现为企业家对顾客和竞争对手的决策。

四、虚拟经营模式

改革开放以来，我国正在由物质型经济向知识型经济转变。通过对知识的整合改造，为企业的发展开辟了一个新的经营模式即虚拟企业经营。

企业只有掌握其中的关键点，也就是把知识和依赖性较强的高增值部分掌握在自己的手中，把其他部分通过整合虚拟化，进而在竞争中最大效率地利用各方面的资源。

那么，哪种才算是好的经营模式呢？那就是符合当前市场的经营状况且能够实现高利润的经营模式。事实上每个公司都有自己的一套经营模式，这是吸引投资者投资的重要因素。

比如被称为中国电子业界神话的阿里巴巴，在创业之初就有自己一套独特的盈利模式，即找准市场定位、对未来发展的预测性，观察资金流并在恰当的时候使用。

阿里巴巴的经营模式是一个循序渐进的过程，首先从基础入手，然后按照实际过程不断从中获取新的发展机会。从在别家企业设站点到网站推广，对贸易在线服务以及订单管理不断扩展延伸。其经营的模式具有实际性、可持续性、可拓展性的优势。

又如我国的传媒企业，它们大多是通过跑马圈地形成，其市场占有率的规模在日益扩大。在此情形下，其发展之迅速的经营模式便是从追求规模扩增到追求效益提升、从"单点式"的经营到传媒产业价值链的经营、从"粗放式"经营到"专业化"经营。传媒界经营模式的转变使之投入的成本、付出的代价较之以前大为减少。

因此，投资者在进行股票投资时，一定要学会分析研究公司的经营模式，辨别哪家公司值得下注投资，并且不会失利。

公司财务分析

在股市交易中，股票价格的高低与发行公司的经营状况紧密相关。但是，如何分析公司的经营业绩？如何判断股票发行的好坏？这就要分析与研究公司的财务状况。

分析公司财务的基本依据是财务统计报表。上市公司的经营状况会通过财务统计报表反映出来。财务报表主要包括资产负债表、财务状况变动表、利润表。

一、资产负债表

资产负债表是一张平衡表，是股票发行公司在某一特定日期的财务状况，是公司最主要的综合财务报表之一。它由资产、负债以及股东的权益构成，用公式表示为：

资产 = 负债 + 股东权益

表 16-1 为资产负债表的要素及其概念。

表 16-1　资产负债各要素表

资产负债表的要素		各要素的具体概念
资产	流动资产	货币资金： 包括企业的库存现金、银行结算账户存款、银行汇票存款、银行本票存款、在途资金等
		短期投资： 指公司的有价证券或是其他的投资所持有的时间不超过 1 年，并且能够随时变现
		应收付款： 指企业除应收账款、应收票据以外的款项。它包括各种赔款、备用金、罚款、应向职工收取的各种垫付款等
		存货： 指企业在生产经营的过程中为耗用或是销售而预存的资产
		待摊费用： 指企业已经将资本支出，但应该由本期以及后期分担的各项费用。如预付保险费、易耗品摊销等
	非流动资产	长期投资： 指不准备在 1 年内变现的投资，包括企业向其他单位投资的期限在 1 年以上的资金以及购入的商品在 1 年内不能变现或是不准备随时变现的股票和债券
		固定资产： 指同时具有以下特征的有形资产：①为生产商品、提供劳务、出租或经营管理而持有的；②使用年限超过 1 年；③单位价值较高。通常是指使用期限超过 1 年的房屋、建筑物、机器、机械、运输工具以及其他与生产、经营有关的设备、器具、工具等。不属于生产经营主要设备的物品，单位价值在 2000 元以上，并且使用年限超过 2 年的，也应当作为固定资产
		无形资产： 指企业为生产商品或者提供劳务、出租给他人或管理目的而持有的、没有实物形态的非货币性长期资产
		其他资产： 指除流动资产、长期投资、固定资产、无形资产以外的其他资产，如临时设施和待摊费用

资产负债表的要素		各要素的具体概念
负债	流动负债	**短期借款：** 指企业向银行或是其他金融机构借入在 1 年以下的款项。借款主要是用于补充企业的经费
		应付账款： 指公司由于购买原材料、商品等而亏欠其他公司的款项。如果公司的应付账款过多，一方面表明公司生产经营规模扩大，占用较多资金；另一方面反映公司在市场上的地位强势
		应付票据： 指企业与银行或是其他贷款者发生债务时开出的商业汇票。它主要是由公司的短期或是季节性资金短缺引起的
		应付费用： 包括发放员工的工资、到期的利息等，它表示公司在编制资产负债表时所应付的费用
		应付税款： 表示公司应缴纳税款的金额，它与公司的所得税法有密切的联系
	长期负债	**长期借款：** 指企业向银行或是其他金融机构借入的在 1 年以上的款项
		长期应付款： 指企业除了长期借款和应付债券以外的其他款项。它表示企业在末期由于购建固定资产而出现的未付的款项
		应付债券： 指企业发行的尚未偿还的各种债券的本息
股东利益		**股东权益又称净资产：** 指公司总资产中扣除负债所余下的部分。包括股本、资本公积、盈余公积、未分配利润。它代表了股东对企业的所有权，反映了股东在企业资产中享有的经济利益

二、财务状况变动表

　　财务状况变动表是以现金及现金等价物为基础编制，是公司资金变动的财务报表。它主要提供公司在年度内有关现金支付的资料，以帮助股民分析公司的生存能力、发展能力和适应市场变化的能力。

　　财务状况变动表反映了公司资金流入及流出的方向。其编制的目的就是说明在本会计年度里所有流进公司的资金及被使用的情况。它反映了资产负债表初期及末期各项目的增减情况，体现公司经营投资的方针，是沟通资产负债表与收益表的桥梁，以弥补两者之间的不足。

三、利润表

利润表是反映公司在一定时期内经营成果的动态报表。其编制的依据是：

利润 = 收入 − 费用

利润表主要包括主营业务收入、主营业务成本、主营业务税金及附加、营业费用、管理费用、财务费用、投资收益、营业外收入、营业外支出、所得税等。表 16–2 为利润表的组成要素及概念。

表 16–2　利润组成要素及概念

组成要素	各要素具体概念
收入类	主营业务收入： 指公司的主要经营业务所取得的收入，它的增长会体现出公司在市场的竞争力不断增强。但是，中国证监会规定只有在利润中占 70% 以上的业务才算是主营业务
	营业外收入： 指与公司生产经营无直接关系的收入。它主要包括固定资产盘盈、处理固定资产净收益、资产再次评估增值、接受捐赠转入、罚款净收入等
	投资收益： 指公司对外投资所取得的收入以及发生的损失。它是多元化经营的需要，可以拿出一部分闲散资金向其他行业及企业投资，提高资产利用率，增加公司收益
成本类	主营业务税金及附加： 指用来核算小企业日常主要经营活动应负担的税金及附加，包括营业税、消费税、城市维护建设税、资源税、土地增值税和教育费附加等
	营业费用： 指公司在出售商品以及劳务的过程中发生的由主营业务负担的各项费用
	财务费用： 指公司发生的由主营业务承担的费用，包括利息支出、汇兑损失、金融机构手续费等
	管理费用： 指公司发生的由主营业务负担的各项管理费用
	营业外支出： 指与公司的生产经营无直接关系的支出。它主要包括固定资产盘亏、处理固定资产净损失、资产再次评估减值、债务重组损失、罚款支出、捐赠支出、非常损失等

第五篇

股票投资的技术分析方法

第十七章 技术分析方法工具
——K 线图

K 线图

一、K 线图的基本知识

技术分析 K 线图，是在股市分析中最常用的一种图形。它是通过对一段时间内股价变化的分析做出股价未来变动的趋势。

1. K 线图的绘制

K 线图是由开盘价、收盘价、最低价、最高价组成。两条短小的横线表示开盘价、收盘价，两条竖线将左端与右端连接成一个矩形。

当收盘价高于开盘价时，矩形实体空白，称为阳线。如果收盘价低于开盘价时，矩形实体用黑色表示，称为阴线。

如在阳线中，最高价与收盘价不同，其间的连线称为上影线；如果最低价与开盘价不同时，其间的连线称为下影线。若在阴线中，最低价与收盘价不同，其间的连线称为下影线；最高价与开盘价不同，其间的连线称为上影线。如图 17-1 所示。

2. K 线图的应用

如果阳线在大盘调整或是股价下跌的末期出现，说明股价开始反转呈上涨趋势。如果阴线在大盘调整或是股价上涨末期出现，说明股价开始反转呈下降趋势。

如果下影线过长，则表明买方的支撑力较强。如若在股价下降的末期出现，并伴随大量的成交量，此时说明股价可能会出现反弹回升；如若在股价上涨趋势的末期，此时应是卖出的时机。

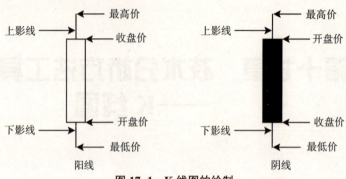

图 17-1　K 线图的绘制

如果出现较长的上影线，表明卖方的压力大。如若此 K 线图在股价上涨趋势的末期出现并伴随有大量的成交量，此时的股价难以出现突破，即将进入盘整阶段甚至出现回落。如图 17-2 所示。

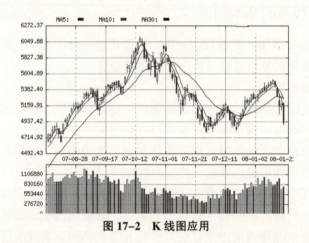

图 17-2　K 线图应用

3. K 线图的意义

通过对 K 线图的分析，可以有效地辨别多空双方能量的变化，以预测股市未来发展的趋势。

当一些典型的 K 线图或是 K 线组合图出现在某一位置时，股价或是指数就会按照一定的趋势运行，在运行的过程中回到原来的位置时，就会重复以前的状况重新开始。

对于新股民不能只看 K 线图的表面现象，因为 K 线图在不同的时间、不同的价位所表达的内容不同，因此投资者一定要运用实战的经验摸索，以提高自己观察、分析的能力。

二、K 线的 11 个特殊形态分析

1. 大阳线

大阳线表明买方力量强大，后市呈上涨趋势，如图 17–3 所示。但是，在不同时期大阳线代表的意义不同。

图 17–3　大阳线

（1）如果在低价区位出现大阳线，此时就是买进的时机。

（2）在长期盘整过后出现大阳线，可根据自身情况跟进。

（3）若高价区位出现大阳线，此时应该观望等待。

2. 大阴线

大阴线表明卖盘的力量强大，后市呈下跌趋势，如图 17–4 所示。但在不同的时期大阴线代表的意义不同。

图 17–4　大阴线

（1）如果在低价区位出现大阴线，股市卖出的压力并非较大，此时投资者应该持观望的态度。

（2）若在高价区位出现大阴线，表明股价即将反转，投资者应该卖出股票，以免遭受损失。

（3）在长期盘整过后出现大阴线，表示投资者对股市的行情看淡，此时应该是卖出股票的时机。

3. 开盘秃阳线

开盘秃阳线又称光脚阳线。它是只有上影线而无下影线的阳线。如图 17-5 所示。

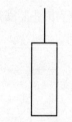

图 17-5　开盘秃阳线

开盘秃阳线表明在开盘后，买方发起较大的攻势，卖方无法阻挡，使得股价一路上升。但是，在收盘前，股价受到卖方的打压，价格开始出现回落。

如果股价经过较长时间的回调，并在低价位徘徊数日，如出现开盘秃阳线，则表明股价已经见底，后市会出现上涨的趋势。如果开盘秃阳线在交易的第二天继续出现，则是买入的最佳时机。

4. 收盘秃阴线

收盘秃阴线又称光脚阴线。它是只有上影线而无下影线的阴线。如图 17-6 所示。

图 17-6　收盘秃阴线

收盘秃阴线表示行情处于弱市形态，投资者对股市看淡。

如果股价在开盘后，买方的力量大于卖方力量，此时股价大幅上涨。当涨到一定位置时，卖方的力量变强，股价出现下跌，后市呈下跌的趋势，最后以最低价收盘。

5. 收盘秃阳线

收盘秃阳线也称光头阳线。它是只有下影线而无上影线的阳线。如图 17-7 所示。

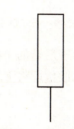

图 17-7　收盘秃阳线

收盘秃阳线表示股价上升的力度较大，投资者对行情继续看好。

在股价开盘后，卖方的力量较强，股价出现下跌趋势，但跌到一定位置，成交量减少，股价出现回升并不断上涨，对后市行情看好，最终以高价收盘。

6. 开盘秃阴线

开盘秃阴线又称光头阴线。它是只有下影线而无上影线的阴线。如图 17-8 所示。

图 17-8　开盘秃阴线

开盘秃阴线表明股价处于弱市形态，投资者对股市行情看淡。

当股价在开盘之后，买方的力量小于卖方，股价出现大幅下跌。但是，当跌到一定位置时，部分投资者不愿赔钱斩仓，低位卖出的状况减少，此后股价出现反弹。

7. 十字形

十字形线表明买卖双方的力量势均力敌，如图 17-9 所示。

图 17-9　十字形

　　十字形是用来判断行情是否出现反转的一种图形。通常，如果股价在连续上涨之后出现十字形，此时预示股价即将下跌；如果股价在连日下跌后出现十字形，说明是上涨的信号。

　　8. T 形

　　T 形表明在开盘之后买方的力量小于卖方，股票的价格回跌。过后，买方的力量又强于卖方，股价出现反弹回升的迹象，最后以开盘价同样的高价收盘。如图 17-10 所示。

图 17-10　T 形

　　如果 T 形在低价区出现，投资者可以根据自身的情况酌情买入。如在高价区出现，可酌情卖出。

　　9. ⊥形

　　⊥形也称灵位塔形。它表明股价在开盘后，卖方的力量小于买方。股价上涨至全日的最高点，但过后卖方的力量逐渐增强，股价出现下跌，并以开盘价同样的低价收盘。如图 17-11 所示。

图 17-11　灵位塔形

如果此图形在高价区出现，投资者可根据自身的情况少量卖出；如果在低价区出现，应持观望的态度，不买不卖。

10. 一字形

一字形又称四条同一线，也就是开盘价、收盘价、最高价、最低价在当天的交易里为同一条图线。如图 17-12 所示。

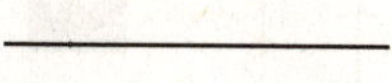

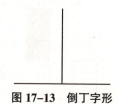

图 17-12 一字形

一字形在上涨趋势过程中出现，说明股价涨势强劲；如在下降趋势过程中出现，则表明股价的跌势强劲。

11. 倒丁字形

倒丁字形也称灵位线，如图 17-13 所示。

图 17-13 倒丁字形

如果倒丁字形在高价位出现，则是见顶的信号；如果倒丁字形在低价位出现，则是见底的信号。

三、K 线组合的应用

在 K 线的实战应用中，投资者至少要看三根 K 线组合，以便能够清晰地观察买卖双方在决战时强弱力量的变化。

当大盘的底部出现 K 线组合时，预示股价即将上升，此时投资者要尽快建仓买进。当大盘的顶部出现 K 线组合时，预示股价将会出现大幅度的下跌，此时投资者应该及时地清仓出货以免被套牢。

一些典型的 K 线组合会不断地重复出现，如果能够掌握其发展的规律，便会在股市中获得丰厚的盈利。

1. 乌云盖顶组合

当价格上涨出现阳线之后，又出现阴线，并且此阴线会令价格回落到前阳线实体的 1/2 以下。此种组合常常在股市看涨阶段并在股价上升至最高点时出现，表示大势逆转，继而出现下跌趋势。如图 17-14 所示。

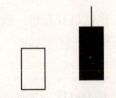

图 17-14　乌云盖顶组合

2. 孤岛组合

当一段上涨行情过后，会出现一个跳空的阴线，形成孤岛形状。如图 17-15 所示。

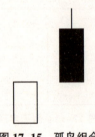

图 17-15　孤岛组合

此组合虽然阴线的收盘价仍然比昨日高，但是由于前期获利者的操盘之作，众多的投资者对后市并不看好。

3. 中流砥柱组合

相对于"乌云盖顶"组合，此种组合在价格出现阴线下跌过后，又出现阳线，并且此阳线令价格升到前阴线实体的 1/2 以上。如图 17-16 所示。

图 17-16　中流砥柱组合

此组合经常在股价已经大跌一段时间并创下最低价的时候出现，这说明大势开始出现逆转，继而转为上升行情。

4. 包容组合

K线实体之间分为阴阳两性，但都是今日的长实体将昨日的小实体完全包容，这说明后市将向实体的方向延长发展。如图 17-17 所示。

图 17-17　包容组合

5. 孕育组合

孕育组合与包容组合的形式相反，它是今日的小实体被昨日的大实体所包容孕育，类似胚胎所孕，因此称为孕育组合。如图 17-18 所示。

图 17-18　孕育组合

此种孕育组合预示着股市发展的方向为母体的方向，即阳孕阴生阳，阴孕阳生阴。

6. 黎明之星组合

这种组合在阴线产生之后的下方先出现一个小阳线或是十字小阳线，接着在跳空中上升一条大的阳线。如图 17-19 所示。

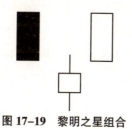

图 17-19　黎明之星组合

此组合一般会在大势长期下跌或是盘整之后出现，其下方会出现一条小阳线，这犹如投资者心中期盼的启明星一样，过后又会出现一条有力上升的阳线，这预示着漫漫长夜已经过去，大势即将迎来光明。因此，黎明之星组合是股市转势上升的关键点。

7. 黄昏之星组合

此组合与黎明之星组合相反，它是股市转势下降的关键点。顶部跳空的十字线在大阴线形成后，成为一颗黄昏之星。如果顶部是中长上影的倒 T 字线，则又形象地称这一组合为"射击之星"。如图 17-20 所示。

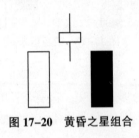

图 17-20　黄昏之星组合

8. 三个红小兵组合

在股价的低位区连续出现三个上升的小阳线组合时，表示大势已经结束，长期下跌的趋势进入反弹上升的路途。如图 17-21 所示。

图 17-21　三个红小兵组合

9. 三个黑小卒组合

在高价位区连续出现三个黑小卒下跌的组合时，表示股市上涨的趋势已经结束，下跌趋势即将开始。如图 17-22 所示。

10. 白三鹤组合

股价在下跌的途中形成此种组合，其形状犹如一个枯枝上飞来的三只小

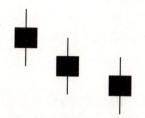

图 17-22　三个黑小卒组合

白鹤，故称为白三鹤组合。如图 17-23 所示。

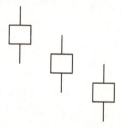

图 17-23　白三鹤组合

11. 黑三鸦组合

此组合是股价在上升的途中形成的，虽然对股价不会产生太大影响，但也会令人产生畏惧。如图 17-24 所示。

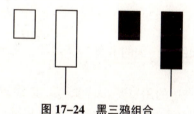

图 17-24　黑三鸦组合

因此，不论 K 线的组合如何复杂，其考虑的问题与单根 K 线是相同的。其判断的结果都是由最后一根 K 线的位置来判断多空双方力量的强弱。但是三根 K 线的组合获得的股价信息要比两根 K 线组合多，所得到的最终结论也较为准确，可信度大。

总之，K 线的组合要比单根 K 线获得的信息可靠性大、时效性强。但是有些常见的 K 线组合形态是根据以往的经验而总结的一些典型的形状，没有严格的科学分析说明。投资者为了更加方便地了解 K 线的组合形态，就要了解每个组合形态的内在原理，因为 K 线的组合是靠人的主观意识形成的，是表达、分析股市行情的一种技术方法。

四、K 线图实战用法

K 线图是股市看盘最常见的分析方法，众多股民在 K 线的实战应用过程中并不能灵活地变通。其主要原因有以下三点：

（1）K 线组合多；

（2）K 线与实际形态出入较大；

（3）K 线在不同环境、不同位置、不同主力下所表达的含义差异较大。

解决以上的各大难点，主要是找对 K 线的关键位置。K 线的关键位置主要包括：支撑位、压力位、成交密集区、有意义的整数区、绝对高位、相对高位、绝对低位、相对低位等。

如果 K 线的涨跌幅大于 3%，尤其是大于 5% 的 K 线要密切关注。另外，分析 K 线不能只看阴线、阳线，还要看数日或是一系列的 K 线重心走向。其 K 线较为接近的重心计算公式为：

$$\frac{某分钟中心位价格 \times 本分钟成交量}{当天总成交量}$$

K 线的实战应用方法有多种，我们主要分析其中的几种：

十字：主要包括见顶十字和中继十字两种。其出现的主要用意是原有的趋势已经进入一种不明确的状态，以后的大盘走向需要用后续 K 线确认。如图 17-25 所示。

第二天的实体必须由前一天的 K 线实体包住；上涨或下跌形成趋势；颜色必须相反。

此种 K 线形态所表达的用意是：若前天的 K 线较之于今天小，则说明趋势在逐渐减弱，如果随后出现的实体包住它的 K 线，表明将会出现一轮新的走势，并逐渐看涨。在发生吞没的当天，如果放量增大，会迫使新趋势继续走强。如果大实体能够把前几天的实体吞没，说明反转的力量增强。若实体将前一天的阴线包住，表明反转的力量更强。如图 17-26 所示。

母子线：两根 K 线的颜色相反，第二根 K 线实体完全在前一根之内。其所要表明的是：阳 K 线和阴 K 线越长，出现信号的可靠度越大；相对于阴 K 线而言，阳 K 线的收盘价越高，反转的可能性越大。如图 17-27 所示。

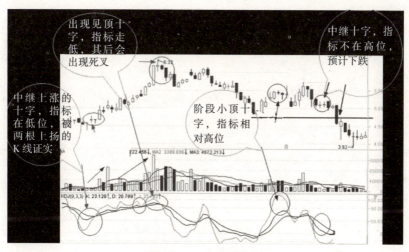

图 17-25　K 线图十字

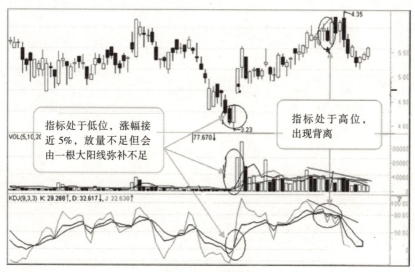

图 17-26　指标线

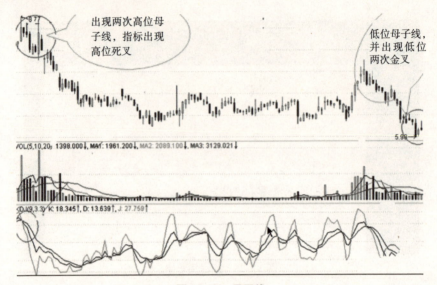

出现两次高位母子线，指标出现高位死叉

低位母子线，并出现低位两次金叉

图 17–27　母子线

第十八章　趋势线分析

怎样确定股价变化的趋势线

趋势线是用来分析股价变动趋势的一种技术工具。一旦股票的变化趋势形成，会一直持续下去，直到出现反转的信号为止。

在上涨的行情中，股价两个以上低点的连线称为上升趋势线；在下跌的行情中，股价两个以上高点的连线称为下降趋势线。

上升趋势线对股价具有强大的支撑作用，一旦股价在波动的过程中突破该线，说明行情将要转势，由涨变跌，此时是卖出的信号；下降趋势线在股价下跌的过程中具有回升阻力的作用，如果股价突破此线说明股市会由跌转涨，此时是买进的信号。

趋势线按波动时间的长短又可分为长期趋势线、中期趋势线和短期趋势线。长期趋势线的跨度通常在 1 年以下，中期为 4~13 周，短期的则为 4 周以内。

长期趋势线是由众多中期趋势线构成，而中期趋势线则是由众多短期趋势线构成。在长期的上涨趋势中，包含着若干个中期上涨、下跌趋势，其上涨趋势的时间长于下跌趋势的时间。在长期的下跌趋势中，又包含着若干个中期下跌、上涨趋势，其下跌的时间要比上涨的时间长。

在观察股价变化的趋势线时，一旦股价在短暂的时间内跌破原有的趋势线，此时就必须将早期的顶或底与最近的顶或底相连接，绘制出新的趋势线。如图 18-1、图 18-2 所示。

由于趋势线是投资者参考的一项重要的图标，其是否正确关系着投资者在股票市场上的盈利。因此，投资者可以利用以下七点判断出趋势线的正确性。

（1）趋势线被使用的次数越多，则说明正确性越强。

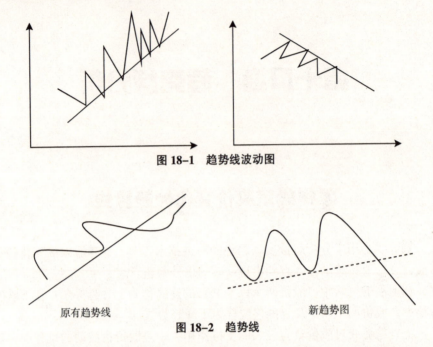

图 18-1　趋势线波动图

原有趋势线　　　　　　　　新趋势图

图 18-2　趋势线

（2）趋势线的倾斜度越大，说明市场成交的变化越大，此时准确性较低。

（3）趋势线跨度的时间长，准确性高。

如果股价突破趋势线，如何才能辨别突破的可信度？

（4）如果股价在交易的一天内突破趋势线，收盘价并没有突破趋势线，此时并不是突破可以忽略不计，但是此趋势线仍可使用。

（5）加入收盘价突破趋势线，要必须突破收盘价的3%方可信赖。

（6）如果股价在上升的过程中冲破下降趋势线的阻力，此时的成交量要大幅度地增加方可信赖。

（7）如果在突破趋势线的过程中出现较大的缺口，此时的突破将会强劲有力。

怎样根据趋势线判断买卖时机

　　一般情况下，根据股价的变化画出大致的趋势线，因此依照趋势线的走势可以判断股票买卖的时机。

　　如果收市价位于趋势线的下方，说明股价极有可能继续下跌，此时投资者应该考虑卖出该股票，以免遭受损失。当若干股票的价格低于趋势线的收市价时，此时也是卖出的信号。

　　新一轮上涨的趋势形成，如果股价回跌到上涨趋势线附近时，是买入的时机。如果新一轮的下跌趋势形成，股价又回升到趋势线附近时，是卖出的时机。

　　当股价的走势处在中期上涨趋势的过程中，股价在急速上升一段时间之后，会进入短暂的下跌回档整理，此时股价会受到一条短期趋势线的阻挡。如果股价突破该趋势线，则表明此时是一个新的短线买入的机会。

　　当股价在中期下降的过程中，股价下跌一段时间后会出现短暂的反弹回升状态。如果股价冲破该趋势线，则说明是短期买入的时机。如果股价在接近中期下跌的趋势线时，则是短期卖出的时机。

　　如果中期上升的行情结束进入持续下跌的状态，并且跌幅较大、持续的时间较长。股价在突破由两个高点连接而成的中期下降趋势线时，是中线买入的时机。以后股价在上涨的过程中具有明显的对称性，也就是下跌与上涨几乎等同或是在哪儿跌下来又会涨回到该位置。

　　一旦牛市结束，就会进入下跌时间长、幅度大的熊市之中，并且牛市的涨幅越大，熊市的跌幅也就越大、时间越长。如果熊市处于长期的下跌过程中，有时也会产生数次小幅度的反弹或上涨而形成一些明显的高点。当两个重要的高点相连接形成一条长期下跌的趋势线，如果股价突破此趋势线，则表明此时是中长线买入的时机。

　　如果上涨趋势在运行一段时间后，股价由上到下突破了上升的趋势线，此时股市行情极有可能会发生转变，股价也有可能改变运行的方向，投资者应该把握时机卖出手中持有的股票。

　　此外，投资者应该注意在上升或是下降的过程中出现的假突破状态。为了避免判断失误出现踏空、套牢，投资者应该对原有的趋势线进行修改、补正。

　　当一轮较大的行情结束之时，股价在较长一段时间内会呈下降的趋势。但是，在下降的过程中，仍然会出现多次短暂的反弹。此时，我们可以将前面上升行情的最高点作为原点，与第一次出现反弹的高点连接成一条下降的趋势线。当股价持续下降突破原有的趋势线时，投资者不要误以为是跌势的结束，因为此种状态持续的时间不长，而且股价还会继续下降。

　　当原始点与第二次反弹出现的高点相连接时，会形成第二条下降趋势线。当股价突破第二条下降的趋势线时，投资者也不要将其视为跌势的结束，直到股价突破第三条下降的趋势线时，才会形成真正的突破，此时也就意味着跌势彻底结束，股价会进入长期的上涨趋势。此时投资者应该把握住买入的最佳时机，以免踏空。

同样的道理，当股价突破第三条上升的趋势线时，长期上涨的趋势结束，股价进入跌势阶段，此时投资者应该掌握卖出的时机，以免出现套牢的危险。

怎样判断趋势线的有效突破

对于选择买入和卖出的时机，正确判断趋势线的突破，是投资者进行正确投资的一个重要内容。只有认清真正的突破，才不会使投资者产生错觉，延误买卖的时机。

当收市价突破趋势线时是有效的突破，此时才可将其作为入市的信号。比如下降的趋势线，当股价在大盘中向上突破冲过压力线，但是收盘价依然在下降的趋势线以下，此时则说明股价想要挑战压力线，再创新的高点。这样的突破并不是真正的突破，投资者不要被其误导。

如果在持续两天以上的突破是最有力、最有效的突破；当股价在突破趋势线以后，成交量保持不变或是增加，则是有效的突破；当股价突破趋势线的时间较长，突破就会更加有效。

如何使用阻力线和支撑线

把股价波段运行的低点和低点连接成一条直线即为支撑线，是指股价下跌到某一高度时，买气转旺而卖气渐弱，从而使股价停止继续下跌。

把股价波段运行的高点和高点连接成一条直线即为阻力线，是指股价上升至某一高度时，有大量的卖盘供应或是买盘接手薄弱，从而使股价的继续上涨受阻。

支撑线又可称为抵抗线。当股价跌到某一高度时，股价停止继续下跌，甚至还有可能回升。其中阻止股价下跌或暂时阻止股价下跌的价格就是支撑线所在的位置。

阻力线又可称为压力线。当股价上涨到某一高度时，股价继续上涨受阻，甚至回落。其中阻止或暂时阻止股价上升的价位就是压力线所在的位置。

支撑线和阻力线可以阻止或暂时阻止股价向一个方向继续运动，同时也有可能彻底阻止股价按原方向运动。

一、阻力线

1. 阻力线定义

阻力线是指股价上升或下跌到某一位置时受阻，即股价在上升途中到达某一价位时，由于该价位上方为套牢盘，当股价一到达该价位，就不断有卖盘出现，致使股价无法上涨，形成阻力位，此阻力位的水平连线就是阻力线。

一般而言，投资者在较多的时候会将阻力位看作买进卖出信号，当股价向上突破时，投资者会适时买进；当股价向下突破时，投资者会在该位置尽量沽售。

投资者需要明确一点：如果阻力线被有效突破，它将成为股价下个跌落趋势的支撑线。

2. 使用阻力线八项注意

在股市中，阻力线通常出现于成交密集区。在阻力线成交密集区，成交量积累较大的原因是，股票交易价位已经处于该密集区以下，已经产生了较多的套牢者。所以，当行情由下向上呈现上升趋势并迫近阻力线时，一些急于解套的投资者和对行情失去信心者会作出抛盘决策，使股票供应过剩。因为卖压的增大，股票的需求量自然处于弱势。

在股市中，讲求细节是把握大势的基本原则。投资者在使用阻力线时，有八项细节需要注意：

（1）当股价由下向上突破阻力线时，如果成交量呈现放大趋势，说明阻力线被有效突破，股市行情将由下降趋势转换为上升趋势。此时，上升趋势一般又分为两种情况：

1）大趋势中的下降。在大趋势下降中出现中级上升趋势时，如果行情能够突破中级上升趋势的阻力线，说明大趋势下降已经结束。

2）中级趋势中的下降。在中级趋势下降中出现次级上升趋势时，如果行情能够突破次级上升趋势的阻力线，说明中级趋势下降已经结束，行情将保持原来的上升趋势。

（2）当股价由下向上突破阻力线时，因未能突破而掉头回落，就可能出现一轮新的下跌行情。投资者在此时无论盈亏，都应及时抛空退场。

（3）当下跌趋势出现反弹时，如果 K 线图中的阳线较先前阴线为弱，尤其在接近阻力价位时，成交量无法放大，而后阴线迅速吃掉阳线，股价再度下跌，说明这是强烈的阻力。

（4）当下跌趋势出现强力反弹时，阳线频频出现，多头实力坚强，因为换手率频繁，股价一定能够突破阻力线，结束下跌走势。

（5）当股价由下向上突破阻力线时，成交量大增，投资者应及时做多；如果出现阻力线被突破，但成交量不明显，投资者应静待观望，因为这很有可能是上冲乏力、受阻回落的假性突破，投资者不能贸然跟进。

（6）当股价由下向上突破阻力线时，如果成交量未出现明显大增，投资者应等其回落，若回落时也未呈现放量，应考虑做多；如果没有回落，但能确定突破阻力有效，选择做多仍然能够获利。

（7）在阻力线附近经过一段时间的盘档后，出现长阴线，阻力线自然有效。

（8）在阻力线附近经过一段时间的盘档后，出现一根长阳线向上突破，成交量增加，低档接手有人，激励买方，股价将再升一段。

二、支撑线

1. 支撑线定义

股价下跌到某一价位时即停止下跌，这个价位就是股价的一个支撑点，在整个趋势中，用线将支撑点顺次连接起来而形成的曲线就是支撑线。在行情中，支撑线除了阻止股价下跌外，它还会暂时维持股价向一个方向继续运动，这是支撑线最基本的作用。

2. 支撑线作用

支撑线形象地描述了股票在某一价位区间内，供小于求的不平衡状态。在这个区间中卖方惜售，而买压增强，股价显示回升趋势。

支撑线与阻力线一样，一般出现在密集区。当行情下跌至原上升波的50%时，股价会稍有停息，在这一区间也会产生支撑线。专家指出，这一支撑线主要是由广大投资者的心理因素所致。除此以外，在股市中，阶段性最低价位也会让广大投资者产生心理支撑线。

根据经验，支撑线出现在不同的分析形态下，所具有的意义是不同的，投资者需要注意以下几点：

（1）支撑线在日 K 线上出现只是短暂趋势，并且这样的支撑线很容易被突破。

（2）支撑线在周 K 线图上出现，其稳定性相对来说就大些，它往往预示着股价行情运动的中期趋势。

（3）月 K 线图中的支撑线通常代表着股价长期趋势的变化信号，同时，也为投资者提供更加广阔的视觉空间。

3. 使用支撑线的八项注意

在股市中，支撑线在使用时与阻力线一样，也要遵循一定的原则。投资者需要注意以下八个方面：

（1）支撑线附近形成盘档，经过整理出现长阳线，支撑线自然有效。

（2）支撑线附近形成盘档，经过整理出现长阴线，则股价将继续一段时间的下跌。

（3）在上升趋势中，回档过程里，阴线比先前出现的阳线弱，特别是在接近支撑价位时，成交量减少，之后阳线吃掉阴线，股价继续上涨，此为有效的支撑。

（4）在上升趋势中，回档过程里，阴线出现频繁，空头势力增加，尽管在支撑线附近稍有反弹，股价最终还是会跌破支撑线。

（5）股价由上向下接触支撑线，但没有跌破，而是掉头回升，如果有大成交量配合，投资者应在再次出现下降调整时，抢反弹。

（6）股价由上向下接触支撑线，没能跌破，但没有成交量配合，则表明没有反弹的机会，投资者应尽早出局。

（7）股价由上向下跌破支撑线，如果有大成交量配合，表明另一段跌势形成，稍有回档应立即出局。

（8）当股价自上向下跌破支撑线时，说明行情将由上升趋势转换为下降趋势。此时，下跌趋势又分为两种情况：

1）在上升大趋势中，出现中级下降趋势，如若行情跌破中级下降趋势的支撑线，则说明上升大趋势已结束。

2）在中级上升趋势中，出现次级下降趋势，如若行情跌破次级下降趋势的支撑线，则说明中级上升趋势已结束，股价将依原下降大趋势继续下行。

三、支撑线与阻力线的转化

支撑线和阻力线的地位不是一成不变的，在股价运行时，它们可以互相转化。当股价从上向下突破上升趋势线时，该趋势线就由支撑线变成了压力线，制约着股价后市的反弹运动；同样，当股价从上向下突破水平趋势线后，原来起支撑作用的水平趋势线就变成了压力线。

支撑线和阻力线之所以能起支撑和压力的作用，在很大程度上是由投资者的心理因素引起的，久而久之就约定俗成了。支撑线和阻力线的重要性通常取决于价格穿越它们的幅度。只有当价格从支撑线或压力线上穿越得足够远时，使市场参与者确信自己的判断是错误的情况下，人们才会意识到支撑线和压力线的重要性，它们的身份互换才会有意义。

如何使用通道线

一、通道线定义

通道线也被称为管道线或轨道线，它是在得到趋势线后，通过第一个峰和谷做出的这条趋势线的平行线，即为轨道线。

通道的主要作用是限制股价的变动范围。通道一旦被确认，股价就将在这个通道里变动。若通道线被价格突破，则预示着趋势将有一个较大的变化。

在通道线被突破后，投资者可利用这个时机来加仓或减仓。

二、通道线形态种类

根据通道线的形态不同，可分为上升通道和下降通道两种。如图 18-3（a）和图 18-3（b）中所示的虚线就是通道线。

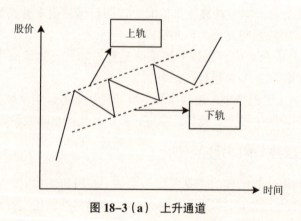

图 18-3（a） 上升通道

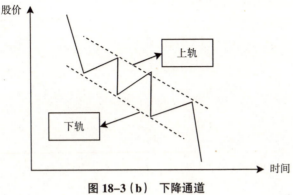

图18-3（b）　下降通道

　　如图所示，在两条平行线中，上面的通道称为上轨，下面的通道则称为下轨。其实，还有一种特殊情况称为中轨，即在中长期的通道中，从两条平行线的中点引出的一条平行线。

　　上轨和下轨往往被投资者当作短线买入或卖出的警戒线。在上升通道中股价跌破下轨，往往形成"空头陷阱"，投资者可以大胆地补仓；在下降通道中如股价反弹冲破上轨，往往形成"多头陷阱"，投资者就要尽量地清仓，避免被套牢。

　　投资者可多分析通道线，因为在通道线中，瞬间的穿越会给投资者带来很多机会。指数形成的通道线常规性地提示出近期指数波动的区间，为中短期走势的研究和判断提供了依据。

　　有经验的投资者都知道，通道线还有趋势转向的警报作用。如价格在一次波动中离通道线很远就开始掉头，这往往预示着趋势将要改变，表明市场没有力量继续维护原有的上升或下降趋势。

　　通道线同趋势线一样，通道线未被触及的时间越长，试探的次数越多，就越重要和越有效。

第十九章 常见形态的分析

反转形态

反转形态表示股市的趋势具有重大的反转迹象，即股价由涨势转为跌势或是由跌势转为涨势的一种状态。

在多数情况下，当价格的走势处在反转的形态下，不论是看涨还是看跌，所在的图形都会显示一个较典型的区域，一个较大的反转形态会使股价的变化幅度较大，而小的形态则使变化幅度较小。

1. 反转形态的特点

（1）一个变化趋势的存在是反转形态形成的前提。

（2）当趋势即将反转表明趋势线出现突破。

（3）图形越大，价格的变动越大。

（4）顶部形态比底部形态形成的时间短，并且震荡的幅度大。

2. 反转形态的种类

（1）头肩顶反转。头肩顶形态是在股价反转的过程中由最后一波涨势或是两波较小的涨势所形成的，由一个最高点（头部）和两个次高点（左肩和右肩）构成，接两肩底部的线称为颈线。头肩顶形态是比较可靠且常见的一种反转形态。它通常在牛市阶段性的顶部出现。如图 19-1 所示。

当 B 点的价格高于 A 点时，其股票的成交量与前一轮的相比有所减少；C 点的价格低于 B 点的价格时，其成交量相对于前一轮的上涨也有进一步的减少；当股价跌破颈线到达 D 点时，一般会出现较短的反弹到达 E 点，但是反弹也无力支撑，然后又继续下跌。

（2）头肩底反转。头肩底形态是股价底部的一个常见的反转形态，它由一个最低点和两个次低点所构成。由于市场见底反转回升，因此成交量逐渐

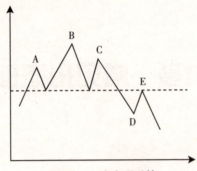

图 19-1　头肩顶反转

增加，所显示的是从左肩到右肩，多头一方的力量增强。当反转突破颈线时，成交量达到最大值，股市则由熊市渐渐变为牛市。其以后上升的幅度也会是从头部到颈线的垂直距离。所以，投资者可以在右肩形成后，进行建仓买进，当突破颈线后，增加买进量。其过程如图 19-2 所示。

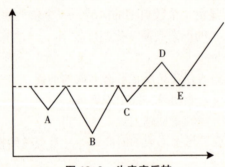

图 19-2　头肩底反转

当价格跌至较低的位置 A 点时，出现了反转回升，但是在受到多方的压力下再次回落，并突破 A 点的支撑，又会出现一个新的低点 B，此时价格又会出现一定的反弹，在 D 点处冲高回落，这时价格又出现了新一轮的下跌。当跌至高于 C 点的位置 E 点时，受到多方买进的支撑，不会出现下跌，于是股价出现上涨的趋势。

（3）对称三角形反转。对称三角形反转是因为在该阶段买卖双方所示的价格大体一致，暂时达到一种平衡的状态。在股市行情发展的过程中，其高点一个比一个低，低点一个比一个高。买卖双方都持观望的态度，使价格的波动减小，其上限为向下的斜线，下线为向上的倾线，于是便形成对称的三角形态。如图 19-3 所示。

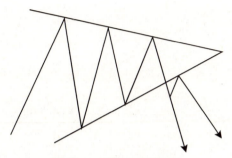

图 19-3　对称三角形反转

对称三角形一旦形成，其价格会在原来的基础上继续移动。当价格朝着其中的一个方向继续移动出现突破时，才可采取买卖行动。如果价格向上冲破阻力，是短暂的买入信号。如果价格向下跌破，则是短期的卖出信号。若对称三角形冲破阻力，出现反方向的移动，此时会遇阻呈下跌的趋势。

（4）上升三角形反转。上升三角形的股价趋势呈上升的状态。在形式上看，以多头一方占绝对的优势，空头力量相对较弱，多头的买盘逐渐将价格底部抬高，但是由于空头一方的力量不足，只能在颈线处徘徊。

由于上升三角形在股价的盘整中表示买方的力量不断增强，交易量也由大到小，当股价突破阻力线上升，其成交量增大，投资者对股市的行情看好，此时是买进的信号。如图 19-4 所示。

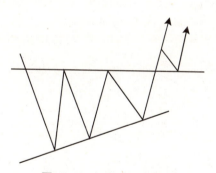

图 19-4　上升三角形反转

（5）下降三角形反转。下降三角形表示在盘整中卖方的力量在不断增强，交易量由大到小；当股价突破支撑线向下时，交易量增加，后市展望不乐观。这种图形是显示卖出清仓的图形。如图 19-5 所示。

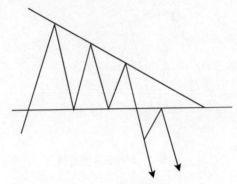

图 19-5　下降三角形反转

在下降三角形反转的过程中，买盘的力量逐渐增强，虽然最低的价格没有冲破水平线，其最高价也在日趋下降。买卖双方在争斗的过程中，成交量不大，即使股价出现下跌的底价，成交量也不会随之增加。但是由于某些因素，成交量在某一段时间内会有所增加，但是持续的时间不会太长继而又会减弱。此时，投资者应该抓住一定的时机将持有的股票卖出。

（6）菱形反转。菱形反转形态又称为钻石形态，其图形是扩散的喇叭连接对称三角形的合并图形，左半部分和扩散的喇叭形态类似。

当上升点第一个较前一个高时，其回落的点也比前一个低；当出现第三次回升的时候，其回升的高点不能超越第二个高点的位置出现下跌回落，但是又会比上一个的回落点高。如图 19-6 所示。

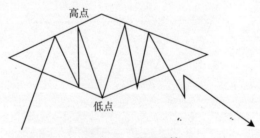

图 19-6　菱形反转

当菱形的反转形态形成后，投资者一定要注意后期的成交量的变化过程。任何一个形态的变化，成交量都会对其起一定的作用，向上突破时说明成交量增大，此时大多数的投资者都对股市看好。

（7）双重底反转。双重底反转又称"W"底反转形态。它是指股票的价格在连续两次下跌的低点基本相似时的走势图形。连接跌至两个低点的连线称其为支撑线。如图19-7所示。

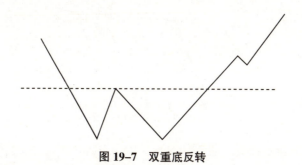

图 19-7 双重底反转

双重底反转形态的两个低价位支撑点的位置相当，而且在整个股市的走势中，股价的变化与成交量的变化向着同一方向运动。

（8）双重顶反转。双重顶反转形态又称"M"顶反转形态。它是股票的价格在连续两次上升后所达到的高度大致相同。如图19-8所示。

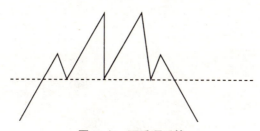

图 19-8 双重顶反转

双重顶形成时，当股价到达第二个最高点，此时成交的数量要比第一个最低点减少。这说明股价已经达到最巅峰的状态，股价出现大的下跌即将开始。

（9）楔形反转形态。楔形反转形态包括上升楔形与下降楔形两类，两者的形态特征大体上一致。

其划分上升楔形的界线是两条直线。其高价连线的斜率要小于低价连线的斜率。其买卖双方所呈现的价位往往会出现拉锯式的变化。如果股价突破楔形的高价连线，又有较大的成交量出现，此时的股价定会出现反转的局面。如图 19-9 所示。

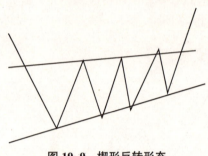

图 19-9　楔形反转形态

（10）向上跳空反转。在股市的技术分析图形当中，缺口占有极其重要的位置。由于向上的跳空缺口在不同的阶段发生，因此分析的技术指标也不尽相同。如图 19-10 所示。

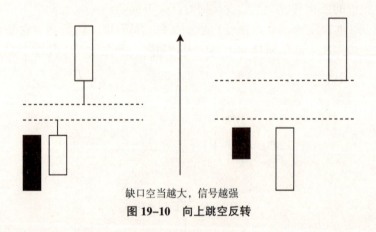

缺口空当越大，信号越强

图 19-10　向上跳空反转

当股价冲破一定的阻力上升，此时出现的缺口对日后股价继续上升起着重要作用，因此很多人将其称为向上突破缺口，可见多头一方展开的攻势相当大。

一般情况下，当出现向上突破缺口时，成交量也会随之增大，此后股价上升的空间也随之加大。如果向上突破缺口在连续出现的几日内没有被封闭，说明多头一方在对战中获胜，股价会出现一路上涨的趋势。但是，一旦股价上升到一定程度时已经无力上升，此时的缺口会被封闭，继而股价会出现下跌的趋势。

（11）向下跳空反转。当向下跳空缺口出现时，说明股市的走势出现逆转。原来一路上升的趋势结束，新一轮的跌势开始。因此投资者见到向下突破缺口出现时要立即做好抛出的准备，继而持观望态度，等待转势。

投资者一定要注意，当向下突破缺口达到最低点时，已经无法下跌，缺口被封闭，说明空头一方的力量已经用尽，此时多头肯定会趁势反击，并预示着股价会出现上涨的趋势。如图 19-11 所示。

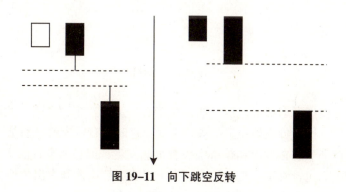

图 19-11　向下跳空反转

整理形态

股票市场的价格是由多头或是空头双方在争持或是盘局时产生变化，在变化的过程中有反转的形态也有整理的形态。在上面一节中我们已经讲述了反转形态，下面大致讲解整理形态的分类。

股价的整理形态可以分为矩形整理形态、尖旗形整理形态、方旗形整理形态、扇形整理形态等。

1. 矩形整理形态

矩形整理形态是众多不同的股价在上下两条水平的界线之间反复波动而形成的。也就是说，当股价上升到一定高度时，遇到某种阻力回落。但是，当股价跌到一定的水平遇到某支撑点，股价又出现短暂的回升。但是回升到与上次同样的高点时又会再次受阻跌落，当跌落到相同的低点时得到各方的支持又开始上升。这些升跌的高点与低点之间的连线可以组成一条通道，通道不上倾不下降，处于平行发展状态，继而形成矩形形态。如图 19-12 所示。

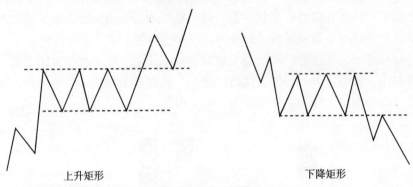

上升矩形　　　　　　　　　　　　　下降矩形

图 19-12　矩形整理

当矩形整理形态形成之后，股价维持在一定阶段来回变动，此时买卖双方势均力敌，当股价突破矩形的界线上涨，这时会有巨大的交易量产生。

矩形整理形态在升市和跌市中极有可能发生，但长而窄且成交量小的矩形在原始底部比较常见。当股价突破上下界线后有买入和卖出的信号。

投资者在使用矩形整理形态时，必须要注意以下两点：

（1）在形成矩形的过程中，成交量不断减少，除有特殊的情况发生外。但是如果有不规则的高成交量出现，此形态的形成可能会失败。

（2）如果矩形的高、低的幅度较大，那么狭而长的矩形形态发挥的能力会更大。

2. 尖旗形整理形态

尖旗形整理形态，其形状像是一个细长的三角，是由两条聚拢的直线构成的。当股价在上涨的过程中，尖旗形的旗帜呈下倾的趋势；在股价下跌的过程中，其旗帜呈上升的趋势。如图 19-13 所示。

由图 19-13 可以看出，股价在整理的过程中，其变化的幅度日益减小。此时表明买卖双方的成交量降低，一旦股价突破两条界线，成交量会随之增加。

3. 方旗形整理形态

方旗形是由一条上倾和下倾的直线组成，其形状类似平行四边形。它是

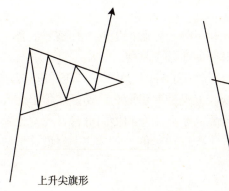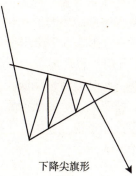

上升尖旗形　　　　　　　　　　　下降尖旗形

图 19-13　尖旗形整理

股价走势中重要的整理形态之一。

　　股价在整理的过程中，其交易量会减少，但是一旦破盘整理，股价发生巨大的变化，买卖双方的成交量会大幅上升，此时会形成一个旗形的走势。

　　方旗形的走势又可分为上升方旗形和下降方旗形两种。旗形上下的两条平均线起着支撑和压力的作用。如图 19-14 所示。

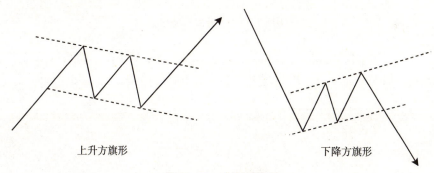

上升方旗形　　　　　　　　　　　下降方旗形

图 19-14　方旗形整理

　　投资者在运用旗形的过程中，应该注意以下几点：

　　（1）在旗形出现之前，一般股价做直线运动会形成一个旗杆。

　　（2）旗形出现持续的时间不应过长，应该在三周之内。如果时间过长，股价保持原来趋势的能力将会下降。

　　（3）在旗形形成之前和突破之后，会出现较大的成交量。在此过程中，成交量会从左向右逐渐减弱。

4. 扇形整理形态

扇形是由连接圆形的上升和下降趋势而产生的一种整理形态。它又可分为上升扇形整理形态和下降扇形整理形态两种。

（1）上升扇形整理形态。扇形在上升的过程中，其股价在圆形的底部呈下跌的趋势，此时交易量降低。但是随着扇形在后期的过程中上升，成交量也会上升。新圆形产生的低价要高于前一个圆形的低价，高价也要高于前一个圆形的顶价。于是，连接各个圆形的股价，逐步向上递增，形成上涨的趋势。如图 19-15 所示。

图 19-15　上升扇形整理

（2）下降扇形整理形态。下降扇形是由两个或是两个以上的圆形顶部连接而成的一种整理形态。一般情况下，股价呈下降的趋势。如图 19-16 所示。

图 19-16　下降扇形整理

5. 蝶形整理形态

蝶形整理形态是由股价与成交量变化而形成的。其所显示的是股价上升的趋势，但是上升的过程慢而稳，并不是大幅度地暴升。当股价升势出现回转时，会遭到向上的压力，转度不大。当成交量减少到一个相应的低点时，新一轮的上升即将开始。

由于蝶形整理形态呈上升的趋势，其每一个圆形的底部都是一个较为理想的买入点。当投资者肯定蝶形的走势时，股价的波动会一直持续，直到图形出现其他形态为止。

投资者运用此种形态应该注意以下两点：

（1）当股价在向上变动时，从蝶形的右端到底部的差价为 20%~30%，形成蝶形所持续的时间一般在 5~7 周。

（2）由于此形态出现时处于上升的趋势，大部分的投资者选择在此区间进行买卖，因此成交量较大。投资者一旦察觉出此种形态将要出现之时，在成交量较少的时候买进。

6. 岛形整理形态

当股价上升持续一定的时间之后，由于某种因素的影响，突然出现缺口性的上升，此时的股价在高处来回变动。但是此种状况持续的时间不长，又会出现缺口性下降。两个缺口几乎是在同一个价位发生，在图形上显示犹如一个岛的形状，因此称为岛形整理形态。

岛形的股价不断上升，使得原本想要买入的投资者无法预测价位跟进。由于持续的上升趋势使投资者盲目地买进，此时形成一个巨大的上升缺口。当股价到达一定高的位置时遇到阻力回落，呈下跌的趋势。

通常情况下，岛形会在股价长期或是中期趋势的底部、顶部出现。当上升时是卖出的信号。如下跌，则是买进的信号。

在岛形的形成期间，其成交量较大，因此投资者一定要注意观察，避免发生损失。

（1）缺口在岛形前出现为消耗性缺口，在反方向出现的缺口为突破性缺口。

（2）两种缺口会在较短的时间内出现，最短为一个交易日。

（3）岛形的第二个缺口一般都是在同段的价格范围内。

菱形形态

一、菱形形态定义

菱形因其形状看似"钻石"故又被称为钻石形态，是一个比较特殊且少见的形态，如图 19-17 所示。通常情况下，菱形与喇叭形一样被认为是三角形形态的演变形态。

菱形是一个比较特殊且少见的形态，它通常出现在市场构筑短期或者中长期头部的时候，偶尔也会在下跌过程中以持续形态出现。但无论出现在何种行情中，其技术意义已被专家定性为两个字——看跌。

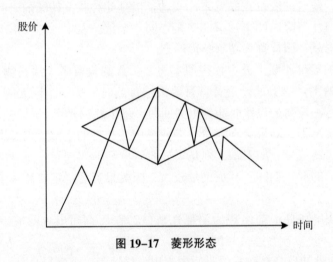

图 19-17　菱形形态

从图 19-17 我们可以看出，菱形的颈线呈"V"字状。左半部类似于喇叭形态，第二个上升点较前一个高，而回落低点却较前一个为低；第三次回升时，高点却未能超过第二个高点水平，随后下跌的低点却较上一个为高。股价的波动从不断地向外扩散继而转为向内收窄，致使右半部的形态类似于对称三角形，此时完整的菱形形态成立。

二、注意事项

投资者遇到菱形形态时，应该注意以下几方面：

（1）菱形是个转向形态，且极少会在底部反转。

（2）菱形形态的成交量在前半部分出现高而不规则趋于放大的趋势，后半部分的成交量则呈逐步萎缩趋势。

（3）菱形形态最小跌幅的量度方法：股价向下跌破菱形右下线时算起，量度出形态内最高点和最低点的垂直距离，这个垂直距离就是未来股价将要下跌的最小幅度。

（4）沽售和买进信号。

1）沽售信号存在于菱形右下方颈线被有效跌破后；

2）买进信号在股价向上突破右方阻力线，且伴随较大成交量时。

菱形形态出现后，投资者会变得越来越情绪化，从而进一步加剧了股市行情的震荡。一旦股市中出现菱形形态，投资者首先要稳定自己的情绪，做一个理性的投资者。只有在理性思维中才能知道在该形态下何种操作策略是正确的。

喇叭形态

一、喇叭形态定义

喇叭形态在通常情况下被认为是三角形态的变形体。它看上去就像一个喇叭，是对称三角形在方向上旋转了180°形成的。按照趋势方向的不同，喇叭形态可以分为两类，即上升形态和下降形态，但它们的含义却是相同的。如图 19-18(a) 和图 19-18(b) 所示。

一般情况下，投资者遇到下降喇叭形态居多。其形成过程大概是：股价经过一段时间的上升后，便开始第一次下跌，随后再往复上升下跌的过程。在喇叭形态中，每一个新形成的高点都较上次高，而每一次下跌的低点都较上次的低点低。当把所有高点和低点都分别用线连接起来后，形成的图形就是喇叭形态。

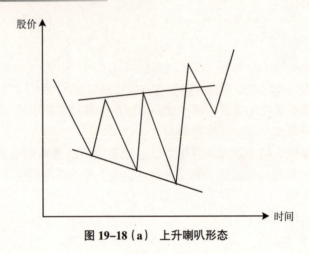

图 19-18（a） 上升喇叭形态

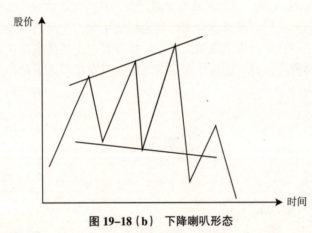

图 19-18（b） 下降喇叭形态

二、注意事项

喇叭形态通常会在长期性上升的最后阶段出现。投资人士分析：在多数情况下，喇叭形是由投资者冲动、不理性的投资心态造成的。因为股价在经过一段时间的下跌之后，也就意味着多头市场的结束，股市也即将迎来大跌势，这就是笑里藏刀的喇叭形态。

2010 年 5 月 8 日的一篇财经报道就曾指出，当下的市场状态已被专家判定为喇叭形下跌形态。很多分析人士针对 2010 年跌宕起伏的股市做出了详尽研判，并结合大盘近半年形态进行分析，对股市未来行情给出判定：喇叭形态的出现昭示着较大级别的趋势转折即将出现。

由此可以说明，喇叭形态是一个下跌形态，暗示升降将到达尽头，但是此形态不能明确指出什么时间会出现下跌。只有当下线跌破时，形态才可确定，此时投资者应立即卖出。以下几点是投资者需要注意的：

（1）标准的喇叭形态应该有三个高点，两个低点。

1）三个高点：这三个高点逐次高；

2）中间的两个低点则逐次降低，如果出现股价从第三个高点回跌后，其回落的低点较前一个低点为低时，可以假设形态成立。

（2）在跌势的底部很少会出现喇叭形态。

（3）喇叭形态没有最少跌幅的量度公式来估计未来跌势，但通常情况下，跌幅很大。

（4）大多数的喇叭形态是向下突破，因此投资者尽量不要参与其买卖活动，主要是进行减磅操作。当向上冲破上边线附近或向下跌破下边线及其反抽时，投资者应立即止损卖出。

（5）此形态在向下突破时没有必要放量配合，只要跌破下边两点连线便可确认。

缺口形态

缺口也称为跳空，是指股价在快速大幅变动中有一段价格没有任何交易，在股价趋势图上显示为一个真空区域，这个区域称为"缺口"。

通常缺口越宽，动力越大；反之，则越小。不管是向哪个方向运动形成的缺口，都会成为日后股价较强的支撑或阻力区域。

在日常交易中，缺口分析是技术分析的重要手段之一。它既可以增加交易中的投资机会，进而获得更大的收益，也可以使投资者避免受到更大的损失。

缺口是研究各种形态时最有力的辅助工具，它可以分为普通缺口、突破缺口、持续性缺口和消耗性缺口四种形态，如图19-19所示。投资者可以根据不同的缺口形态预测行情走势的变化方向和变化力度，进而更好地把握股市走势，赚取更大的利润。

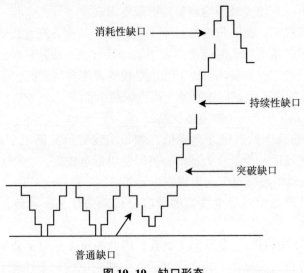

消耗性缺口 →

← 持续性缺口

← 突破缺口

普通缺口

图 19-19　缺口形态

一、普通缺口

普通缺口一般不大，经常出现在股价整理形态中，尤其是出现在矩形或对称三角形等整理形态中。当股价暂时出现跳空缺口后，一般都不会导致股价当时形态和趋势的明显改变，短时间内的走势仍是继续维持盘整的格局。

普通缺口一般在几个交易日内便会完全填补。短线操作者如果能预测到这一发展迹象，则可在此价格区域内高出低进，赚取差价。也就是说，短线投资者利用这种短期内必补的特征，可以得到获利的机会。

当向上的普通缺口出现后，在缺口上方的相对高点抛出，等到普通缺口封闭后再买回；向下方向的普通缺口出现后，在缺口下方的相对低点买入，等到普通缺口封闭后再卖出。不过，在使用这种方法之前一定要判明缺口是否为普通缺口，价格的涨跌是否达到一定幅度。

普通缺口的确认可以帮助投资者判断出当前股价处于的盘势。

由此可以说明，普通缺口的短期技术意义近乎等于零，但对于较长期技术分析却有很大的帮助，因为一个密集形态正逐渐形成，多空双方要决出胜负在所难免。

二、突破缺口

突破缺口是在成交密集的反转或整理形态完成之后，股价突破阻力或跌破支撑时出现大幅度上涨或下跌所形成的缺口。当股价以一个很大的缺口跳空远离形态时，则表明已经形成了真正的突破。这是因为错误的移动很少会产生缺口，如果突破缺口呈放大趋势，则股价未来的变动就会愈加强烈。

按照缺口方向的不同，突破缺口又可分为向上突破缺口和向下突破缺口，前者的特点是突破时成交量明显增大，且缺口不被封闭；后者的特点则是向下突破时成交量明显增大，且缺口不被封闭。

通常情况下，突破缺口确认后，不管价位的升跌情况怎样，投资者都必须马上作出买入或卖出指令。向上突破缺口被确认马上买入，向下突破缺口被确认马上卖出。当向下突破缺口形成后，行情走势必将向纵深发展，踏上不归的熊途路。

突破缺口的分析意义很大，它经常出现在重要的转向形态的突破阶段。它预示着行情走势将要发生重大的变化，可以帮助投资者辨认突破信号的真伪。如果突破时成交量明显增大，且缺口没有被封闭，则表明这是真突破缺口。若突破时成交量未明显增大，或成交量虽大，但缺口短期内很快就被封闭，则表明这可能是假突破缺口。

三、持续性缺口

持续性缺口又被称为测量缺口，是指上涨或下跌过程中出现的缺口，它常在股价剧烈波动的开始与结束之间的一段时间内形成。持续性缺口具有一个重要特征：经常出现在行情的加速过程中，同时较少有密集成交形态伴随。

这种缺口可帮助投资者估计未来后市波动的幅度，其量度方法是未来价格将会达到的幅度等于突破缺口到持续缺口的距离。

在技术分析中，持续性缺口的技术性分析意义最大。一般说来，在突破缺口发生之后，持续性缺口会以最明显的形式出现在行情中。

持续性缺口产生时，交易量可能不会增加，但如果增加，则表明一个强烈的趋势。持续性缺口一般不会在短期内被封闭，因此，投资者可在向上运动的持续性缺口附近买入或者在向下运动的持续性缺口附近卖出股票，而不必担心被套牢或踏空。

持续性缺口经常出现在股价突破后远离形态至下一个反转或整理形态的中途。它的出现，意味着行情将会突飞猛进，其运动空间至少是从第一个跳空缺口到这个缺口之间的距离。

四、消耗性缺口

消耗性缺口又被称为衰竭缺口，是使股价大幅度变动所形成的缺口。在急速的上升或下跌过程中，股价的波动并不是渐渐出现阻力，而是越来越急。此时就可能发生价格的跳升或跳空下跌，形成消耗性缺口。

和持续性缺口一样，消耗性缺口伴随快速、大幅的股价波幅而出现。消耗性缺口的出现，表示股价的趋势将暂告一段落。若消耗性缺口在上升途中出现，则预示股价将下跌；若消耗性缺口在下跌趋势中出现，则预示股价将回升。但是，消耗性缺口并不表示股市一定会出现转向。

一般情况下，衰竭缺口出现后会出现一段价格滑落期，期间伴随着巨大的成交量。当后续的价格低于这个最后的缺口时，意味着衰竭缺口已经形成，后市多方将开始回撤。

消耗性缺口往往发生在行情趋势的末端，表明股价变动的结束。在一轮行情走势中，如果出现突破缺口和持续性缺口，则随后出现的很可能是消耗性缺口。

综上所述，消耗性缺口和普通缺口能在短期内补回，但突破缺口和持续性缺口未必会马上填补；突破缺口出现后会不会马上填补，可以从成交量的变化中观察出来；在一次上升或下跌的过程中，出现的缺口越多，其趋势结束得越快。

对缺口进行分析时，投资者应注意以下两点：

（1）一般情况下，行情中的缺口是依次出现的。

（2）突破缺口的出现，一般意味着行情涨跌的开始，缺口越大，表明后市的趋势越强。

第二十章 技术分析理论和应用技巧

道氏理论

道氏理论又称道氏方法，是查尔斯·道尔在 1984 年发明的股票市场的平均价格指数，即道琼斯指数。它是用来分析预测股价走势的一种重要理论，是现今所有图表趋势的奠基石。

根据道氏理论的原理，股票的价格运动主要有三个重要的发展趋势。

1. 基本趋势

股价的基本趋势又可称为长期趋势，是股价广泛上升或是下降的变化情形，它是股票价格变化最基本的一种形式。

基本趋势所持续的时间通常在 1 年或是 1 年以上，股价总升降的幅度在 20% 以上。对投资者来说，基本趋势持续上升就形成了多头市场，持续下降就形成了空头市场。基本趋势对证券市场的影响力很大，同时也是道氏理论的核心和精华。

（1）多头市场。当股价的基本趋势逐渐呈上升的状态时，便会出现多头市场的局面。多头市场又可分为暴涨阶段、上升阶段、盘整阶段。

1）暴涨阶段。此阶段对股市中各方面都较为有利，其被理解为利多消息。投资者争先购买股票，股价上涨，投机者增多，投机者又对股价的上涨起到一定的推动作用，此时股票的价格倍增，如果此阶段一直持续发展，将会引发一场新的股市风暴，继而使股市进入空头市场。

2）上升阶段。随着企业的不断发展，经济形式出现好转，盈利大为增加，促使股票的价格开始出现上升，继而导致成交量的增加。

3）盘整阶段。此阶段的股价较低，股市处在低迷的阶段。在此阶段，只有极少数的投资者购进股票，同时也有一部分股票持有者预测到股价即将上涨，持股不卖，使得成交量大为减少。

（2）空头市场。当股价的基本趋势逐渐呈下降的状态时，便会出现空头市场的局面。空头市场同样划分为三个阶段，即盘整阶段、恐慌阶段、持续阶段。

1）盘整阶段。此阶段是股价处在较高的位置上进行盘整，并会有下降趋势的产生。这一阶段，成交量略有增加，股价的涨幅相对较小，此时股票的购买者相对较少。

2）恐慌阶段。此阶段多空双方的力量发生了变化，空头一方占据较大的优势，股价开始出现下降趋势，为了避免出现损失，投资者竞相将股票抛出，进而又出现了多杀多的现象。在后期，由于股价下降的幅度较大，投资者宁愿套牢也不愿赔钱低价抛出，使股市的供求关系得到缓解。因此，股价可能会出现反弹，但由于股市前景暗淡，股价在反弹后又开始下跌。

3）持续阶段。进入此阶段，各种股票的价格都出现了相对的下降，但下降的程度大不相同。由于股价不断下跌，买进者甚少，又由于股价过低，股票持有者不肯抛出，因此交易量不大。而有的股票还会出现在正常交易日无成交记录的现象。

当股价下降到一定程度之时，股价出现逆转，进入多头市场，此时投资者可以重新进入股市进行买卖。

2. 中期趋势

中期趋势是股价运行变化的次级趋势。次级趋势与基本趋势的变化方向相反，并会对其产生一定的牵制力，因此又可称为股价的修正趋势。

中期趋势所持续的时间在三周以上至数月时间不等，其股价的升降幅度一般为基本趋势的 1/3~2/3。

当次级趋势下跌时，若谷底比上次高，则表明基本趋势是上升的；当次级趋势上升时，若其顶峰比上次低，则表明基本趋势是下跌的。

3. 短期趋势

短期趋势也叫日常趋势，只反映股票价格在短期时间内的变动情况，通常不超过 6 天，它可能是人为操作形成的，也可能是其他的偶然性因素所引起的，因此短期趋势较难预测。3 个或 3 个以上的短期趋势即可组成一个中期趋势。

道氏理论大部分的股票走势会随着股市大势的趋势运行，或是大部分股票的走势构成了股市大势的趋势，因此股价出现涨跌是必然的。所以投资者要紧随着股市的趋势而动，时刻观察大盘指数。

如果投资者手中所持有的股票没有上涨，此时的趋势为多头，要耐心地等候，一定会出现上涨的空间。如果趋势是空头方向，手中持有的股票上升也要卖出，因为逆势上升的概率很小。

江恩理论

威廉·江恩（Willian D.Gann），20 世纪初最伟大的股市投资大师、美国股市的传奇人物，纵横投资市场 53 年之久，凭借着自己高超的操作手法，利用天文学、数学以及几何原理预测股市的信息，在交易市场共赚取了 3.5 亿美元，其投资成功的概率竟达 80%~90%。

大多数的投资者都认为江恩的投资手法是一个谜，于是都去研究分析江恩的理论，希望能够从中获取自己想要的元宝。其实，这只是投资者想要获得成功的一个错误的意识，想要获得江恩的投资理念，就要深刻理解他投资的方方面面。

江恩理论是由预测技术与实践操作两部分构成的，在实践中他不会让预测的技术牵绊自己的行为，他只遵守一贯认为的买卖规则，让预测的技术服从买卖规则。

1. 江恩的预测技术

江恩的预测技术实际上就是在复发的市场中建立了较为严格的规章秩序，他利用江恩时间、江恩价格法则、江恩线等来分析价格会在何时发生变化。

（1）江恩时间法则。江恩把时间看作交易年，它可一分为二、一分为三、一分为四或更多。在江恩的交易年中一些时间间隔也较为重要。比如：一周 7 天，7×7 为 49，于是他便把 49 看作是特殊的日子。一些重要的顶或底的间隔在 49~52 天，中级趋势的时间转变为 42~45 天。

江恩提出的这些时间间隔，可以预测出股价反转发生的时间。

1）如果市场回调一般是在 10~14 天，但是超过这一时间间隔，那回调将会出现在 28~30 天。

2）在 7 个月后顶或底会发生小型级回调。

3）主要顶或底的周年日。

此外，江恩的时间法则还考虑了季节、宗教、天文学等诸多因素。

（2）江恩价格法则。

1）价格明显在 50% 的回调位反转。

2）如果价格穿过 50% 回调位，下一个将出现在 63% 回调价位。

3）如果价格穿过 63% 回调位，下一个将出现在 75% 回调价位。

4）如果价格穿过 75% 回调位，下一个将出现在 100% 回调价位。

5）阻力位和支撑位极有可能出现在 50%、63%、75% 和 100% 回调重复出现的价位上。

6）有时价格的上升或下降可能会突破 100% 回调价位。

（3）江恩线。江恩理论中时间与价格的关系称为江恩线。江恩线在 X 轴表示时间，在 Y 轴表示价格，其符号是 "txp"。其中 t 为时间，p 为价格。在最显著的顶点和底点画出江恩线，互相交叉，构成江恩线之间的比例关系，这不仅能确定价格在何时出现反转，还可以预测出反转到哪种价位。

江恩线的基本比例为 1：1，也就是在每个时间单位内，价格也随之运行一个单位。此外，通过对市场的分析，江恩还分别以 3 和 8 为单位进行划分，如 1/8、2/8、1/3、3/8、4/8、5/8、2/3、6/8、7/8 等，每一条江恩线都会有相应的几何角对应，这些江恩线构成了市场回调或上升的支持位和阻力位。

2. 江恩理论的实战操作

每次进入市场进行买卖，其出现的损失不应该超过投入资金的 10%。不过量地进行买卖交易，进行买卖时要设立一个止损点，以防止出错造成的损失。

在活跃的市场中进行买卖操作，不逆势而行，更不要让所持的仓位转盈为亏。当在股市中取得了一定的利润后，要提取一部分以备不时之需。不要因价位低就大量购进，价位高就全部抛出。

要了解市场的走势，市场分段波动的走势，以及市场波动时的百分比买卖。要考虑成交量、时间因素、价格因素等。

3. 投资者在市场中遭受损失的因素

（1）对市场缺乏理性认识。初入股市的新股民对股票市场了解甚少，买卖股票只是凭借自己的感觉或是靠证券商、书本有限的知识，他们不懂得如何判断股市行情，结果受误导，遭受重大损失。

然而，江恩理论强调的则是知识和实践相结合，这就需要在市场中历练相当长的时间才能真正领悟。

（2）在有限的时间内，操作过于频繁。投资者进行短线和超短线买卖，需要精湛的技巧。初入股市的新股民没有掌握各类操作技巧，盲目进行买卖，无疑会给自己的投资带来损失。

（3）在特定的阶段没有设立止损点。投资者遭受巨大损失的原因之一便是没有设立一定的止损点，有的老股民设立了止损点但没按其执行，最后却因自己的一念之差造成不可挽回的损失。

相反理论

相反理论主要提倡在操作中关注投资者的行为以及对市场的判断，在特殊的情况下采取与大多数人相反的意见。此理论认为，当所有的人都看好股市发展时，有可能便是顶部的开始，此时要考虑卖出。当大多数人悲观恐慌的时候则显示股市见底，此时应该考虑进场准备。

相反理论的数据主要有两种：一个是好友指数，另一个是市场情绪指标。下面我们主要以好友指数为例进行数据说明。

1. 0~5%

在0~5%这个区间一个上升的趋势即将出现。当人们看淡市场时，对股市的行情进行估测。当大势淡无可淡之时，就意味着股市即将转势，此时应该把握住时机建仓进货。

2. 5%~20%

此区间只有极少部分人对股市看好，但是因为对股市看淡的人比例较高，大势也可以随时见底。在很多情况下，转势都会在这个区域产生。投资者可以利用图表、成交量等观测股市是否见底。

3. 20%~40%

在众多的统计数字中可以看出，继续看淡的人在比例上压过持乐观情绪的人。如果在这个区域，大市不再向下，股市的大势就会出现不明朗的现象，此时要以忍为上。如果股市转势上升，升幅较大，出现创新的高点，此时获利的机会较大。

4. 40%~55%

在此区域内，投资者一定要慎重，切忌盲目进入股市买卖，稳住资金为首要的原则。

5. 55%~75%

此区域对股市看好的人占多数，股市大势上升发展占有很大的空间。如果这个看好的比例较多，大势则不会出现上升反而下跌，通常在大家看好时下跌，多数会出现近期的较低点。

6. 75%~95%

在此区域内，大多数市场都会转势向下，但是在看好的情况下也会出现一路高涨，攀升一段时间直到所有人全部看好为止，在此区域一定要利用图表作为辅助工具，以确保投资的安全。

7. 95%~100%

所有人对大势看好，投资者将全部的资金投入，股市转势即会发生，此时要尽早离开，做淡友沽空，获得利润将会更大。

投资者需要注意的是，即使在得到一个可靠的好友指数时也不要等到所有的人都看好时才决定离市，或是所有人看淡时入市。

因为当你的数据确认后，时间已经发生变化，其他的人早已察觉且进一步采取了行动，你极有可能会错失高价卖出或是低价买进的机会。

相反理论给予投资者的信息十分明确，带有很大的启发性。它给投资者一个时间指针，何时离市，何时是买卖的时机，又在何时收手指明方向。

黄金分割理论

黄金分割理论又称黄金分割率，是古希腊哲学家毕达哥拉斯发现，艾略特套用波浪理论所创造的发明，广泛地被股市投资者所运用。黄金分割理论就是将 1 分割成 0.618 和 0.382 两部分，其特点在于：数列 A 中的任何数字都是由前两个数字之和构成。数列 B 前一数字与后一数字之间的比例，趋近于一个常数，即 0.618。而 C 数列后一数字与前一数字的比例，趋近于 1.618 等。

一、黄金分割理论的两种方法

（1）以股价近期走势中重要的高点或是低点作为计算预测未来走势的基础。当股价出现上涨时，以底位股价为基数，跌幅在到达某一关键黄金比时有可能会发生逆转。

（2）股市的行情发生逆转之时，不论是反转的止跌转升还是止升转跌，都以近期走势中重要的峰位和底位之间的涨额作为计量的基数，将原涨跌幅按 0.191、0.382、0.5、0.618、0.809 分割为 5 个黄金点。股价的走势反转后将有可能在以上的黄金点上遇到阻力或是支撑。

二、黄金分割理论的应用

黄金分割理论能为投资者提供股市中个股从空头市场转入多头市场或是由多头市场转入空头市场的大概时间以及价格等，投资者依据这一情况，考虑是否买卖股票。

1. 大势"底"的分析

当股市进入空头市场之时，投资者最关心的事情便是大势的"底"所在的位置。因为影响大势的因素众多，投资者无法辨别。黄金分割率可以在跌势中计算出大势支撑的价格，继而增加投资者见底买进的勇气。

根据黄金分割的理论，当股价下跌，脱离高档的位置，其跌势的幅度会接近或达到 0.382 或 0.618 时发生变化。当下跌的幅度达到 0.382 或 0.618 时发生变化，极易出现支撑点，此时有反转上升的趋势。

比如：在上升行情结束之时，某种股票的价格为 5 元，那么股价出现反转下跌，投资者可以利用黄金分割率计算出不同的支撑价位。其计算方式为：$5 \times (1 - 0.809) = 0.955$；$5 \times (1 - 0.618) = 1.91$；$5 \times (1 - 0.382) = 3.09$；$5 \times (1 - 0.191) = 4.045$。

2. 大势"顶"的分析

当股市进入多头的状态时，此时投资者最关注的问题便是高价的位置。但是想要清楚地了解股票上升时高价的位置是很难的，投资者可以依照黄金分割率计算出股价的反转点，进而推测出高价点。

当股市的价格脱离低档上涨，上涨的速度持续的时间较长，依据黄金分割率推算，其涨势的幅度会达到 0.382 或 0.618 时发生改变。也就是说，当上升的速度接近 0.382 或 0.618 时，价格会出现反压，此时股价有可能会出现反转下跌的状况。

黄金分割率除了具有固定的 0.382 和 0.618 外也会出现一半或倍数的反压点。因此当股市进入上升的状态时，想要预测股价上升或是反转下跌的价位，可以利用前股价的行情下跌的最低点乘以 0.809、0.382、0.191 与 1 相加等，作为推断上升的幅度。当股价上升超过一倍之时，其反压点则为1.809、1.382、1.191，其两倍的计算也是如此。

比如，当股市下跌行情结束之时，某股票的价格为 6 元，那么股价出现反转上升，投资者可以预先计算出不同状态下的反转价格。其计算大致为：$6 \times (1 + 0.809) = 10.854$；$6 \times (1 + 0.382) = 8.292$；$6 \times (1 + 0.618) = 9.708$；

$6 \times (1 + 0.191) = 7.146$；$6 \times (1 + 1.191) = 13.146$；等等。最后根据股价的实际变化做出判断。

波浪理论

一、波浪理论

波浪理论是由美国著名的技术分析大师艾略特在 1934 年所建立的，它是一套有关股票价格的走势、股市的指数和投资技术的理论，是完全靠观察而得到的规律，是世界上股市分析使用最多，又难以理解和精通的分析工具。

艾略特运用数学原理分析，对道琼斯工业平均指数的运动状态、调整的比率以及时间的变化进行详细的研究统计，通过客观地描述股价运动的规律，以达到预测股市走势的目的。

二、波浪理论的应用

根据艾略特的波浪理论分析，不论股市进入多头市场还是空头市场，每一个完整的循环都会出现几个波浪段。

在多头市场中一个循环的前五个波浪段是上涨趋势，后三个波浪段则是下跌的趋势。在前五个波浪段中，奇数号是上升的，在二、四、六偶数波段中是下跌的趋势。第七的奇数号则是反弹整理的状态。

因此在奇数波段股市的大体趋势会在不同程度上上涨或是反弹，而偶数段则是下跌或是回落。波浪段的整个循环趋势是一上一下的规律。如果长时间观察，则是前五个波段构成了大循环的第一个波段，后三个波段构成了大循环的第二个波段。整个循环的过程都是由八个波浪段组成的。

在空头市场中，情况则正好相反，前五个波段是呈下跌的趋势，后三个波浪段是呈上涨的趋势。在前五个波浪段中，奇数段是下跌的状态，偶数段是上涨或是反弹的状态。在涨势的波段中，第六、第八的波浪段是涨势，第七波浪段则是回跌整理。

三、波浪理论的基本点

（1）一个完整的波浪循环是由八个波浪段所构成的。

（2）股价的指数上升跟下跌都是相互交替进行的，调整浪与推动浪都是波浪的表现形式。

（3）推动浪则是由五个上升的波浪构成，呈上升的状态。其中一、三、五则是上升的趋势，二、四处于调整的状态。

（4）调整浪由 A、B、C 三浪构成，其中 A 浪和 C 浪是下跌浪，B 浪是反弹浪。如图 20-1 所示。

图 20-1　艾略特八浪结构图

1）第一浪。第一浪作为循环的开始又称为启动浪，在涨幅行情中所处的时间很短，此时的买方力量不够强大，卖压的状态依然存在。

2）第二浪。其属于调整浪，回跌的幅度较大，在将要接近底部时，投资者大都持股观望，成交量减少。

3）第三浪。此浪的上涨趋势较大，所持续的时间也较长。此时，投资者大都重进市场进行买卖，成交量增加，同时市场也伴随突破信号的表现。

4）第四浪。再次调整浪，形态较为复杂，并会伴随斜三角的出现。但其调整的底部不会低于第一浪的顶点。第四浪在熊市中起着一定的支撑作用，它可以用来预测价格下跌的最低价位。

5）第五浪。其涨势小于第三浪，并且有时会出现上涨失败的状况。

6）A 浪。仅仅为一时的回档现象，这在第五浪延伸的过程中已经出现警告的信号，但大多数人则认为上升的行情并未出现逆转，只有在第五浪结束 A 浪出现时才意识到逆转的发生。

7）B 浪。此波浪段的成交量不大，一般是多头一方收手，新空头进入的时机。由于这又是一段短暂的上升现象，会令投资者认为又是一个涨势，进入多头的陷阱被套牢。

8）C浪。C浪的跌势极强，所持续的时间也较长，并会出现全面性的下跌。C浪一出现，则预示着上升的趋势正式结束。当C浪跌过A浪的底部时，是卖出的信号。

综上所述，波浪理论的运用具有一定的前提条件以及适用的范围，继而根据长期市场的表现形式进行统计分析，最后归纳形成的股票投资理论。

第二十一章　常见技术分析指标

涨跌比率指标(ADR)

一、ADR 指标的原理

涨跌比率指标 ADR，又叫作回归式的腾落指数、上升下降比指标，其英文全称为"Advance Decline Ratio"。它是在一定时期内上市交易的全部股票中上涨数和下降数的比较所得出的比值，用来推断市场上多空力量之间的变化，继而判断市场上的实际行情，是专门研究指数走势的中长期技术分析工具。

其理论基础是"钟摆原理"。其样本大小无硬性规定，随使用者需要选取。根据我国股市的价格波动频繁且幅度大的特点，国内技术分析专家多采用 10 日比率。

此指标集中了股票市场中个股的涨跌信息，反映股市大盘强弱的趋向，但是不会表现个股具体的强弱态势，因此它不能用于选股与研究个股的走势。

股票市场上是多空双方争斗的战场，其在一定程度上是自发形成的，带有一定的自由性和盲目性，这也在一定程度上表现为股市上超买超卖的现象较为严重。有时投资者盲目地追涨会造成股市的超买，有时则会盲目杀跌造成股市的超卖。

ADR 指标从侧面反映整个股票市场是否处于涨跌过度、超买超卖的状态，进而比较理性地进行投资操作。

二、ADR 指标的计算方法

由于所使用的计算周期不同，涨跌比率 ADR 指标包括 N 日 ADR 指标、N 周 ADR 指标、N 月 ADR 指标和 N 年 ADR 指标以及 N 分钟 ADR 指标等很多种类型。其中日 ADR 指标和周 ADR 指标经常用于股市的研判，虽然在计算时取值有所不同，但是计算的方法却大体一致。

1. 以 N 日 ADR 为例

其计算公式为：

ADR（N 日）= P1 ÷ P2

式中：P1=$\sum$ NA——N 日内股票上涨家数之和，P2=$\sum$ ND——N 日内股票下跌家数之和，N 为选择的天数，是日 ADR 的参数。

选择一定参数周期内股票上涨数和下跌数的总和，其目的就是为了避免由于某一特定的时期股市特殊的情况而使研判出现错误。

例如，选择几天股市上涨和下跌家数的总和，就是为了避免由于某一天股市的特殊情况使 ADR 数值产生偏差。

ADR 图形是在 1 附近来回波动的，波动幅度的大小则是以 ADR 的取值为准。影响 ADR 的取值众多，主要就是公式中分母、分子之间取值的大小以及参数大小的选择。

一般情况下，参数的数值小，ADR 值上下变化的空间就比较大，曲线的起伏也比较剧烈。如果参数的数值大，ADR 值上下变动的空间就比较小，曲线上下起伏就比较平稳，参数的设定没有一定的标准，都是根据市场的变化和投资者的爱好指定。

ADR 图形是在 1 附近来回波动的，波动幅度的大小以 ADR 取值为准。目前，市场比较常用的参数为 10 和 14 等，另外还可以用 5、25、30、60 等。ADR 参数的选择在 ADR 技术指标研判中占有重要的地位，参数的不同选择对行情的研判可能会带来不同的研判结果。

2. 以 6 日 ADR 指标为例

具体过程如下：

（1）上式中 PA 为 6 天中上涨家数的总和。

（2）上式中 PB 为 6 天中下跌家数的总和。

（3）从第 6 天起，可以求出第一个 ADR 值，ADR = PA ÷ PB。

（4）从第 7 天起，需将第 6 天的 PA 值，减去第一天的上涨家数，再加上第 7 天的上涨家数，得出第 7 天的 6 天内上涨家数和，代号为 PC。

（5）从第 7 天起，需将第 6 天的 PB 值，减去第一天的下跌家数，再加上第 7 天的下跌家数，得出第 7 天的 6 天内下跌家数和，代号为 PD。

（6）第 7 天的 ADR = PC ÷ PD。

（7）第 8 天的 ADR 值，依照类推演算即可。

以上为 1994 年 11 月的 6 日 ADR 值。由于现在股市技术软件上的 ADR 值是电脑自动计算的，因此，投资者不需要自己计算，主要是通过了解其计算过程而达到对 ADR 指标的熟悉。对于投资者来说更重要的是如何运用指标来研判股票大势的走势情况。

第 6 天 ADR 值的计算：

日期	上涨家数	下跌家数	上涨合计	下跌合计	ADR 值
11.18	79	92			
11.21	86	85			
11.22	6	186			
11.23	5	193			
11.24	75	93			
11.25	187	11	438	660	0.66
11.28	25	159	384	727	0.53
11.29	77	91	375	733	0.51
11.30	35	132	404	679	0.59

三、ADR 数值的取值范围

一般情况下，ADR 的取值大小一般可以划分为以下几个区域：

1. ADR 数值在 0.5~1.5 是处在正常区域内

当 ADR 数值处在正常的区域内时，说明多空双方水平相当，大盘的走势波动不大，比较平稳，股市的大势处于盘整的状态。此区域是 ADR 数值经常出现的地方。

2. ADR 数值在 0.3~0.5 或 1.5~2 是 ADR 处在非正常区域内

当 ADR 数值处在 0.3~0.5 的非正常区域时，说明空头力量占据较大的优势，大盘出现一路下跌的趋势，股市的大势属于空头的状态。当 ADR 处在 1.5~2 的非正常区域时，说明多头一方占据较大优势，大盘开始向上一路上涨，股市的大势则属于多头状态。这两种区域的数值较为少见。

3. ADR 值在 0.3 以下或 2 以上时是 ADR 处在极不正常区域内

当 ADR 值处在不正常的区域内时，主要是由突发的利多、利空等消息引发的股价暴涨、暴跌的状况，此时股市则处于大多头或是大空头的状态。

四、ADR 所处区域的买卖决策

1. ADR 数值小于 0.5 时的买卖决策

当 ADR 数值小于 0.5 时，表示大势经过长期的下跌，出现超买超卖的现象。大多数股票价格会随着止跌企稳的状态出现新的反弹，投资者可以短线买入少量的超跌股反弹。

2. ADR 数值在 0.3 以下时的买卖决策

当 ADR 数值在 0.3 以下时，表示大势处于大空头市场末期，并出现严重的超卖现象，很多股票的价格已经跌无可跌，此时，投资者可以分批逢低吸纳股票，做中长线的建仓投资。

3. ADR 数值在 0.5~1.5 时的买卖决策

当 ADR 数值在 0.5~1.5 时，表示大势处于盘整的状态，没有出现特殊的超买超卖现象，此时投资者应该着重研究个股的走势行情。

4. ADR 数值大于 1.5 时的买卖决策

当 ADR 数值大于 1.5 时，表示大势经过长期的上涨，出现超买的现象，很多股票的价格上涨过度，会出现下跌的状况，投资者此时应持观望的态度或是卖出股票。

移动平均线 (MACD)

MACD 称为指数平滑异同移动平均线（Moving Average Convergence and Divergence），是根据双移动平均线的优点所发展的一项技术工具。MACD 由正负差（DIFF）以及异同平均数（DEA）组成，前者是核心，后者起辅助作用。DIFF 是由快的移动平均线减去慢的移动平均线，得出两者之间的差值。

MACD 可以去掉简单移动平均线经常出现的假信号，同时保留移动平均线的优点。可是由于 MACD 指标对价格变动的灵敏度不高，属于中长线指标，因此在盘整行情中的使用效果较差（见图 21-1）。

一、计算方法

快速和慢速平滑移动平均线的区别是进行指数平滑时采用的参数大小不同，快速是短期的，慢速是长期的。以现在常用的参数 12 和 26 为例：

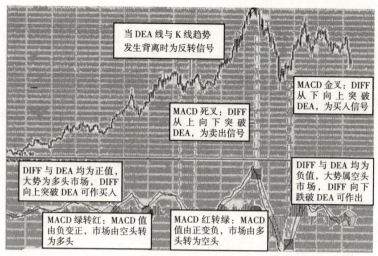

当 DEA 线与 K 线趋势发生背离时为反转信号

MACD 死叉：DIFF 从上向下突破 DEA，为卖出信号

MACD 金叉：DIFF 从下向上突破 DEA，为买入信号

DIFF 与 DEA 均为正值，大势为多头市场，DIFF 向上突破 DEA 可作买入

DIFF 与 DEA 均为负值，大势属空头市场，DIFF 向下跌破 DEA 可作出

MACD 绿转红：MACD 值由负变正，市场由空头转为多头

MACD 红转绿：MACD 值由正变负，市场由多头转为空头

图 21-1　移动平均线

（1）快速平滑移动平均线（EMA）是 12 日的，其计算公式为：

今日 EMA（12）= 2/(12 + 1) × 今日收盘价 + 11/(12 + 1) × 昨日 EMA

（2）慢速平滑移动平均线（EMA）是 26 日的，其计算公式为：

今日 EMA(26) = 2/(26 + 1) × 今日收盘价 + 25/(26 + 1) × 昨日 EMA

以上两个公式是指数平滑的公式，平滑因子分别为 2/13 和 2/27。如果选别的系数，也可照此法办理。常用的公式如下：

DIFF = EMA（12）– EMA(26)

二、使用方法

（1）MACD 金叉：当 DIFF 从下向上突破 DEA，形成黄金交叉，即白色的 DIFF 上穿过黄色的 DEA 形成的交叉，同时红柱线缩短，即为买入的信号。

（2）MACD 死叉：当 DIFF 从上向下突破 DEA，形成死亡交叉，即白色的 DIFF 下穿过黄色的 DEA 形成的交叉，此时红柱线缩短，即为卖出的信号。

（3）MACD 绿转红：MACD 值由负变正，市场由空头转为多头。MACD 红转绿：MACD 值由正变负，市场由多头转为空头。

（4）DIFF 与 DEA 均为正值，即都在 0 轴线以上时，大势属多头市场，DIFF 向上突破 DEA，可作买入。

（5）DIFF 与 DEA 均为负值，即都在 0 轴线以下时，大势属空头市场，DIFF 向下跌破 DEA，可作卖出。

（6）当 DEA 线与 K 线趋势发生背离时为反转信号。

（7）DEA 在盘整局面时失误率较高，但如果配合 RSI 及 KD 指标可适当弥补缺点。

（8）顶背离：当股价的指数逐渐升高，此时 DIFF 和 DEA 并不是同时上升，而是呈下降趋势，与股价的走势形成顶背离的状态，此时预计股价即将下跌。如果，DIFF 两次从上向下穿过 DEA，形成两次死亡交叉，预示股价大幅下跌。

（9）底背离：当股价指数逐渐下降，同时 DIFF 和 DEA 并不是逐渐下降，而是逐渐上升，与股价的走势形成底背离，此时预示股价即将上涨。如果 DIFF 两次从下向上穿过 DEA，形成两次黄金交叉，则预示股价将会大幅度上涨。

三、指标研判

当股价处于盘局或是指数的波动不明显时，MACD 的买卖信号也较不明显。如果股价在短时间内上下波动较大，但 MACD 的变化相对缓慢，此时投资者不应该立即对股价的变动产生买卖的信号。

当 MACD 与 Trigger 线均为正值时，也就是在 0 轴之上、趋势线向上时，表示大势仍在多头市场一方。而此时的柱状垂直线图是由 0 轴向上延伸，此时可以大胆地买进。

当 MACD 与 Trigger 线均为负值时，趋势线向下，则表示大势处在空头市场一方。而这时的柱状垂直线图是由 0 轴从上往下跌破中心 0 轴，并在 0 轴以下延伸，此时应该即刻卖出。

当 MACD 与 K 线图的走势出现背离时，可看为是股价即将出现反转的信号，要时刻注意盘中的走势。

其优点便是 MACD 可自动定义出目前股价趋势之偏多或偏空，避免逆向操作的危险。而在趋势确定之后，则可确立进出策略，避免无谓之进出次数，或者发生进出时机不当之后果。

MACD 虽然适于研判中期走势，但不适于短线操作。再者，MACD 可以用来研判中期上涨或下跌行情的开始与结束，但对箱形的大幅震荡走势或胶着不动的盘面并无价值。同理，MACD 用于分析个股的走势时，较适用于狂跌的投机股，对于价格甚少变动的所谓牛皮股则不适用。总而言之，MACD 的作用是找出市场的超买、超卖点，是市场的转势点。

四、操作注意事项

（1）背离时不论是否击穿或突破前期高（低）位。

（2）高位时只要有顶背离可能一般都卖，不博能重翻红，除非大阳或涨停。

（3）其为寻找短期买卖点的奇佳手段，短期幅度15%以上，但中线走势要结合长期形态及其他。

相对强弱指标（RSI）

相对强弱指标（RSI）是用来测量股票市场中买方和卖方力量大小的指标。它能够在一定的时间内计算出股价涨幅与跌幅的比值，以预测股价的强弱。根据股价强弱的变化方向来推测价格未来的发展，并从中观察买卖双方力量的变化。

股价涨跌幅度的对比代表了买卖双方的力量，其比值就是RSI数值。其中股价上涨代表买方的力量，价格下跌代表卖方的力量，通过对比以预测股价的发展方向。

如果将理论强弱指标与实践相结合，在股票市场适用于短线投资者。此种指标大多数被用于股票的升降测量与分析之中。因此，它是目前股票市场中最流行、最适用的一种技术分析方法。

一、相对强弱指标的原理

相对强弱指标的原理是以数字的方法计算出买卖双方力量的对比值。如果有50个人面对同样的商品，如有25人以上的要买，此时就要相互竞价，此件商品的价格肯定会上涨。俗话说"物以稀为贵"，讲的便是这个道理。相反，如果此商品有25人以上争着卖出，其价格必然下降。

相对强弱指标指出，任何市价的涨跌均在0~100之间变化。如按常理分配，则认为RSI值大多在30~70之间来回变化。而到达80或是90时则被认为股市出现超买的现象，此时股价肯定会出现回档调整的状态。当股价跌到30以下时，即被认为是超卖现象，此时股价定会出现反弹回升的状态。

二、相对强弱指标的计算方法

在某一特定的时期内，某种商品当日的收盘价与上日的收盘价之间涨幅总和或是跌幅的总和，它们代表着此时期内股市中买卖双方的力量，前者与后者之间的比值对比就是 RSI 值。其计算公式如下：

$$RSI(n) = 100\% \times \frac{N \text{日内收市涨幅数值}}{N \text{日内收市涨幅数值} + N \text{日内收市跌幅数值}}$$

根据公式可以看出，如果向上的力量较大，则计算的 RSI 数值增高；如果向下的力量较大，则 RSI 数值下降。由此可以判断出市场买卖双方的强弱。

由指标的原理我们得知 RSI 数值是介于 0~100 之间，50 为股市买卖双方的一个分界点，大于 80 的为超买区，小于 20 的为超卖区。

三、相对强弱指标的研判技巧

由于是目前市场上普遍使用的技术指标之一，其主要的研判技巧便是预测出买卖的时机，进而多赚少赔。

（1）RSI 数值的变化范围在 0~100 之间。一般情况下，RSI 值在 50 以上变化时，为强势市场；若低于 50 时，则为弱势市场。

（2）如果 RSI 数值超过 80，表示市场有可能会出现超买现象，如继续上升超过 90 时，则已进入严重超买区，价格已形成顶部，极有可能在短期内转升为跌。

（3）当 RSI 数值低于 20，表示市场已进入超卖区域；如果一旦下降至 10 以下，表明进入严重超卖区，价格可能止跌回升。

（4）以 6 日的 RSI 数值为例，90 以上则为超买，15 以下则为超卖。当股价处在涨势时，并在 90 或 "M" 顶附近时立刻卖出；当股价处于下跌的状态并在 15 或是 "W" 底时立刻买进。

（5）当股价出现一个新的高点，同时 RSI 数值也出现新的高点，这表明后市的力量仍然强大，如果没有出现新的高点，则是卖出的信号。

（6）当股价出现一个新的低点，同时 RSI 数值也出现新的低点，这表明后市仍然很弱，如果 RSI 数值没有出现低点，则是买进的信号。

（7）如果在盘整期间，一底比一底高，则表明多头的力量强大，后市有可能在一小段时间内出现上涨，此时则是买进的时机。反之一底比一底低，则是卖出的时机。

（8）如果 RSI 数值上升反而价格下跌，又或者 RSI 数值下降反而价格上涨，这种情况称为"背离"，背离意味着市场可能出现反转情况。

四、相对强弱指标的局限性

（1）RSI 的数值计算较为随意。因为每一位投资者对设定周期 N 都带有一定的偏好。理论上认为，N 可以任取一个自然数，如果股价的涨跌幅度变化频繁时，则 N 值应取小。因为 RSI 短期的计算，容易引起股价快速的震荡，此时指标的可靠性差。

（2）超买、超卖的现象不够清晰。如果股市处于"熊市"或"牛市"之中，此时 RSI 数值有可能升至 90 或降至 10，出现指标不明，误导投资者。

（3）"背离"走势的滞后性。"背离"现象的出现则表明多空双方力量对比正在发生变化，股市行情即将出现重大反转。但是"背离"信号有时是事后才出现的，事前较难确认。并且有时"背离"现象发生一两次后才真正反转，因此有许多随机因素难以确定。

威廉指标 (W%R)

一、指标说明

威廉指标，全称威廉超买超卖指标（Williams Overbought/Oversold Index），简称 W%R 或%R。该指标是由拉瑞·威廉（Larry Williams）于 1973 年首创发明的，是目前股市技术分析中较为常用的短期研判指标，深受我国投资者甚至短线好手的青睐。

当威廉指标达到 80%~100%这一范围时，就表明超买了。当点数落在 0~20%这一范围内，就表明超卖了。从股价方面的变化来推测买入或卖出的信号是个明智之举，该指标能够在股价转向之前预先显示出超买或超卖情况，使投资者更快地作出决策。

W%R 擅长于探测股价的反转，如果你看见指标不时地转换方向，那么几天后股价就会改变方向。如果在图上显示指标，则需要在超买/超卖指标菜单中选择 W%R 指标（见图 21–2）。

图 21-2　W%R 指标

二、指标研判技巧

（1）W%R 上升至 20 以上水平后，再度跌破 20 超买线时，为卖出信号。当 W%R 曲线从 20 上方向下滑落，一旦 W%R 曲线接着向下又突破了 40 以后，如果股价同时也跌破中长期均线，则意味着股票的短期强势行情可能结束，这是 W%R 曲线发出的短线卖出信号。此时，投资者应及时卖出股票。

当 W%R 曲线从上向下缓慢跌破 50 这条线时，如果股价也同时跌破了中期均线，则意味着股票的中期行情弱势行情已经开始，这是 W%R 指标发出的中线卖出信号。如果股价是前期大涨过的股票，这种卖出信号更加准确。

（2）W%R 下跌至 80 以下水平后，再度突破 80 超卖线时，为买进信号。当 W%R 曲线在 50 附近盘整了较长一段时间以后，一旦 W%R 曲线从下向上突破 50 这条线，同时股价也放量突破中长期均线，则意味着股票中期强势行情即将开始，这是 W%R 指标发出的中线买入信号。此时，投资者可以开始买进股票。

当 W%R 曲线从 50（或 40）附近快速向上飙升、股价也依托短期均线向上扬升，一旦 W%R 曲线向上突破 20 这条线，则意味着股票短期强势行情即将开始，这是 W%R 指标发出的短线买入信号。此时，投资者可以短线买进股票。

（3）W%R 向上碰触顶部 0 四次，则第四次碰触时，是一个相当良好的卖点。

（4）W%R 向下碰触底部 100% 四次，则第四次碰触时，是一个相当良好的买点。

（5）RSI 穿越 50 分界线时，如果 W%R 也同样穿越 50，则相对可靠。

（6）W%R 进入超买或超卖区时，应以 MACD 的信号为反转信号。

（7）当 W%R 曲线一直运行在 20 线上方，同时股价也依托中短期均线强势上攻时，则表明股价是处于极强势的上涨行情，这是 W%R 指标发出的短线持股看涨信号，投资者应坚决持股待涨。

（8）当 W%R 曲线向下突破 50 线以后，一直运行在 50 线下方，同时股价也被中短期均线压制下行时，则表明股价的中期弱势趋势形成，这是 W%R 指标发出的持币观望信号。此时，投资者应坚决持币观望。

三、指标的计算方法

W%R 指标的计算主要是利用分析周期内的最高价、最低价及周期结束的收盘价三者之间的关系展开的。以日威廉指标为例，其计算公式为：

$$W\%R = (Hn - C) \div (Hn - Ln) \times 100$$

式中：C 为计算日的收盘价；Ln 为 n 周期内的最低价；Hn 为 n 周期内的最高价；R 为真实的波幅；公式中的 n 为选定的计算时间参数，一般为 4 或 14。

以计算周期 14 日为例，其计算过程如下：

$$W\%R（14 日）= (H14 - C) \div (H14 - L14) \times 100$$

式中：C 为第 14 天的收盘价；H14 为 14 日内的最高价；L14 为 14 日内的最低价。

威廉指标是表示当天的收盘价在过去一段时间里的全部价格范围内所处的相对位置，因此，计算出的 W%R 值位于 0~100 之间。越接近 0 值，表明目前的价位越接近过去 14 日内的最低价；越接近 100 值，表明目前的价位越接近过去 14 日内的最高价，从这点出发，对于威廉指标的研判可能更容易理解。

W%R 计算方法与 KD 指标（Stochastic Indicator）非常相近，只是用最高价减去收盘价取代计算 KD 的 RSV 的分子部分。

能量潮指标(OBV)

一、指标说明

能量潮指标 OBV 的英文全称是 On Balance Volume，是葛兰碧（Joe Granville）于 20 世纪 60 年代提出的，也是"平衡交易量"，人们大多数都称为能量潮。

股市技术分析的四大要素：价、量、时、空。OBV（平衡成交量法、累积能量线），是从"量"这个要素作为突破口，来发现热门股票、分析股价运动趋势的一种技术指标。它将成交量与股价的关系数字化、直观化，以股市的成交量变化来衡量股市的推动力，从而研判股价的走势，从价格的变动及成交量的增减关系，推测市场气氛。OBV 能量潮指标是一种相当重要的分析指标之一。

OBV 线是将成交量与价位的变化关系予以数字化，并用线条表现在图形上，作为买卖双方强弱趋势的参考。要想在图表上显示这个指标，需从成交量分析指标菜单中选择能量潮指标，这样，该指标将在图上出现。如图 21-3 所示。

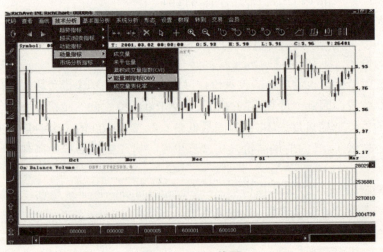

图 21-3　OBV 线图

二、OBV 指标的构成

OBV 指标由 OBV 线和 OBV 值构成。

OBV 线是葛兰维的又一大贡献，是将成交量值予以数量化，制成趋势线，配合股价趋势线，从成交量的增减及价格的变动关系，推测市场情况。他认为成交量是股市的元气，股价只不过是它的表象特征而已。因此，成交量通常比股价先行。这种"先见量、后见价"的理论早已为股市所证明。

OBV 线的应用原则，如图 21-4 所示。

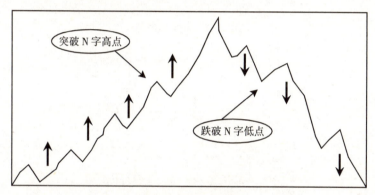

图 21-4　OBV 曲线

OBV 线呈"N"字形波动，当 OBV 线超越前一次"N"字形的高点时，则记下一个向上的箭头；当 OBV 线跌破前一次"N"字形的低点时，就记下一个向下的箭头。

当 OBV 线连续形成"N"字形上涨状态，则上涨的股价将要出现反转。

当 OBV 线在连续小"N"字形上涨时，又出现大"N"字形上涨状态，则行情随时可能出现反转。如图 21-5 所示。

当 OBV 线的走向与股价曲线产生"背离"时，说明当时的走势是虚假的，不管当时股价是上涨行情还是下跌行情，都随时有反转的可能。这时投资者需要格外留心，以免造成不必要的损失。如图 21-6 所示。

如果 OBV 线持续一个月以上横向移动后突然上冲，预示大行情随时可能发生。如图 21-7 所示，OBV 经过长达一个月的横盘突然上冲，在成交量的配合下，股价一路上扬。

图 21-5　OBV 线反转

图 21-6　OBV 线与股价线背离

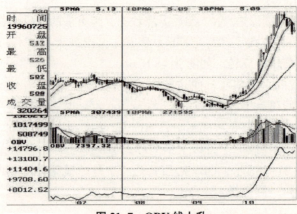

图 21-7　OBV 线上升

三、OBV 指标的研判标准

OBV 能量潮作为整体的成交量，其指标可以判断成交量与价格之间的变化关系。它随着成交量的变化而变化，一般显示的是成交量的大小。若股票市场的成交量较多，当日的收盘价又高于昨日的收盘价，那么 OBV 能量潮呈上升趋势；若市场中成交量较多，但是当日的收盘价低于昨日的收盘价，那 OBV 能量潮呈下降的趋势。

（1）当 OBV 持续走高，说明股市的价格出现上涨。同样，当 OBV 持续走低时，说明价格下跌。当 OBV 既不上涨也不下跌，则无法表明股价的走势。

如果 OBV 上涨的走势变为下跌的走势，又或者是下跌的走势变为上涨的走势时，若走势在三天后没有定向，则 OBV 的走向趋势就会被打破。如果持续的状态少于三天，之后会出现上涨或是下跌，其不定的走势对整个大势没有太大的影响。

（2）当 OBV 改变趋势方向时，突破发生，这也常会发生在股价突破之前。此时会是买入或是卖出的信号。一般情况下，当突破发生在上涨的走势中时，买入是明智的选择。当突破发生在下跌的趋势中时，卖出是明智的选择。

（3）当股市中大部分的买盘已经全力涌进，说明 OBV 线出现急速的上升，而买方爆发的能量则不会持续太久，行情也可能出现回档，投资者应该慎重考虑逢高卖出。

关键是在 OBV 线急速上升后不久，在盘面上出现锯齿状线并出现掉头向下的趋势，说明行情涨升困难，并会出现转势，为更加明显的卖出信号。这对于短期涨幅较大的股票研判更为准确。

（4）当股市中大量的买盘喷涌而出，说明 OBV 线出现急速下跌的状况，股市的行情转为跌势，股价在较长的一段时间内进入下跌的趋势。

此时，投资者应该持观望的态度，不要轻易地抢反弹。当 OBV 线经过急跌后，在底部开始形成锯齿状的曲线时，才可以考虑进场介入，作短期反弹行情。

（5）OBV 线经过长期累积后出现累积的高点，在通常情况下成为股价上升的大的阻力区，股价也会在这个区域的附近遭受巨大的上升压力反转而下降。一旦股价突破这个阻力，后期的涨势则会更强劲。

（6）OBV 线经过长期累积后出现累积的低点，迫使行情出现下跌的巨大支撑区，股价在这一区域附近遭受到强大的下跌支撑止跌回稳。但是股价一且突破支撑区，跌势会更加迅速。

（7）OBV值的计算方法。OBV指标的OVB值计算比较简单，主要计算的是累积的成交量。以日为计算周期为例，其计算公式为：

当日OBV = 本日值 + 前一日的OBV值

当本日的收盘价或是指数高于前一日的收盘价或是指数，那么当日的收盘价为正。若本日的收盘价或是指数低于前一日的收盘价，那么本日值为负值。如果本日值与前一日的数值呈水平的状态，本日值则不予计算，然后计算累积的成交量，也就是股票的手数。

由于选用的计算周期的不同，OBV指标也包括日OBV指标、周OBV指标、月OBV指标、年OBV指标以及分钟OBV指标等各种类型。经常被用于股市研判的是日OBV指标和周OBV指标。

虽然它们计算时的取值有所不同，但基本的计算方法却一样。另外，随着股市软件分析技术的发展，投资者只需掌握OBV形成的基本原理和计算方法，无须去计算指标的数值，更为重要的是利用OBV指标去分析、研判股票行情。

四、OBV的应用法则

（1）OBV不能单独使用，必须与股价曲线结合使用才能发挥作用。

（2）当OBV曲线与股价走势出现"背离"现象时，则可利用OBV线判断是否存在机构大户"收集"或"派发"筹码的情况。

所谓"收集"意指机构做手暗地里在市场中一边出货打压行情，一边吃货，实际上是出少进多；而"派发"则指机构做手暗地里逢高卖出、逢低买进，实际上是出多进少。因此，OBV曲线则能帮助投资者推测市况是否处在"收集阶段"还是"派发阶段"。

（3）OBV曲线的上升和下降对进一步确认当前股价的趋势有很重要的作用。

1）股价上升而OBV曲线也跟随上升时，可确认当前是上升趋势。

2）当股价上升但OBV并未相应地上升，则投资者应对目前的上升趋势持谨慎观望的态度，因为OBV与股价背离的现象已提前告诉我们上升趋势的后劲不足，随时有反转的可能。

3）当股价下跌而OBV线上升时，表明有大户在收集筹码，下档承接力强，股价随时有可能止跌回升。

当股价下跌而 OBV 曲线也跟随下跌时，可确认当前是下降趋势。表明大主力在逐步"派发"，应立即离场观望。操盘秘诀：在实战操盘中，笔者喜欢把 Y 轴的数值撇开不看，仅按其数值所占 Y 轴的比例分为 20%、40%、60%、80%、100%五个区域。通常，在大牛市或熊市中选择半年以上的时间为横坐标 X；在箱形整理的行情中则选择以 1~3 个月的时间为横坐标 X 来观察 OBV 曲线。

第六篇

新股民如何巧妙跟庄

第二十二章 认识庄家

什么是庄家

股市是一个庄家称霸的市场，庄股横行。任何股票，有庄则强，无庄则弱。对庄家一无所知的新股民，难免中了庄家的圈套。新股民只有认识庄家、读懂庄家，才能避免亏损，掌握买卖时机，获取最大利益。

一、庄家定义

"庄家"一词，本取意于赌局。在牌局游戏中，庄家往往就是那种赢者通吃的角色，有很多优先权。股市的庄家与赌局庄家略有区别，但本质相同。他们都是以营利为唯一目的，与众人为对手。

股市中的庄家是指在股票市场上能影响某只股票行情的大户投资者，通常是持有大量流通股的股东。其特征是具备一定的资金、人才、技术、信息等优势。在法律许可范围内，庄家可通过参与股票买卖来操纵股价涨跌以获取利差，是与散户相对的概念。

新股民需要注意的是，勿将主力与庄家的概念混淆。主力也是具备大量资金和信息优势的大户投资者，是市场的主要力量，他们虽能通过大量资金和炒作行为影响某一阶段的股价，却不能直接操控或长期控制股价。

二、庄家优劣势

1. 庄家优势

庄家在股市中拥有以下四方面的优势：

（1）拥有雄厚的资金。这是坐庄的先决条件和硬性要求。能够成为庄家，必须首先具备雄厚的资金实力，比如，许多大机构和超级大户拥有数亿元或几十亿元资金。庄家利用独有的资金优势买进卖出，肆意周转，控制股市，而后获得收益。

（2）大量的专业人才。庄家有专业的调研人员对市场进行调查研究。这些人专业水准高，综合分析能力强，能够最大限度地确保意见和建议的正确性。庄家还有高水平的操盘手进行操作，这些操盘手往往是股市中技艺高超的老手，眼光准、应变灵活，精通基础分析和技术分析，能准确预测形势并根据市场的变动及时调整操作。

（3）拥有畅通的信息渠道。庄家凭借广泛的社会关系，获取很多内幕消息，例如，上市公司的内幕信息是影响股价的最直接因素。

（4）控制了大部分的流通股，庄家是公司大股东，拥有公司的决策权，其余股票持有者无法与之对抗。

2. 庄家劣势

利弊相依，庄家自身也存在一些弱点：

（1）庄家资金量大，风险也更大。如遇突发状况，庄家往往苦不堪言，持仓太重，必然无法及时抽身而退。一着不慎，庄家便会倾家荡产、血本无归。

（2）因资金量大，庄家吸货和出货都有难度。为不引起散户注意，庄家吸货和出货时要刻意隐藏动作并散布利空或利好传闻，以保证自己能够低位吸货、高位出货。

（3）庄家资金量过大，很难隐藏行迹，往往让散户有机会发现动向。

若能够抓住这些弱点，新股民就能找到应对庄家的办法。

庄家操作技法

要与庄家博弈，仅仅是"面熟"还明显不够。庄家之所以能赚到散户的钱，除了其自身优势外，还依赖于他们高明的操作技法。庄家的操作流程一般包括以下五个阶段。

一、选股阶段

庄家选股都是经过深刻分析的，他们选股的依据可以从以下几个方面理解。

1. 对基本面的分析

庄家会谨慎分析股市形势和个股的品质。只有如此，才能吸引更多散户跟进并从中获益。在进驻某个股前，庄家必然对宏观政策、市场条件、社会关系、个体素质等多方面进行综合分析。

他们一般是在宏观经济运行已经到达最低点又有回升迹象之时进庄。因为此时的股市经过一个漫长的大熊市，已经跌到了最低点，风险已经完全释放，往后只会上涨，没有再下跌的能量。

2. 对技术面的分析

庄家选中的股票必须是有利于其炒作，流通盘的大小一定会与庄家的资金量相适应，筹码的分布一定要方便庄家操作，个股的走势一定要有利于庄家获益并可以吸引更多散户。同时，活跃的个股也更能让庄家发挥他们"翻云覆雨"的特长。

3. 对炒作理由的设计

庄家选中某只股票进行炒作，往往会找个理由（无所谓真假），让公众乐意相信和追随，如香港回归、西部大开发等。庄家会将这些素材发掘出来，不断加工和放大，极力鼓吹这些因素对上市公司的正面影响，让公众相信该上市公司美好的前景，进而相信其股票会一直上涨。

二、吸货阶段

庄家精心策划选定某只股票后，便开始吸货。

庄家选择吸货的时机首先看重该时刻的投资价值，一般选在股价低价徘徊、底部构筑完整的时候，或者选在股价超跌、恐慌性暴跌及长期下跌之后。

选定时机后，庄家就会尽量压低股票价格，通常是使股价跌破技术支撑线，散布利空消息、动摇散户信心、诱使散户减仓出货，在股价进一步下跌时实现低位吸货。

为了确实达到低位吸货的目的，庄家会尽量隐藏其吸货意图和行迹，通过控制交易量、分批购入等方式悄然入场。

三、洗盘阶段

为了降低拉升股价的压力和成本，庄家会用洗盘的方式提高散户的成本、动摇散户的信心，迫使短线操作的散户们退出逐利竞争第一线。庄家或者采用震荡洗盘法，使股价大幅度震荡、高抛低吸；或者打压洗盘，使股价一路下跌，摧毁散户持股信心，以此减少散户持股量的同时继续购入筹码，实现更大量的股票持有，牢牢掌握控制权，并赚取部分差价。

四、拉升阶段

在扫清障碍、击退竞争力量后，股价进入拉升阶段。庄家通过制造良好的技术形态和舆论，吸引散户入股。

但是，股价会被拉升到多高完全取决于股市的行情。如果市场人气十足，反应很好，庄家会加大拉升速度和幅度，反之则会果断地退出。

五、出货阶段

在股价涨到庄家预期值后，庄家便开始实现其收益的最关键一步——出货。

出货是庄家最难过的一关，为实现收益、将亏损转嫁给散户，庄家力求在散户无察觉的情况下出货，庄家出货成功与否直接决定坐庄的成败。庄家出货一般采取以下三种方法。

1. 震荡出货法

在时间允许的情况下，庄家经常采用震荡出货法。庄家为蒙蔽散户，会控制股价在高价位不断浮动，制造整理股价的假象，自己则分批出货、抽身而退。

2. 拉高出货法

与震荡出货法相比，拉高出货法更节省时间、更具有欺骗性。在实现预期利润率后，庄家可能再次大力抬高股价、制造牛市，以此吸引散户购股并迅速出货撤离。

3. 打压出货法

若遇突发状况，庄家不看好股票涨势，则可能迅速撤庄。通过压低股价吸引散户购买，庄家趁机逃脱，此为打压出货法。

坐庄过程全析

一、庄家利用散户的弱点

在与散户的博弈中，庄家之所以能够屡战屡胜，是因为庄家对散户的弱点了如指掌，并巧妙地利用散户的这些弱点。具体来说，散户普遍具有以下几方面弱点：

1. 贪婪

在股市中，因贪婪而被套牢的情况屡见不鲜。诚然，"天下熙熙，皆为利来；天下攘攘，皆为利往"，投资者投资股市，都是为了一个"利"字，但凡事都要有个度，散户在投资时尤其要注意把握适度原则。

从表面上看，散户在投资中容易吃亏是掌握不好卖点的原因，而实际上更深层次的原因是散户贪婪的心理在作祟，不能以平常心理泰然处之。如果散户能够克服贪婪心理，冷静地分析基本面、技术指标、成交量等，就能有效地避免出现这样的投资失误。

一颗平常心在投资中显得尤为重要，散户只有在与庄家的博弈中克服贪婪的本性，保持平稳的心态，才能避免为庄家所利用，取得最后的胜利。

2. 恐惧

股票投资是一个高收益同时也是高风险的行业，股市的风云变幻，可以让一个富翁在一夜之间一贫如洗。常有投资者因不堪忍受突如其来的打击而选择自杀。大多数投资者虽没有经历这样的大起大落，但恐惧感无时不在，不论股价是大涨还是大跌，他都会感到恐惧。

各种突发事件（战争爆发、特大金融事件、政治波动、领导层人事变动以及自然灾害等）都会对股市产生较大的影响。以地震为例，2008年5月12日的汶川地震，2010年4月14日的玉树地震，2010年3月11日的日本仙台地震，以及2013年4月20日的雅安地震，每一次地震的发生，都会使股市出现巨大的起伏，而聪明的庄家恰恰擅长利用投资者的恐惧心理，故意制造慌乱气氛，趁机达到获利目的。

3. 从众

"真理往往掌握在少数人手中"，在股市中也不例外，真正能赚钱的是少数，大多数投资者都是在做赔本买卖。原因何在？原来，那些人之所以能够赚钱是因为他们喜欢独辟蹊径，而大多数人之所以投资失败是因为他们失去自己的理性判断而选择从众跟风。

散户的从众心理可以理解，因为他们感觉势单力薄时希望从外界获得支持，寻求一种心理安慰。但令人不可思议的是，有些股评人士身上也有从众心理，这种心理又直接影响了股民的判断。

根据经验，当大盘从底部上升时，大多数人都认为是反弹，因为成交量太小，不屑一顾；当股市上升至顶部时，大多数人都认为还有继续上升的空间。面临前一种情况时，因多数人空仓，大盘继续上涨；面临后一种情况时，因多数人满仓，等着别人来接高价盘，故大盘涨不动。庄家利用散户的从众心理，使无数散户的美梦破灭。

二、庄家常采用的对倒方式

庄家常常在建仓、震仓、拉高、出货、反弹行情中采用对敲（对倒）的手法。对敲又称对倒，主要是庄家通过制造无中生有的成交量以及利用成交量，制造出有利于庄家的股价，从而达到庄家自身目的的一种手法。一般情况下，庄家对敲方式主要有以下五种：

1. 建仓时对敲

建仓时，庄家通过对敲打压股价，以便自己在低价位吸纳更多廉价的筹码。在个股的 K 线图上表现为股票位于低位时，股价以小阴小阳的形式沿10 日线上涨。这期间 K 线图的主要特征是：股价基本处于低位横盘，但成交量明显放大，从盘口可以看到，股票下跌时的每笔成交量明显大于上涨或横盘时的每笔成交量。这时的每笔成交量维持在相对较高的价格水平，这是因为庄家在低位对敲时，散户尚未大举跟进。

还有一种情况就是，在低位时庄家采用夹板法，即在上下都有大的买卖单，中间相差几分钱，同时不断有小买单吃货。庄家这样做的目的是让散户觉得该股抛压沉重，上涨空间较小而选择抛售股票。

2. 震仓洗盘时对敲

震仓洗盘时，庄家运用大幅度对敲震仓的手法使意志不坚定的散户出局。从盘口上看，当盘中震荡时，高点和低点的成交量明显增加，这是由于庄家为控制股价采用较大的对敲手笔造成的。

3. 拉升时对敲

拉升时，庄家运用对敲的手法大幅度拉抬股价。庄家利用较大的手笔大量对敲，能够制造出该股前景可观的假象，坚定股民持股的信心，达到拉升股价的目的，同时减少庄家后期出货的目的。这时散户常有买不到该股的感觉，除非抬高价位。从盘口看，小手笔的买单不易成交，每笔的成交量有节奏地放大，股价上涨幅度大，同时下边的买盘跟进速度也较快。

4. 出货时对敲拉高

当经过高位的对敲震仓后，股评家也都长线看好，股价于是再次以巨量上攻。此时是庄家出货的最好时机，从盘口看往往是盘面上出现的卖二、卖三上成交的大手笔，而散户没有看到卖二、卖三上有较大的卖单。

成交之后，原来买一或买二上的买单已经不见了，或者减小了，这常常是庄家利用微妙的时间差报单的方法对缺乏经验的散户设的圈套。散户买进的往往是庄家事先挂好的卖单，而接庄家卖单的往往是跟风的散户。

5. 反弹对敲

庄家出货后，股价下跌，许多跟风的散户被套牢，成交量明显萎缩，庄家会找机会用大手笔对敲拉升股价（此时，庄家不会和以前一样卖力），较大的买卖盘总是突如其来又突然消失。因为庄家此时对敲的目的只是适当地拉高股价，以便能把手中剩余的筹码也卖个好价钱。

三、庄家惯用的炒作手法

庄家为了成功坐庄，通常都会使用很多的炒作手法，具体说来，主要有以下炒作手法：

1. 尾市拉高，真出假进

在收市前几分钟，庄家利用几笔大单放量拉升，刻意拉高收市价。庄家在周五使用此法最多，目的是通过做出漂亮的图形，获得股评家的好评，从而诱使散户在周一开市大举跟进。使用此类手法的庄家一般实力不强，资金量不够充足。

2. 盘口委托单技巧

庄家往往喜欢在证券分析系统中的三个委买委卖的盘口玩把戏。当委买单都是大买单，委卖盘是两位数的小卖单时，散户都以为庄家打算拉升股价，而实际上庄家正在偷偷出货。这是庄家运用反向思维的结果，散户要想获利，就要保持与庄家步调的一致性。

3. 涨跌停板技巧

庄家首先设法把股价拉到涨停板上，然后在涨停价上挂上几十万的买单，以吸引跟风的短线盘。然后利用这些短线盘，庄家悄悄出货，当买盘减少时，庄家又挂上几十万的买单，以同样的手法达到隐蔽出货的目的。有时股票会以跌停板开盘，把集合竞价的买单都打掉。如果在跌停板上还能大量进货，说明庄家借跌停出货。

4. 利用分析软件的弱点

最常见的银河、钱龙、同花顺均存在弱点，这一点庄家和设计者都非常清楚。耐心的庄家每次只卖 3000~8000 股，很少超过 10000 股，所以有的软件分析系统会把这样的小单成交当作是散户的自由换手。两个操盘手在两台电脑上分别输入，按卖一上的委卖价买进 100 股，以及按买三的价格输入卖出 9900 股，然后同时下单，显示出来就是成交 10000 股，而且是按委卖单成交，分析系统会统计为主动性买盘。因此散户要特别注意均价线，若显示出现主动性大笔买单，而分时均线却往下掉时，证明这绝对是庄家制造的假买盘。

四、庄家骗人的伎俩

由于散户在投资时一般比较看重技术图、成交量、股市行情等指标，因此庄家往往利用散户的这一心理迷惑散户，最终达到赚钱的目的。归纳起来，庄家主要是利用技术分析、制造题材和概念、成交量、行情等达到骗人的目的。

1. 利用技术分析骗人

技术分析是相对于基本分析而言的，它是指借助完整的市场资料，利用各种图表及指标来测量市场的变化，借此来判断股价的走势，是投资者决定投资时机的重要参考指标。

技术分析的使用有两个基本前提：一是技术分析认为股价的走势和成交量都能通过分析来体现；二是技术分析认为历史会重演，因而通过技术分析能预测未来的股价走势。技术分析作为一种有效的测市工具，受到许多投资者的青睐，但庄家常常会利用技术分析的缺陷，制造骗局。

（1）利用技术关口行骗。如牛市之末，重要关口面临突破，此时股市向好，人气旺盛，庄家在此时则出其不意、打压减磅或逢高派发，给狂热的投资者当头一棒；当跟风者发觉自己被套牢后已为时太晚，指数已大幅下跌。

再如熊市末期，庄家利用各种方式制造恐慌气氛，让投资者感觉大盘持续走低，当投资者纷纷斩仓后，庄家会制造逼空行情。

（2）利用技术形态行骗。形态分析是技术分析的重要组成部分，也常常是庄家迷惑散户的重要手段。庄家会根据自己的需要做出不同的造型，诱导散户，从而达到获取暴利的目的。

（3）利用波浪理论制造骗线。根据波浪理论预测后市常常会陷入尴尬的境地，尤其是当股市不成熟时，影响股价的内外因较多，波浪理论往往会指导投资者做出错误的判断。

（4）利用技术指标骗人。指标的低位钝化和高位钝化常常被庄家用来制造骗局，一些底部背离和顶部背离也不例外。指标在底部长时间运行时，表明股价已严重超卖，此时大部分散户认为股价已探底。这往往被庄家利用，出货时股价处于中高价位。庄家会让日 K 线 KD 等在底部钝化，而周 K 线则位于顶部。

2. 制造题材、概念

借用各种消息是庄家制造行情，诱骗散户的重要手段。庄家在坐庄的不同阶段对消息的运用也不同。

如在行情初期，利好、利空都可能成为庄家建仓的良机，利空消息出现时，散户纷纷割肉，庄家偷偷在低位吸取筹码；利好消息出现时，庄家抢先一步，拉升股价，达到建仓的目的。

3. 利用成交量骗人

散户一般都听说过，庄家什么都可以骗人，但只有成交量不能骗人。而许多股评人士常用"缩量调整"、"无量阴跌"、"放量突破"等术语来预测未来股市行情。于是，庄家利用市场的这个弱点，在成交量上借题发挥，制造假象，蒙骗散户。

庄家利用成交量瞒天过海的主要表现有无量阴跌、无量反弹、中位价量背离、高位放量收阳等。

4. 利用行情骗人

高明的庄家通过制造"单边市"，使散户形成坚定的多头信念，培养散户的思维定式。在行情展开后，散户在惯性思维的支配下，只看到利好因素而忽略了利空因素，当市场行情普遍向好时，庄家已悄然出货。

庄家如何选股

选股是庄家坐庄的第一步，也是庄家坐庄过程中至关重要的一环。一般来说，庄家选股时会考虑基本面、技术面、题材面、操作面等因素，通过研讨分析后，最终选出适合自己的庄股。

一、基本面因素

所谓基本面，是指公司的经营业绩、盈利能力和成长性，它是影响公司股价的决定性因素。基本面分析就是依据相关理论对影响股票价格及股票价格走势的基本因素进行分析，以此来决定是否投资某种股票的决策过程。

（1）庄家会综合考虑宏观经济环境、公司状况、市场人气等各方面因素。庄家通常选择在宏观经济运行已达到谷底并且有回升迹象时，或是大盘下跌到最低点要求反弹时进庄。

（2）庄家会重点考虑个股的下列情况：

1）募股配股资金产生效益的质量与时间。

2）未分配利润及资本公积金、净资产值。

3）有无送股历史，流通股占总股的比例。

庄家更倾向于选择有很大的利润增长潜力，未分配利润多，资本公积金与净资产值高，无送股历史，流通股占总股的 1/3 以上的股票。

（3）庄家还会分析基本面是否有改观潜力。那些基本面优异、受到国家产业政策扶持的热门股票，由于市场前景好，股票价格一般都较高，筹码容易分散，给庄家吸货带来很大的难度，因此，一般庄家会避开这类股票。而那些基本面较差的冷门股，往往由于得不到普通投资者的重视，股价十分低。如果通过炒作潜在题材使这类冷门股的基本面得到很大改观，这类股票也会成为庄家的首选。

二、技术面因素

（1）庄家要看流通盘是否合适。被选中股票的流通盘必须利于炒作，即流通盘的大小要与庄家拥有的资金量相匹配。用太多的资金炒作太小的股票会造成资源的浪费，投入与产出的比例比较低。而用太少的资金炒作大盘股又会使庄家感到力不从心，难以推动盘口。一般来说，庄家若能控制某种股票50%以上的流通筹码，就可以操纵股价。

（2）庄家要看筹码分布是否均匀。筹码分布是指筹码在不同价位和不同投资者手中的分布。从筹码分布中，庄家可以看出上方套牢区主要集中的部位，哪一类投资者掌握着筹码以及吸货的成本、难度等。

（3）庄家还要分析当前个股走势，看个股是正处于下跌的过程中还是已经完成初步探底。一般来说，逆个股走势而为，不仅成本很高，而且往往难有成效。

三、题材面因素

庄家喜好板块联动效应以增添市场联想性。在题材爆发半年前，庄家就开始运作，炒作对象主要是能吸引较多投资者目光的社会事件题材。

炒作手法一般采取反复运行震荡上升的方式，在市场无其他题材吸引投资者眼球的横盘阶段一炮打响。股市上经典的炒作题材有收购、合资合作、股权转让、资产增值、资产重组等。其中，重组股更是庄家炒作的重头戏，因为重组往往能为上市公司带来意想不到的契机，有利于企业基本面的改观，使庄家的股本总量得到扩大。当然庄家在选择炒作重组题材的个股时，其青睐的对象通常是由于偶然原因导致业绩下滑或亏损但股票质地优良的上市公司。

四、操作面因素

所谓操作面是指庄家建仓之后是否有操作价值，如当个股价格已经非常高，而庄家此时选择对这样的股票吸货就没有操作价值了。在操作面上，为求稳定，许多庄家选股时偏向选择那些股性活跃，包袱相对较轻的个股。

庄家在选择股价价位时应遵循一个基本原则，即当存在50%以上的上升空间时，庄家才会进入密集成交区。庄家往往喜欢在股价较低时进庄，股价越低，庄家盈利的空间也就越大。

一句话，选股的实质就是庄家信息分析和研发能力之间的较量。

第二十三章　实战跟庄的策略

应对庄家的技法

"斗"庄弗如"跟"庄，跟庄也是在与庄家作战，胜负谁属，要看双方的兵力和战术。应对庄家的最好办法不是硬碰硬，而是顺势而为、借力打力，充分利用"四两拨千斤"的技巧，分庄家一杯羹。

所谓"以己之长，攻彼之短"，投资者要胜庄家，就要利用自身长处克制庄家短处，让庄家无力招架。投资者没有庄家雄厚的资金实力，却可以胜在轻便灵活。"船小好掉头"，只要认清局势，投资者的速度会更快。为此要求新股民精准分析、灵活操作、步步能抢占先机。

面对庄家的狡猾残酷，新股民要做好与之周旋的准备。了解庄家的狡猾之处，并制定好对策，以下是庄家最常用的手段。

一、瞒天过海、暗度陈仓

庄家吸货、出货就严格参照了这个标准，他们习惯用尽各种手段掩人耳目，意在他人不知不觉下行动。新股民应对这样的战术，最好的方法就是擦亮双眼，抓住蛛丝马迹，庄家的大量资金不那么容易隐藏行迹，成交量更不会凭空消失。

二、虚张声势、声东击西

明明要涨，庄家却要散布负面消息驱赶跟风者下马；明明要跌，庄家却要利用正面舆论吸引投资者进场接盘。此举常见于庄家的拉升操作，庄家还习惯利用夸张甚至虚假的信息鼓动或惊吓投资者。对此，新股民要把握庄家心理，在铁的事实和技术指标下拆穿庄家的诡计。

三、落井下石、锦上添花

落井下石往往是为了重见天日，例如建仓、震仓；锦上添花则可能成为糖衣炮弹，例如出货。庄家在震仓洗盘时会刻意打压股价，并同时放出利空消息，让投资者感觉个股已无出头之日；而出货时则在高价区放出利好消息，护盘吸引更多投资者接盘，然后趁机一走了之，留下一团乱麻给不幸的投资者。对此，新股民要把握好心态，不能被恐惧或贪念蒙蔽了心智，一定要勇敢再勇敢、谨慎再谨慎。

如何区别庄家洗盘与出货

许多投资者中途被庄家扫地出局而未能获取满意利润，原因在于其未能识破庄家伎俩，将洗盘误认为庄家出货。如果是庄家洗盘，投资者就应该按兵不动，等候股价再次拉升；若是庄家出货，投资者就必须跟庄出场，清仓盈利或者止损。那么，新股民如何准确地区分洗盘与出货？一般而言，新股民应从如下几方面进行辨别。

一、庄家洗盘的方式

庄家洗盘的方式有以下几种：

（1）跌停挂出法：庄家开盘就全部以跌停挂出，散户恐慌随势杀出；随后庄家取消挂出单，吃光散户抛单后抬升股价。

（2）开高杀低法：庄家开盘即涨停，散户介入；庄家随后杀低下跌不断产生买盘，散户恐慌低价出售，庄家全部买进后拉升股价。

（3）上冲下洗法：庄家综合跌停挂出法和开高走低法，利用拉高、掼低、再拉高的反复操作，集中筹码。此法股价忽高忽低，成交量不断扩大。

（4）固定价位区洗盘法：庄家在某静止价位大量挂入，股价久盘不动，散户耐性不足抛出股票，庄家全部买入后拉升股价。此法特征为股价不动，成交量不断扩大。

二、庄家洗盘的表象特征

新股民只要精于观察、分析，就可以抓住庄家洗盘的迹象。

1. 从成交量看

庄家洗盘，成交量骗不了人：从盘口上看，庄家为恐吓散户制造疲弱盘面，尽力打压而不护盘；跌破重大关口后有大量买盘力量的是庄家洗盘；随着整理的进行，股价波动逐渐降幅，股价在中长期均线附近被控盘，浮动筹码稀少，成交量迅速低迷。

2. 从 K 线图看

庄家洗盘动作在 K 线图上也有明显迹象：

（1）股价呈大幅震荡趋势，阴线和阳线走势不稳，常见错落夹杂排列。

（2）成交量较无规则，整体呈递减趋势。

（3）上下影线十字星出现频繁。

（4）股价一般持续高于庄家成本区域。

（5）洗盘即整理，会呈现为三角形、旗形、矩形等整理形态。

三、洗盘与出货的区别

由于目的和操作不同，洗盘与出货有明显的区别：

（1）洗盘股价快速下跌后会获得有力支撑，下跌空间明显见底；出货股价迅速拉升后整体呈缓慢下降趋势，以便有足够时间供庄家出货。

（2）洗盘不放量，上涨中成交量逐步增加，出货往往伴随巨大的成交量。

（3）洗盘股价维持在均线上方，即使跌破也会在均线下缩量盘整。

如何识别庄股的买卖点

在市场中，跟随主力获利已成为股市短线投资者的"圣经"，但是投资者如何选定庄股，找到好时机是获利的前提。面对主力虚虚实实、欲涨先跌及以退为进等操作手法时，投资者如何识别庄股的买卖点，成为股市的大赢家？在这里主要从影线的角度向新股民作简单介绍。

一、上影线骗线

上影线是影线形态之一。长上影线是由于攻击受阻回落而形成的，可以这样理解：买方力量一度非常强大，将股价大幅拉升，但是在随后多空力量的争斗中空方占了上风，将多方苦心经营的成果夺回，使股价大幅回调。

其实，长上影线通常只是主力制造的一个假象，是主力用来诱使投资者跟风追涨的买盘，实际是为了掩护自己出货，也就是我们常说的多头陷阱。

在股市行情中主力利用上影线骗线主要包括以下几种形式：

1. 震仓型上影线

这种上影线经常发生在一些刚刚启动不久的个股身上，有些主力为了洗盘、震仓，往往用上影线吓出不坚定持仓者，吓退欲跟进者。投资者操作，要看 K 线组合，而不要太关注单日的 K 线。

2. 半力拉出的长上影线

长上影线在个股不同的阶段，其表示的意义也不尽相同。怎么才能很好地利用上影线识破主力的"骗局"呢？下面我们介绍一下长上影线的几种形态及其操作。

（1）上涨中期长上影线：个股在上涨中期出现长上影线，会让散户误认为是上涨末期长上影线，导致技术型散户被主力洗出，第二日股价回调，不久后便再次上攻，让自以为技术型逃顶成功的散户大跌眼镜。

（2）上涨末期长上影线：个股在经过长期的拉升之后，收一根长上影线，下跌放巨量，各个技术指标相继形成死叉，说明主力已无心继续再战，这个时候散户最好果断出局，以保住当前利润为好。如果周线形成长上影线，那就可形成长期顶部区域，更要注意主力的巨大骗局。

（3）底部长上影线：个股在底部出现长上影线，一般是主力想拉升个股，不过因为抛盘过多或是大盘走坏，结果造成个股收成长上影线。这个时候，建议投资者加入自选股关注，一般收出长上影线后，还需要一些时间来震荡洗盘，什么时候放量突破这根上影线，就证明拉升行情的开始。

3. 试组型上影线

有些主力拉升股票时，操作谨慎，在欲创新高或股价将进入某一高点时，均要试盘，用上影线试探上方抛压。试盘是上影线的一种成因，主力在拉新高或冲阻力位时都可能试盘，以试探上方的抛压大小。

如果上影线长，但是成交量并没有放大，同时股价始终在某个区域内收带上影线的 K 线，那么主力试盘的可能性就很大。

如果试盘后个股放量上扬，则可以放心持股；如果试盘之后转入下跌，那么则证明主力试出上方确有抛压，此时可抛股，一般在更低位可以接回。值得注意的是，如果长上影线发生在个股大涨之后，那么后市下跌的可能性比较大。

二、下影线骗线

下影线表示下方支撑比较强，在强势市场中，有些机构资金实力不是很强，为制造骗局，他们在其炒作的股票中制造一个或几个单日的长下影线。某只股票在盘中突然出现一笔莫名其妙的、价位极低、手数较大的成交，而后恢复平静，长下影线由此产生。这是其中主力在向广大散户发出"支撑力强"的信号，一般这种股票由于主力的实力不是很强，表现不会太突出。应注意的是，真正有大主力的个股是不会在底部显山露水让投资者觉察"支撑力强"的。

有时，个股在交易中大幅下挫，尾市收高，在日K线图上留下长下影线。如果散户简单认为这是股价见底，下档支撑力强，反弹在即，则可能会吃大亏。此时只要打开每日实时的走势图就会发现，此类股票往往全天均处于阴跌之中，而只有在尾盘的瞬间出现了一笔奇怪的资金将股价上拉，形成带长下影线的K线。

遇到此类股票，散户朋友还是早些离场观望为好。这是主力在派发阶段，利用尾市收盘几分钟快速拉高股价，留下长下影线，以引诱跟风盘的出货手法，这才是真正的盘面语言，散户朋友对此应多加提防。

个股在长期阴跌或大幅下挫后出现T字K线，这种情况往往表明该股有可能止跌回升，且后市有较大的涨幅。实战经验表明，T字K线止跌回升的技术意义，通常有以下五种情形：

（1）T字K线的实体部分越小，下影线越长，止跌的作用就越明显。

（2）股价下跌的时间越长、幅度越大，T字K线见底的信号就越明确。

（3）T字K线不论是阳线还是阴线，实战意义基本上都是相同的。

（4）底部见T字K线，对短线操作者来说，是抢先介入的好时机。

（5）T字K线是庄股防守反击形成的一种K线形态，但在下跌趋势中，主力有时会利用它来作为一种骗线信号，实际上跌势并未止住。而在上升趋势中，则是主力回档洗盘的伎俩。

股市中主力与中小散户经常玩猫捉老鼠的游戏。如何才能识别主力的骗局，没有一定的谋略与智慧则是很难做到的。面对主力种种的骗线行为，散户要精心思考，仔细分析整个大盘的走势，不要被主力的一时震荡所迷惑。该出手的时候就不应太迟，该持股的时候就不应恐慌。

如何寻找庄股

何为庄股？众说纷纭，莫衷一是。庄股本身是一个市场名词，没有一个统一的定义，有人认为"庄股就是被人操纵了价格的股票"，有人认为"这只不过是部分具有共同投资偏好的大户集中持有共同的上市公司股票罢了"。实质上，庄家是从赌博中引进的概念，具备通吃通赔的资金量与众人赌博者称为"庄"，其主要的赌具就是庄股。

我们所关注的是如何寻找庄股，把握寻找庄股的最佳时机。归纳起来，投资者抓住以下几个方面是大有裨益的。

一、配股、职工股上市及股权转让时期

上市公司在配股上市、职工股上市以及发生股权转让等变化的时候，都会发布公告，而公告内容是十大股东持股的最新情况。由于信息的截止日距信息发布日仅一两个交易日，所以位列于十大股东的庄家，散户可以很清楚地看到。

散户在读取该信息时，首先应剔除其中不可流通的国家股与法人股的大股东，剩下的就是介入该股的庄家，然后分析庄家持仓量的大小，庄家大致的持仓成本。如果该股为庄家重仓持股，而且股价偏低，这个时候也就正为我们这些散户提供了良好的跟庄机会。

二、每年出中报和年报的时期

每年出中报和年报的时期，其实正是投资者挖掘黑马的时候。那么如何从中报和年报中捕捉庄家的蛛丝马迹，从而跑赢大盘呢？从流通股东数看庄家是否在建仓。在公司的年报和中报中，大多数公司都会公布截止到某个时期持有该股的股东数。散户从中就可以了解庄家的动态和意图。

三、从盘口中寻找庄家

盘中寻庄股，就是依靠盘中庄股的走势来判断庄股的意图，下面的一些见解可以作为参考：

（1）在卖盘或买盘中挂出巨量的卖单或买单，纯粹是庄家引导股价朝某方向走的一种手段。如股价处于关键位置，卖盘有大手笔挂单，而股价依然翻红。

此种现象说明庄家在刻意打压，而且该股已处于发力前夕，此股拉升在即。

（2）早盘拉升，而后回落，而且均价逐渐走平，股价也在均价上方走平。此种现象说明庄家在均价处支撑股价，顶住解套盘，同时消化获利盘。此种股票往往在 14：00 左右拉升。

（3）从当日震幅排名表中，那些在底部大幅震荡的个股可能为发动单边总攻势的个股。

（4）盘口中买卖盘面所放的挂单，往往是庄家用来骗人而制造的假象。而真正庄家的目的性买卖盘通常是及时成交的，隐形盘虽在买卖盘口看不到，但在成交盘中是跑不了的。因此，投资者可以通过研究隐形盘的成交与挂单的关系，来看清庄家的真正动机。

四、跟紧建仓完毕的庄股

建仓完毕的庄股是值得散户寻找的对象。在平衡市道，股价涨不涨，关键看庄家炒不炒。中小投资者跟庄炒股如能准确判断庄家的持仓情况，盯牢一只建仓完毕的庄股，在其即将拉升时介入，必将有一份意外的收获。

目前，研究庄股、跟庄操作仍是获取利润的主要途径。成交量在流通盘不一的股票中无法统一衡量，因而一般将换手率作为研判的标准。可以将涨幅 5%、换手率 3% 作为正常行情的标准，异于这个标准，可作为研究庄家控盘程度的依据。

表 23-1　选择大庄股和印证大庄股一览表

	选择大庄股的初步手段		印证大庄股的主要手段
1	在日涨跌排行榜的名列前茅股选择	1	具备独立行情，个股走势不跟随大盘波动
2	在日震幅排行榜的名列前茅股选择	2	在大盘跌势中个股的抗跌性明显好于大盘
3	在首次量比进入前茅股中选择	3	只要没有连续的 10 万股买单，成交量较小
4	在 OBV 技术指标位于历史高位股中选择	4	大阴线、大阳线、上下长影线数量较多但绝对股价波动不大
5	在出利空后很快走出放量阳线股中选择	5	对于个股的消息面反应比同板块其他股敏感
6	在总股本与流通盘子均较小股中选择	6	在行情发动的第一阶段表现弱于大盘
7	在基本面较好没有送配历史股中选择	7	历史上曾经逆市连续放过大成交量
8	在有明显后续大题材股中选择	8	尾市经常发生砸盘方式的异动

表 23-1 中所有条件的基础是个股的股价处于 K 线的低位区域。

第七篇

新股民如何规避损失

第二十四章 股市风险的衡量方法

近期股票市场暴涨暴跌，这令很多新股民感受到了股票市场的风险巨大，也明白了树立风险意识的重要性。

股票投资的风险性是指投资者在买卖股票时不能获得预期的投资收益或是遭受巨大损失，也就是投资的实际收益与预期的收益出现较大偏差。

如果股票投资预期的回报为 40%，但实际只得到 20%，这是股票在投资中的收入风险，如投资者以 30 元买进某公司的股票 100 股，共用资金 3000元。经过一段时间后，该股下跌至 25 元，此时卖出收回资金 2500 元，这是资金损失的风险。

因此，股票投资的总风险可以分为系统风险与非系统风险两类。

一、系统风险

所谓系统风险又称为不可分散风险，是指由于某种原因对市场上的各种股票都会造成的损失。例如，国家新政策的颁布、银行利率的调整、企业改革等。在这种情况下，市场上所有各类型的股票价格都会发生变化，但是其变化的幅度不一样，所造成的风险损失也不一样。

那么，造成系统风险的原因众多，其主要特征有三个：

（1）都是由共同因素所引发的。

（2）会影响所有股票收益。

（3）不能通过多种类型的投资回避或消除风险（风险的来源主要有购买力风险、市场风险、利润风险）。

二、非系统风险

非系统风险又称为可分散性风险，是指一些特定的因素对某只股票所造成的损失。它与系统风险最大的区别在于，是针对个别股票所独有的风险。

非系统风险的特征是：第一，其风险是由特定的因素引起的；第二，只对某只股票的收益造成影响；第三，可以通过股票投资的多种形式消除或回避风险。其中风险的主要来源为企业风险和财务风险。两者可以通过股票持有的多样化与正确的投资组合以降低、避免或是消除风险。

若投资者进行较大金额的投资，只了解股票市场存在的风险是远远不够的，还要将风险细化，并衡量出其中的利弊得失，以做出正确的投资决策。其具体做法有标准差衡量法和 β 系数衡量法。

三、标准差衡量法

当证券的收益服从正态分布时运用标准差衡量法。其主要是度量一系列观测值的离散度。如果离散度较大，则说明收益可能会出现较大波动，此时的风险也较大。

但是运用标准差衡量风险具有一定的弊端：其一，如果证券收益不服从正态分布时，或者标准差不存在，又或是标准差达到无限大值时，运用标准差衡量股市风险就会出现巨大问题。其二，如果标准差无法区分顺序不同的收益系列时，说明人们认知的收益顺序是没有差别的。此时，无法预测收益系列，投资的风险也会加大。

总之，用标准差衡量股票市场的波动性风险，必须保证股票收益服从正态分布，在有偏度的情况下，标准差衡量风险会失效。

四、β 系数衡量法

β 系数是衡量一般股票对市场波动的反应程度。不同种类的股票受到市场统一因素的影响而产生价格波动的幅度不同。如果受国家利率调高的影响，有的股票价格下跌的幅度较小，有的股票价格下跌的幅度则较大。

一般情况下，大幅度的价格下跌给股市带来的风险也较大；相反，则风险较小。计算 β 系数的公式如下：

$$\beta \text{系数} = \frac{\text{某股票价格下跌幅度}}{\text{股票市场平均的价格幅度}}$$

从公式中可以看出，当 β 系数为 1 时，某只股票的价格波动与市场平均的价格波动相同，此时，买此类股票的风险程度为中等风险。当 β 系数大于 1 时，某只股票的价格上涨，市场平均价格下跌，此时，买此类股票的风险较大。当 β 系数小于 1 时，说明某只股票的价格下跌，市场的平均价格也下跌，此时，买此类股票的风险较小。

第二十五章　防范股市风险的方法

试探性投资法

投资者进行股票投资，常常因把握不住最佳的投资时机不敢贸然采取投资行动，但正是在犹豫之时，错过了投资的良机，为了减少投资者的困扰，股市中出现了试探性投资方法。

试探性投资法就是投资者预测股价将会出现转机时，先用少量的资金购买一部分股票进行投资试探，并以此决定下一步是否购进大批的股票。投资者之所以进行试探性投资主要是对此种股票没有获利的把握，不敢将全部的资金投入。

如果试探性投资过后，股价呈上升的趋势，价位也在逐渐地升高，可以继续加码买进，这样连续进行几次之后投资便可在股市中获得利益。如果试探性买进之后，股价出现下跌，则可以经过一定幅度的回档之后再进行买进，这样购买的成本就可以相应地降低。

试探性投资一般可以在以下两种时机下采用：

（1）股价经过长期下跌，市场人气比较淡，但有逐渐显示繁荣的迹象。

（2）股价经过相当长时间的盘旋，没有出现大幅度的涨跌，利空因素即将告终。

试探性投资法是一种可以使投资者在风险发生时减少损失的投资策略。

分散投资法

投资者为了避免投资的风险，应当进行分散投资。那么分散投资应该遵循怎样的原则呢？

一、时间分散法

要想取得优厚的股息，就要对各股票的发行公司进行详细的了解。弄清公司发行股息的日期，股市处于旺季、淡季，在时间上分散投资，减少不必要的损失。

二、资金分散法

投资者不要将自己全部的资金集中购买一家公司的股票，应该进行分散投资，以减少投资风险。

三、行业分散法

大多数投资者因为对某种行业比较熟悉，于是便将全部的资金购买同一行业的股票。一旦此行业遇到某种风险性的打击，或者是在发展过程中不景气，投资者必定会跟其遭到重大损失。如果将资金分散在不同行业，就算一种行业遇到风险，另外还有支撑，这样就减少了风险。

四、区域分散法

同行业分散法大体类似，不要全部购买同区域的股票，应该将其分散到不同的地区，减少投资的风险。

五、企业分散法

投资者不要将全部的资金投入一家企业购买一家的股票，应该分散在数家企业，以降低投资风险。

六、组合投资法

组合投资就是将股票获得的利润与遭遇的风险程度，给予适当的搭配选择后，降低风险。但是操作此方法的前提是在同样水平的风险下，选择利润较大的股票；在同样利润的水平下，选择风险较小的股票。

分段买入法

当投资者对股市的走势行情不能给予准确判断握时，若投资者将全部的资金一次性投入购进某只预计上涨的股票，该只股票的价格的确在大幅上涨，那么投资者便可以从中获得很大的利润。但是如果股价出现下跌投资者就会蒙受巨大的损失。为了防范风险，投资者可以采取分段买入的方法。

所谓分段买入法，是指股民的一种谨慎小心的投资策略，股民并不是一次性将手中的资金全部投入股市，而是将所有的资金分成若干份，分阶段、分批次买入投票。

当投资者不能确定行情的发展，又认为这只股票具有巨大价值，并且股价出现在低价区时，其最好的办法就是随着行情的上涨买入所钟情的股票，直到确认出现上升的趋势再全部投入。

这样可以避免踏空的危险，也可以在行情出现跌势时尽快抽身，以减少损失。但是当股价进入高区时，即便是处于升势也不宜跟进，以免被套牢。

分段买入法还可以在某一价位时买入第一批，当股价上升到一定价位后再买入第二批，以后还可以在不同价位买入第三批、第四批。但是，投资者一见股价出现下跌就应立刻停止买进股票，并根据现行的情况出售已经购进的股票。

采用分段买入法的优点是：最大限度地降低投资风险，同时也可以减少投资收益的缺陷。如果股市的行情一路出现上涨的趋势，便可以采取一次性投入的方法，这要比分段买入法获益更多。

分段卖出法

分段卖出法与所讲的分段买入法恰恰相反。其具体做法是在某一价位时卖出第一批，在股价下跌到一定价位时卖出第二批，以后再在不同价位卖出第三批和第四批等。

但是一旦股价出现攀升，投资者一定要保持高度清醒的头脑尽快将手中持有的股票逐步抛出。如果股价上升即刻停止买卖，并根据自身的实际情况购进。

运用分段卖出的方法，虽然不能保证卖到高价，但是能在风险到来之时尽快抽身，这对犹豫不决、头脑容易发热的投资者比较适用，并且安全性也比较大。

在暴涨暴跌的股市中，分段卖出法能有效地降低风险，并且减少投资收益的缺陷。

拔档子投资法

一、拔档子投资法定义

"拔档子"是指在股价变动过程中拔去一档，即在股价下跌过程中，在较高的价位上卖出，又在较低的价位补进，以减少一档损失，而后期待价格反弹以补回损失。

二、拔档子投资法的益处

拔档子投资法是一种降低成本、保存实力的投资方法。其好处是可以在短时间内赚取差价，使投资者的资金实现小小的积累。

三、拔档子投资法的具体操作

投资者运用"拔档子"投资法时应注意以下两个方面：

（1）行情上涨一段后卖出，回降后补进的"挺升行进间拔档"。这是多头在推动行情上升时，见价位已上涨不少，就自行卖出，多翻空，使股价略为回跌来化解上升阻力，以便于推动行情再度上升。

（2）行情下跌时，趁价位仍高时卖出，等跌低后再买回的"滑降行进间拔档"，这是套牢的多头或多头自知实力弱于空头时，在股价尚未跌至谷底之前先行卖出，多翻空，等股价跌落后再买回，反攻空头。

"拔档子"法的运用必须建立在对行情研判准确的基础上。否则，你认为是高档卖出，想等待低档补回，而行情不仅没有下跌，反而又回升。如果是这样，你就是把"档子"拔丢了，只好眼睁睁地遭受损失。

因此，"拔档子"做对了，可降低成本，增加利润；万一做错了，则吃力不讨好。通常的做法应是见好就收，以免压低行情，白白让别人捡便宜。不但是小户投资者，有些投资大户也常运用"拔档子"方式对股价的涨跌做技术性调节。

需要提醒投资者的是，"拔档子"并不是对后市看坏，也不是真正有意获利了事，只是希望趁价位高时，先行卖出，以便自己赚自己的一段差价。通常"拔档子"卖出与买回之间相隔不会太久，短则相隔一天即补回，长则可能达一两个月之久。

投资三分法

一、投资三分法定义

投资三分法就是指把全部的资产用 1/3 存入银行，1/3 买入债券，1/3 用来购买股票的投资方法。在证券投资上实行三分法就是：一部分购买债券或优先股票，另一部分投资于普通股，再有一部分作为预备金或准备金，以备机动运用。在这种三分法中，投资于债券的部分虽然获利不大，但比较安全、可靠。

二、投资三分法的具体操作

将全部资产的 1/3 存入银行以备不时之需，1/3 用来购买债券、股票等有价证券作长期资本，1/3 用来购置房产、土地等不动产。

在上述资产分布中，存入银行的资产具有较高的安全性和变现力，但缺乏收益性；投入有价证券的金融资产虽然有较好的收益性，但具有较高的风险；投资于房地产的资产一般也会增值，但又缺乏变现力；如将全部资产合理地分布在上述三种形态上，则可以相互补充、相得益彰。

许多投资者一般都愿意在手头上拥有这部分安全、可靠的债券。购买股票虽然风险较高，但往往能够获得比较优厚的红利收入，甚至还能获得较为可观的买卖差价收入。因此，也颇受投资者欢迎。而保留一部分资金作为准备金，则可以在股票市场上出现较好的投资机会时进行追加投资，也可以在投资失利时，用作失利后的补充和承担损失的能力准备。

入市一段时间的投资者会认为：证券投资三分法兼顾了证券投资的安全性、收益性和流动性的三原则，是一种实用性较强的投资组合与投资技巧。

被动投资法

一、被动投资法定义

被动投资法是投资者购买股市指数成分股的全部股种，使投资于某种股票的金额与该种股票的市值占股票市场总市值的比率成正比的投资方法。

二、被动投资法的具体操作

被动投资法在操作过程中主要涉及两个步骤：

（1）将投资于股市的资金全部分散投资在股市指数成分股的各种股票上。

（2）投资于各种股票的资金比率与该种股票的市价总额在整个股市的总市值的比率大体相当。

举个简单的例子，某投资者拟将 10 万元资金投资于股市，倘若股市指数为 5 个成分股，各个股票市价占整个股市的总市值分别为 25%、30%、20%、15% 和 10%，则投资者购股的资金分配分别为 25000 元、30000 元、20000 元、15000 元和 10000 元。这样，投资者持有股票市值的变化率与指数的变化率就基本趋同。或者说，股价指数增加或减少多少个百分点，投资者所持有股票的市值也相应增加或减少多少个百分点。

三、投资者需要注意的几点

（1）不必花大量时间和精力去研究各上市公司的经营情况。

（2）运用此法能有效地降低投资风险。

（3）不必对个股天天的变化情况进行分析，而只需关注影响市场走势的各种因素即可。

四、被动投资法适合人群

（1）适合利用业余时间买卖股票的投资者。

（2）适合对股票知识缺乏深入了解的人。

被动投资法在使用中也可灵活运用，在需要的时候投资者也可做适当调整。比如，可以从投资组合中去掉个别业绩明显差的股种，而适当增加优股的比重。

第二十六章　识别种种陷阱

借钱炒股

股市中有一句名言："借钱炒股，等于自杀。"在股票市场里，高风险与高收益并存，作为一名投资者一定要有风险意识。要想在股市中赚钱，一个最重要的前提，就是自己具有宽裕的金钱，因为不是闲置资金，投资者很难保持良好的投资心态，也就无法找到最佳的获利时机，一旦股市暴跌，借钱炒股者只得被迫赔钱清仓，成为股市中的牺牲品。

长江实业集团主席李嘉诚曾说过："目前内地及香港股票市场价位相当高，可能会发生问题，呼吁投资者小心，并提醒股民不应以借贷来买股票，尤其是长线投资者。"

众多投资者看到银行多次下调存款利率，认为储蓄存款已无利可图，便取出存款或用民间借贷，以来炒股投资。

由于民间借贷体系不规范，缺乏一定的公证和法律保障。如果以借贷的资金买进股票，一旦发生纠纷，债权人的权益必然会受到侵害。投资者也会因此受到极大的重创，以致影响股市的投资，最后落个血本无归的下场。

靠借贷来的资金炒股赚到钱的概率很小，由于面临着债务催讨压力，很难令投资者冷静地做出投资策略。

由此，我们可以看出借钱炒股存在极大的危险。如果股价呈上涨趋势，借贷信用的扩张可以帮助投资者获得更多的财富。但是一旦股价下跌，投资者往往不能承受借贷的巨大压力而使自己的投资增加危险。

例如，张某用自己固有的资金 50 万元进行股票投资，如果股价连续两次出现下跌，损失的也不过是 25 万元。如果张某借贷 50 万元，购买 100 万元的股票，同样在暴跌两次后，投资者原有的 50 万元也就所剩无几了。

还有的投资者因借钱炒股导致家庭不和。比如，退休的老李领到一笔养老金。刚刚迈进股市的小儿子却对这笔钱打起了主意。老人认为儿子靠借钱炒股存在巨大的风险不肯将钱借给他，但是他却认为当父亲的小心眼，于是父子之间产生了隔阂。

因此，对于一般工薪阶层，最好不要轻易尝试借钱炒股。一旦股市出现"赚钱效应"，许多散户动用全部家庭积蓄，甚至利用杠杆效应借钱或抵押房产炒股。股市是一个高风险的市场，即使在牛市中也会出现较大幅度的震荡调整。在这种情况下，借钱炒股会令投资者的心态扭曲，从而影响其判断力。

"骗线"的陷阱

在证券市场中，投资股票的人日益增多，以往靠技术分析的老股民则通过自己的投资经验开班收徒，教人如何投资赚钱。

而新股民入市不深，经验不足，但对于神秘的股票投资颇感好奇。于是老股民便通过自己熟悉的技术指标及线图分析进行骗线。其实线图分析看似较为简单，实际不然。但是初入股市的新股民却对其看成是赚钱的法宝。于是"线仙"（看图投资股票的人）利用这一情况进行骗线。

骗线就是要故意制造出一些股票价格，并根据线形图的走势规律判断是否买入卖出。如果股价超过支撑点或是压力带，则说明将会出现新的高价或低价。一些新入股市的投资者自然不会放过做多头或空头的机会，以获取高额的利润。由于新股民经验不足，故而中计上当。

"线仙"骗线之所以成功的原因在于，过度地依靠技术分析图表。当图表显示令他们认为股价出现新的高价时大量买进，等待上涨。但是发出此种信号的老股民则在暗中出货；反之，当出现下跌趋势时，他们却在暗中吸货。总之，投资者要是能够识破他们的计谋，赚钱的机会会很大。

此外，还有冒充公司名义设立 POS 机，以刷卡消费为幌子从银行赚取资金。比如，天津曾经发生过这样的一起案件，犯罪嫌疑人盗用他人名义办理了多张信用卡，通过设在自己所谓公司的 POS 机刷卡套现，用于炒股，套现资金达数百万元。

因此，初入股市的新股民一定要谨慎、小心，以免上当受骗，防止自己的投资产生巨大损失。

散布假消息

在股票交易市场中经常会出现假消息，它们多以口头的小道消息、谣言方式进行传播。如果投资者不慎接触到这些虚假的消息，会对投资造成不良的影响。尤其是那些被发布在书刊、报纸上的虚假消息，更会对投资者的投资方向产生影响。

大多数中国人对报纸、书刊上的消息持有肯定的态度，认为不可能骗人。但是，中国的股票市场正处于不断成长当中，不规范的市场会伴随不规范的操作方法发生，虚假消息的出现也不例外。利用虚假消息制造行情从中获取利益是股票市场时常发生的事情。

散布假消息制造行情，既有上市公司也有主力大户，还有一些老股民。然而，对于这些假消息陷阱，绝大多数股民很难防范。要想规避假消息对股民的影响首先需要靠证券管理部门对消息的发布进行严格的检验，并给予制造假消息者重罚。其次要靠投资者时刻保持高度的警惕，进行自我约束，尽量少听那些没有证实的消息，并且经受住利益的诱惑。

其实，消息不断变化只能引起股票价格出现短暂波动，并不可能会改变它的整体运行趋势，最终决定股市行情的还是供求关系和宏观的经济背景。对那种依赖消息进行股市操作发财致富是不可能实现的，因为这其中蕴藏着极大的风险。在股票市场上，因虚假消息上当受骗的案例不在少数。

某县监察局的一名干部张某利用公款 50 万元买进了 A 公司的股票，为了使自己的股票赢取更多的利润，他制造一系列的假消息以迷惑投资者。比如，他利用某公司的名义向证券交易所发出信函，声明要收购 A 公司的股票。然后，又通过各种方式要求报刊发布这一消息。消息一经发出，其价格飞速增长，投资者也跟随相继买进。

通过散布虚假消息，张某获得极高的收益。但是，此事很快就被证监会察觉，并开始侦查确认，最后发现收购 A 公司股票的公司是虚构不存在的，消息一经证实，A 公司股价一路下跌，大批听从此消息的人损失惨重。

在股票市场上，通过散布谣言欺骗广大投资者以从中获取利益的事情时有发生，要想不被蒙骗，投资者就必须具有防范意识。首先不要轻信，除非是来自权威机构，比如《中国证券报》、《证券时报》等，即使是权威机构发布的消息也要经过仔细研究。其次可以采取一定的措施进行确认防范：

（1）立即通过电话、传真方式向上市公司求证消息是否真实。如果答复是否定的或者不明确的，最好停止买进或者卖出。

（2）向证券管理机构、证券交易所求证消息的真实性。

（3）对于无法确定的消息，要时刻保持高度的警惕。

总之，在股票交易市场中，最忌讳的便是消息不明，尤其是在情况判断失误的条件下进行操作。

空头陷阱

空头陷阱指市场主流资金大力做空，通过盘面可以显示走弱的状态，以使投资者误以为股价出现大幅下跌，并恐慌性抛出。

识别空头陷阱主要从消息面、宏观基本面、成交量、技术形态面和市场人气等方面进行分析研究。

1. 消息面

主力往往利用资金优势进行宣传，制造做空的假象。所以投资者遇到市场中利空常常发生时，一定要谨慎买卖。因为主力利用利空消息，方便快捷建仓。

2. 宏观基本面

投资者要从根本上了解大盘走强的政策因素和宏观基本面因素，分析是否有明确的利空消息，如果在股市政策的影响下没有实质性的做空因素，但股价却呈上涨趋势，此时极易形成空头陷阱，投资者一定要小心、谨慎。

3. 成交量

其主要的表现形态是随着股价持续性下跌，成交量始终处于不规则萎缩中。盘面有时会出现空跌或暴跌现象，个股成交也不活跃，给投资者制造出阴跌走势的假象。主力正是利用投资者悲观心理逢低建仓，从而形成空头陷阱。

4. 技术形态面

在 K 线技术形态上空头陷阱主要的特征表现是连续几根长阴线暴跌，贯穿各种强支撑位，并伴随向下跳空缺口，引发市场一连串的恐慌反应。在形态上，空头陷阱常常迫使技术形态出现破位，让投资者误认为后市下跌趋势较强，于是纷纷抛出手中的股票。此时，主力趁机建仓购进大量的廉价股。

5. 市场人气方面

由于股市长时间处于下跌状态，在市场中形成严重的套牢盘，此时人气出现低迷时期，这表明股市离底部已经只有几步之遥。在熊市过后，指数会出现大幅下跌，系统性风险较小，但是过度看重后市，会陷入新一轮的空头陷阱之中。

透支交易

透支交易称为信用交易，是指在客户资金账户中的资金不足以支付委托买进股票的价款，或者证券账户没有证券的情况下，由证券公司为其提供融资或融券的证券信用交易，然后收取高额利息的行为。

透支买卖证券可以以较少的资金投入获取较大的利润，但风险也较大，具有相当大的投机性。如果透支买卖活动过于频繁，将导致证券市场资金膨胀和秩序的混乱。

因此，我国证券法律、法规规定禁止信用交易，证券公司不得为客户透支。投资者与证券公司签订《透支协议》不受法律保护，属于违反法律的行为，为无效的民事行为，不具有法律效力。

由于我国的股票市场不规范，众多投机者利用证券商把自己资金卡上的少量资金进行放大，以进行买卖股票。这种行为造成巨大的资金透支，并成为股市上危险的黑洞，加大了投资风险，并会产生连串的恶性循环。

对证券商来说，透支做股票交易一旦失败只能是自食其果。对于大户，会出现负债累累的局面。由于透支交易是不正当行为，所以他们不敢公开进行，自然找不到合理的机构赔偿损失，于是把目标再次锁定股市，企图通过新一轮的交易以弥补上一次的损失。长此以往，投资者定会担负沉重的债务，以致对以后的工作和生活产生严重影响。

拉高出货和压低进货

拉高出货是指主力大户以大量的资金收购股票并故意散布对其有利的信息，引诱投资者跟进。当股票供不应求时，股价会出现大幅上升。但是当股价上升至最高点时，主力大户却在暗中分批出货，以造成股价突然回落，使得那些跟进到高价的人被套牢而出现亏损。

压低进货是指操纵者大量卖出股票并散布各种谣言，以使投资者产生恐慌心理，于是纷纷卖出手中股票，导致股价大幅下跌。此时主力大户却在暗中趁机买进。

此种反复进行买卖操作的行为适合短线投资者，其目的只是赚取投资的差价，所以在拉高出货后便会千方百计地压低进货。

不论是拉高出货还是压低进货，都是庄家大户利用人性的弱点进行攻击。前者是根据投资者盲目追高的心理，后者则是根据投资者抢反弹的心理。总之，庄家大户利用手中的大量资金进行反向操作，这使得众多的投资者频频出现亏损。

庄家大户为了拉高出货，还有另一种方法叫声东击西。即选少量的筹码并且是易涨的股票，运用压低再做高的技术，快速将其拉高，以造成买方占优势的假象。一般的投资者认为股市行情好，于是便纷纷买进。而此时的庄家大户却在暗中卖出其他股票。

在股票市场中，投资者往往会将相关的股票归为同一板块，而声东击西就是先炒高板块中的一只，继而带动同一板块的其他股票上涨，然后将两种股票发放到不同的高位，以完成新一轮的行情。

第二十七章　成功人士经典投资经验

巴菲特如何投资

一、股神巴菲特

巴菲特出生于美国内布拉斯加州奥马哈市，父亲是奥马哈市共和党议员，在一家证券公司工作。

巴菲特自小聪颖过人，有着惊人的投资才能。11 岁时，他以 38 美元的价格买入自己的第一只股票，在下跌到 27 美元时一直持有。随后股价出现反弹，以 40 美元的价格卖出，盈利 6 美元。

1947 年，巴菲特就读于宾夕法尼亚的沃顿商学院，他对大学枯燥乏味的理论功课深感厌烦。但是，无意间他参读了格雷厄姆《聪明的投资》一书，对于此本书他如痴如狂，并且也坚定了投资股票的信念，决定攻读格雷厄姆的 MBA。

师传格雷厄姆，巴菲特很快学到了他的投资精髓。并且格雷厄姆极为欣赏他的才华，授予他最高的评价 A+。1951 年，巴菲特在哥伦比亚大学毕业后，回到奥马哈。1953 年，巴菲特去纽约加入格雷厄姆所创造的公司——纽曼公司，并在恩师的教导下，巴菲特的投资技巧日益成熟。

1956 年，格雷厄姆的纽曼公司解散后，巴菲特离开纽约回到自己的家乡。当年 26 岁的巴菲特创立了合伙企业——巴菲特有限公司，投资 10.5 万美元，巴菲特自己也投入了 100 美元。

1956~1969 年，巴菲特的投资公司年平均收益率超过道琼斯指数 22 个百分点。巴菲特在投资的 13 年内，没有出现过亏损状况，但道琼斯工业指数下跌的次数为 5 次。

在 1969 年，美国的股市处于牛市的时候，巴菲特却认为是投机作用的催化，真正具有价值的投资所起的作用越来越小。于是巴菲特做出惊人的决定，解散合伙公司。随后，巴菲特将自己的 2500 万美元资产买入伯克希尔公司的股票，并取得了此公司的控制权，担任董事长兼首席执行官。

在巴菲特的大力经营下，伯克希尔的公司转亏为盈，并由一家不起眼的纺纱厂转变成庞大的投资金融集团，拥有各类企业约 50 家。其中最主要的产业是以保险为主的保险业。同时还持有沃尔玛和宝洁等许多大型企业的股票。股票的净值由当初的 19 美元变为 50498 美元，增长率为 22.2%，并且已成长为资产净值达 1350 亿美元的巨无霸。投资者如在 30 年前选择巴菲特的股票，此时定会拥有巨大的财富。

二、投资经验

在投资上，巴菲特主张用放长线钓大鱼的平常心应对股市。他认为在风险投资中有三种操作手法：

1. 短线操作

一般情况下，人们会以低于市场的价格从商家手中买进，然后以进价稍高的价格卖出，从中赚取少许的差价。

2. 长线操作

运用此种方法，投资市场便很少有人光顾，既看不到商家也看不到投资者。更多的时候，投资者被深度套牢，他们害怕市场崩盘无法继续下去，此时的长线投资者可以考虑逐步吸筹建仓，将资金归集，并把投入的资金收网集中，以做好重磅出击的准备。

巴菲特在看好一家公司的发展潜力后，利用放长线钓大鱼的操作手法，其投资最短的时间为 3 年，最长的为 5 年。

他在投资中石油的时候，以 1.6 港元的价格买进，在上涨了 5% 的时候大肆宣扬，结果导致一些中小散户蜂拥而至，造成中石油的股价连创新高，最后以 3.225 港元收盘，这给他带来了 38.6 亿港元的利润。

他认为，对于普通的投资者来说，长期持有要比短线进出获利更高，其安全系数也更高，但投资也要依具体情况而定。

一般来说，对于大量资金的交易者都会选择长线操作，其原因主要包括：

1）不像短线操作者一样整天为看盘而奔波。

2）认为自己是大户，就应该像股神大师一样放长线钓大鱼。

3）如长线操作的趋势正确，可取得丰厚的利润。

但是长线操作也具有一定的缺陷：汇价来回地波动会使投资者对之前分析的趋势方向有所动摇，时间越长越无法把握。

3. 集中投资

巴菲特投资会把注意力集中到几家公司上，其合理的数目在 10~15 家。如果组合投资得过多，会分身不暇，弄巧成拙。他认为要选杰出的公司，把主要精力都用在分析它们的经营状况和管理素质上，然后选长期表现良好的公司，进行集中投资。

对于分散投资，他说："分散投资是无知者的自我保护法，对于那些明白自己在干什么的人来说，分散投资是没有意义的。"这对散户投资具有很大的借鉴意义。散户投资，一般都是这买一点，那买一点，结果导致自己自顾不暇，当个股出现问题时，他们认为亏点无所谓反正别的股票会赚回来，结果赔钱的不总结教训，赚钱的又没顾上。

如果认真选股，选取一只好的股票，便于注意力集中，操作起来也很容易，赚钱的概率也会大很多。

巴菲特选择集中投资的原因在于：

（1）股市在底部运行，进行集中投资，其投资的价值大，风险小。

（2）股市反复筑底，大盘没有完全探明底部，并且以震荡行情为主，此时集中投资适宜反复炒作，但是一定要持有大量的股票。

三、获利秘诀

巴菲特的获利秘诀大致可以概括为 12 项投资准则、8 项选股标准以及两种投资方式。

1. 12 项投资准则

（1）利用市场的愚蠢，进行有规律的投资。

（2）买价决定报酬率的高低，即使是长线投资也是如此。

（3）利润的复合增长与交易费用和税负的避免使投资人受益无穷。

（4）不在意一家公司来年可赚多少，仅在意未来 5~10 年能赚多少。

（5）只投资未来收益确定性高的企业。

（6）通货膨胀是投资者的最大敌人。

（7）价值型与成长型的投资理念是相通的；价值是一项投资未来现金流

量的折现值；而成长只是用来决定价值的预测过程。

（8）投资人财务上的成功与他对投资企业的了解程度成正比。

（9）"安全边际"从两个方面协助你的投资：首先是缓冲可能的价格风险；其次是可获得相对高的权益报酬率。

（10）拥有一只股票，期待它下个星期就上涨，是十分愚蠢的。

（11）就算美联储主席偷偷告诉我未来两年的货币政策，我也不会改变我的任何一个作为。

（12）不理会股市的涨跌，不担心经济形势的变化，不相信任何预测，不接受任何内幕消息，只注意两点：一是买什么股票，二是买入价格。

2. 8项选股标准

（1）必须是消费垄断企业。

（2）产品简单、易了解、前景看好。

（3）有稳定的经营史。

（4）经营者理性、忠诚，始终以股东利益为先。

（5）财务稳健。

（6）经营效率高、收益好。

（7）资本支出少、自由现金流量充裕。

（8）价格合理。

3. 两种投资方式

（1）卡片打洞、终生持股，每年检查一次以下数字：

1）初始的权益报酬率。

2）营运毛利。

3）负债水准。

4）资本支出。

5）现金流量。

（2）当市场过于高估持有股票的价格时，也可考虑进行短期套利。

四、投资必须要避免的两种错误

（1）不要试图战胜市场，也不要认为今天所看到的东西就会影响其投资的策略。

（2）不要企图认为自己的选股本领比别人强，要尽量避免一次性买入。

巴菲特曾说："投资者应当在别人贪婪时自己谨慎，别人谨慎时自己贪婪。如果你在别人贪婪时更贪婪，在别人谨慎时更谨慎，那么最好不要做任何投资。"

彼得·林奇如何投资

一、投资经历

1944 年，彼得·林奇出生于美国波士顿。其父亲是波士顿学院的数学教授，后来成为汉考克公司最年轻的财务审计师。父亲在林奇 10 岁时，因脑癌去世。因为家庭的变故，使得年幼的林奇不得不做零工，以维持生计。于是在 1955 年，林奇被一家高尔夫球场受雇当童工。

在高尔夫球场，林奇经常听到许多关于股票的消息。当俱乐部的球员打完球时，他们都会谈论自己在投资中所赚取的利润。因此，林奇从中学到不少有关投资方面的知识。这在林奇以后回忆中留下了深刻的印象。他说："如果你想接受有关股票方面的知识，高尔夫球场可以使你通晓有关股票市场交易知识，这是除交易所之外的最佳场合。"

1962 年林奇进入波士顿学院学习，专门研究与股票投资相关的书籍。除了必修课外，他选修了心理学、政治学、历史等，并且还学习了大量的玄学、认识论、逻辑学、宗教等学科。

彼得·林奇认为，股票投资需要修好从商所学的课程。就进军股市来说，哲学、历史学要比统计学更有用处。他说："股票投资是一门艺术，并不是一门科学。对于那些呆板教条分析者，处处都会遇到不利因素。运用数学分析方法确定所选的股票就好比是电脑算命，并不真实可靠。"

在进入商学院学习的第二年，林奇以 7 美元买入了生平第一只股票——飞虎航空公司的股票。由于看过一篇关于空运前途广阔的文章，并且飞虎航空公司就是一家空运公司，于是他便毫不犹豫地买下此公司的股票。在不到两年的时间里，飞虎的股价由 7 美元涨到 32.75 美元。

林奇利用假期时间，到富达公司工作，获得了理论与实践结合运用的机会。1968 年，林奇取得 MBA 学位。1969 年进入富达管理研究公司成为研究员，1974 年升至富达公司的研究主管。1977 年成为麦哲伦基金的基金经理人，这也是他作为传奇基金经理人的开始。

　　1977~1990年彼得·林奇担任麦哲伦基金经理人职务的13年间，基金的管理资产由2000万美元增至140亿美元，基金投资人超过100万人，成为富达的旗舰基金，并且是当时全球资产管理金额最大的基金，其投资绩效也名列第一。13年间的年平均复利报酬率达29%，创造了股票市场的一个神话。

　　当他成为富达公司的副主席，还是富达基金托管人董事会成员之一时，事业正处于巅峰的时候，林奇产生了退出股市的想法。他说："如果你像我一样幸运，赚取很多钱，但是赚到一定程度时就要面临做出选择，是做财富的奴隶还是让财富为自己服务？"于是在管理麦哲伦基金的13周年时，他宣布退出。

　　彼得·林奇作为富达麦哲伦基金的基金经理人，曾被美国《时代》周刊誉为"第一理财家"，被美国基金公司评选为"历史上最伟大的基金经理"。并且还著有《战胜华尔街》、《彼得·林奇的成功投资》等投资畅销书。

二、投资经验

　　彼得·林奇作为成功的基金经理人，买卖过数千只股票，积累了丰富的投资经验，被股市称为"股票天使"。其投资经验具体地概括为以下几个方面：

　　1. 不同公司，不同的选股策略

　　林奇选择股票的方法便是将股票分为不同的种类，然后根据其特征进行选择。

　　林奇根据股票发行公司所属的行业运营的规模以及收益可将上市公司分为低增长型、稳定型、快速增长型、周期型、困境转型型、资产运营型六大类。

　　（1）低增长型。低增长型的公司，其成立时间早，发展规模大，并会定期派发较高的红利。此类公司并不是一开始增长的速度慢，而是与行业的发展具有很大关系。当一个行业的发展变淡，属于该行业的公司也会随之失去发展的动力，发展速度会越来越慢。

　　林奇认为，当公司的增长不再迅速，其股票的价格也会有较大的增长。于是在他的投资组合中，此种类型公司的股票较少。

　　（2）稳定型。稳定型公司的规模与低增长型的相比还要巨大，其增长的速度较快，年度收益增长率在10%~19%。比如宝洁、可口可乐等都属于稳定型公司。

　　在林奇的投资组合中，会留有大量的稳定型公司的股票，并在获得30%~

50%的利润之后才会卖掉手中的股票。在经济衰退或是行业不景气时，此类公司价格的相对稳定性会给资产的组合提供较好的保护。

（3）快速增长型。林奇对此类公司很是看好。他认为此类公司的规模较小、发展具有活力，年增长率在 20%~25%，并且蕴藏着大量涨幅的空间。

快速增长型的公司并非属于快速增长的行业，它只需要一个发展的空间足矣。被称为零售行业之首的沃尔玛公司就是快速增长型。虽然此种类型的公司能够带来较大的利润，但是也存在着巨大的风险。林奇认为公司的增长率一旦超过 25%，投资者就要提高警惕，因为过高的增长持续的时间不会长久。

林奇对增长率超过 50%的热门行业并不看好，因为属于此行业股票的价格会被高估。一般情况下，林奇所找的快速增长型的公司是资产与负债处于正常状态并且又有巨额利润的公司。

（4）周期型。周期型的公司一般属于周期型的行业，其发展的速度总是不断地在扩张与轮回中徘徊。因此，周期型的公司的收入及利润会定期地上涨或下跌。如汽车制造业、航空公司、轮胎公司等。

此类型公司的股票被谨慎的投资者认为是安全的，被粗心的投资者认为是危险的，因此，它极易被误解。

其投资的关键在于你对此公司的发展周期有没有足够的了解，也就是要及时掌握公司发展或是衰退的迹象。当市场的盈率较高时，也许就是买进的时机；当盈率较低时，也许股价已经达到最高点。

（5）困境转型型。此类公司在发展的过程中，由于受到重大打击或是面临破产的境况。如果转型成功，便很快会弥补它的损失。投资此类型公司股票的好处在于它受整个市场的影响最小。

（6）资产运营型。此类公司的资产具有隐蔽性，也许资产价值被你所察觉，但会被众多专家所忽视。林奇认为金属业、石油业、报业等都隐藏着较大的资产。

事实证明，一家公司的增长率不可能长期保持不变，公司的类型也会随着增长类型的改变而变化。如果你不能判断自己所拥有的股票属于哪一种类型，不妨问问证券商然后根据实际情况，确定自己投资的种类。将股票进行分类是投资的第一步。

2. 彼得·林奇选股准则及方法

（1）机构没有持股，分析师不追踪。

（2）公司从母公司分拆出来。

（3）公司处于一个零增长行业中。

（4）公司有一个利基。

（5）人们要不断购买公司的产品。

（6）直接受惠高技术客户。

（7）公司内部人士在买入自家公司的股票。

（8）公司在回购股票。

彼得·林奇不相信股票原理，也不相信股市专家，而更愿在现实生活中寻找投资的线索。他认为，对于业余的股票投资者，可以通过生活常识，仔细观察生活中的各种产品，选择那些自己非常了解的产品的股票，这是成功投资最有利的出发点。

而彼得·林奇正是在日常的生活中留心观察，在最普通常见的产品、服务中发现了一个又一个涨幅巨大的股票。比如，朋友开的沃尔沃车，使他买入了沃尔沃公司的股票；孩子对苹果电脑的喜爱，令他买入苹果电脑公司的股票；等等。他的成功经验告诉我们在日常生活中发现的上市公司要比投资专家的建议更加可靠。

彼得·林奇对于选择股票的时间相当看重，他每周工作六天，每天要花费大量的时间收集资料并奔赴各地与基金经理进行交谈。

3. 买股票的最佳时机

（1）在特定的年底。股价下挫最严重的时期总是出现在一年中的 10~12 月份。如果你已经列出了一系列公司，并且决定只要其股价下跌，你便对其进行投资，那么年末可能就是期待已久的时机。

（2）每隔几年市场便会出现的崩盘、回落、微跌、直落时期。这个时期，股民对股市充满了惊慌，这个时期如果你能在其他人静观股票的变化时，有足够的勇气在内心喊着"卖出"时仍镇静地买入，你将抓住你曾认为不会再出现的良机。

索罗斯如何投资

一、生平经历

1930 年索罗斯出生于匈牙利的布达佩斯。在他 14 岁时，匈牙利被德国军队占领，1946年，又被苏联控制。他1947年移居英国，为了维持生活做过铁路工人和餐厅服务员。他于1952年获得伦敦经济学院学位，并在一家投资银行获得了他的第一份工作。

1956年，索罗斯移居美国，直到1963年他一直作为贸易商和分析师。在此期间，索罗斯利用波普尔的思想，发展了自己的有关"反思理论"一整套想法，旨在解释思想和现实之间的关系，这是他用来预测金融泡沫出现的理论根据。

索罗斯把他的理论应用于投资方面，并得出结论认为，其在交易方面的天赋远比哲学理论方面高。1967年，他建立一个境外投资基金，1973年，成立了私人投资公司，最终演变成了早期对冲基金之一的量子基金，通过量子基金他积累了大量财富。

1981年6月，索罗斯以"全球最杰出的基金经理人"成为《机构投资者》杂志封面人物。1984年，在家乡布达佩斯成立"索罗斯慈善基金会"。1987年，在苏联成立同名慈善基金会。截至1990年，"索罗斯基金组织"在26个国家设立了89个机构，并著有《金融炼金术》一书。

1992年9月，索罗斯依靠英镑危机，在短短一个月内赚取了15亿美元创下投资纪录。1993年，索罗斯以11亿美元的年收入成为美国历史上年收入超10亿美元的第一人。1993年以"一个能改变市场的人物"成为美国《商业周刊》封面人物。1994年6月，被《华尔街日报》称为"全球金融界的坏孩子"。

二、投资理论

1. 盛衰理论

索罗斯认为，进行股票交易本身就是一个自我推进的过程。当投资者看好某家公司时，便买入股票，使其价格上涨。公司可以通过出售股票，增加借贷等获得更高的利润以满足投资者投资的目的。

与此同时，当市场达到饱和状态时，使行业的盈利能力降低。一些盲目跟风的投资者不断推动股价持续上涨，导致股票的价值被高估，直到价格出现下跌。索罗斯把自我推进与自我挫败看成是相互的作用，而正是因为这种相互作用导致市场盛衰过程的出现。

据此，索罗斯将其总结为盛衰理论，发生的原因在于投资的不稳定性。但他认为盛衰现象的出现给市场的发展提供了机遇。因为它使市场处于流动和不确定状态，其股票投资就是在不稳定状态上压注，以找到超出预期的发展趋势。在超越预期的事态上下注，在"盛衰"是否开始时下注。

2. 反射理论

反射理论是投资者与市场之间互动所产生的影响，其主要的依据是投资者持偏见的态度入场。当偏见只存在于小部分人时，其造成的影响不大。但是不同的偏见在互动中产生的影响不同，影响巨大的将会引领观念成为主导地位。

其具体的做法是，在不断变化的市场中投入大量的资金以引诱投资者热情买进，从而带动市场价格上涨。当市场行情转衰时，带头抛出做空。因为股价已到达顶峰，已出现的任何举动都会引起恐慌性的卖出继而又加剧了下跌的幅度。投资者只能在涨跌的转点处赚取差价。

三、炒股技巧

投资者要想在股市中获利，首要的就是选择一只正确的股票。选股的方法众多，但是能够赚到钱的就是好的方法。索罗斯认为，在不同的大势环境下，要用不同的选股思路。其主要包括两个方面：

1. 顺势选股

顺势而为的选股思路就是选择与大势同步的个股，此方法主要适用于牛市中。由于在牛市环境下，投资者一般都是持股待涨。因此，选择与大盘走势同步的个股，操作性安全，也是投资者在牛市中获取利润的较好方式。

2. 逆势而动

此种选股的方法主要是在熊市中进行。由于在熊市环境下，市场的总体趋势呈下跌状态，此时投资者投资的目的就是防范风险，确保资产值。为了实现投资的目标，投资者选股时就要选择与大势相背离的品种。只有相关性系数较小的个股，才能有效地规避市场风险。与此同时，投资者还要依靠生存的本能去判断股市潜在的风险加以制止，并且还要时刻准备修正自己所犯的错误，以应对新的变化。

罗杰斯的炒股访谈

1942 年出生在亚拉巴马州一个偏僻的乡村的吉姆·罗杰斯是当代著名的

金融学家。这位有着贫苦童年的经济强者拥有独自行走世界的勇气，而且这种勇气不同于单纯的异地旅游，而是可以在世界任何一个地方凸显出异于常人的金融才能，并且用这种才能影响世界。

罗杰斯与索罗斯合伙创办的量子基金在 10 年的时间里盈利 4000%，罗杰斯也因此闻名世界。他在金融研究领域有着独特的观点，也有着卓越的建树，当代股神巴菲特自称师从罗杰斯，并受益匪浅。

在此，我们要感谢沃森道夫采访并编著了《罗杰斯访谈录》，我们才有机会分享到这位当代金融强人对金融、投资、股票以及世界经济发展的独特观点。

沃森道夫：今天的市场和过去没有什么两样，仍然充满了许多不确定性。您在市场中获得了很大的成功，特别是您对外汇及其他市场的看法，相信会使读者受益匪浅。另外值得一提的是，我读过您的许多文章，我赞成您对"美联储头子"格林斯潘和税收的观点，所以我想和您探讨一下这些问题。但是对于初学者来说，您认为投资者首先应该注意什么？因为您是全球成功的投资者，而且对影响投资的一些问题有着独到的见解。

罗杰斯：这个问题非常简单。如果对自己的行为茫然无知，绝不要草率投资。与其每年在金融市场亏损 2%、3%，甚至是 22%，还不如把钱存在银行，这样至少每年可以收益 2%或者 3%。如果你不知道自己在做什么，肯定会亏钱。历史上这样的事例屡见不鲜。比如 1999 年，许多人赚了大钱，但是他们并不知道为什么会赚到钱，直到亏掉钱的时候才明白。人们热衷于打探热门消息，他们希望让你告诉他们该买进什么，一个星期就可以翻倍。遇到这种情况，我总是讲"别，别"。如果不知道自己在做什么，千万不要投资。不要依靠我，不要依靠任何人——特别是那些在电视或是其他新闻媒体上看到或听到的人；否则，你会倒霉。

沃森道夫：您认为投资共同基金，或者类似的由职业经理人管理的机构是否更理想一些？

罗杰斯：在我看来，职业管理机构并不比私人投资更好，不过多数人总是将资金投入到共同基金中。如果你想度假，你首先应该仔细思量去哪里，怎样才能最合算，你将准备看什么，诸如此类。但是投资者不管三七二十一，坐下来大笔一挥，一张支票就签给波士顿或者旧金山或者随便什么地方的职业管理机构，对谁来管理这批资金，资金会怎样运作根本一无所知。如果今晚我来敲你的门说："我是吉姆·罗杰斯，拿来 100000 美元，我来代你理财。"你肯定会叫警察。但事实上投资者委托职业管理机构的结果是一样的，他们将 100000 美元打到波士顿，他们不知道谁在管理这些钱，对方会如何处理这些钱，对方背景怎样，他的素质如何……这些问题他们一概置之不理。所以说，把资金盲目投入到共同基金太不理智了。如果你了解投资经理，做了不少研究工作，且熟谙投资之道，那就另当别论。否则，对你一无所知或者知之甚少的事情，还是谨慎为上。

沃森道夫：所以说，不管你投资什么，研究至关重要。人们很不情愿沉下心来做研究，他们很疏懒，尤其是经过美国历史上最漫长的大牛市之后，他们总认为财运当头，无须做任何研究工作。不幸的是，牛市不是永无止境的，不能总是希望春天长驻，市场不再下跌。

罗杰斯：就是他们，为了度假能节约几百美元，花数小时苦心研究星期六还是星期二的航班更便宜。然后他们把节约下来的生活费送到一些陌生的投资经理那里，或者买入一只他们一无所知的股票。

沃森道夫：我知道，您是从亚拉巴马州一个小镇上走出来的，您是如何对华尔街产生了兴趣，然后在纽约定居的？

罗杰斯：那个小镇叫德莫利斯，在亚拉巴马州，是一个非常落后的地方。我大学毕业后，攻读研究生学院，参军入伍，最后进入华尔街。那年夏天，我在华尔街找到一份工作，我深深地爱上了它，我对世界的动态充满兴趣。这份工作如此有趣，简直令人难以置信，让我白干都乐意。从此以后，我一直在全球各地搞投资，债券、外汇和商品期货，无一不涉。对我来说，好像还没有什么不能投资的。但是现在还有许多人只守着股票市场，而且他们在投资股票时，也只盯一个板块。

沃森道夫：所以，投资者普遍视野狭窄，他们关注的对象和投资品种非常单调。

罗杰斯：是的。我感觉，知识浅薄的人很难成为出色的投资者。如果你不了解智利的情况，你当然很难明白铜市场是怎么回事；如果你不了解铜，你就难以了解电力和公用事业，或者其他 16 个行业，它们都是一脉相承的。我对万事万物总是充满激情，事事关心。

沃森道夫：我们来谈谈您对美国的看法，您认为美国经济在走下坡路。您撰写过许多文章，其中一部分详细论述了美国经济的下滑及我们的处境：外债沉重——成为一个债务国，贸易逆差和其他一些经济问题，这些问题极有可能将我们推入低谷。

罗杰斯：这些是事实呀。我是美国人，自然热爱自己的祖国，但我不能否认或者歪曲事实。目前，我们是世界上最大的债务国，总额超过 7 兆亿美元，净债务高达 2.5 兆亿美元，这些都是事实。我认为，净债务超过 2.5 兆亿美元是一场灾难，对我来说就是国力下降，这个数字并不表明"上升"。美国债务越来越大，贸易逆差每年超过 5 亿美元，这是事实，不是分析判断。我说美国走下坡路，绝不是什么审慎的分析判断。

沃森道夫：我们的国家已由生产型转向了服务型，历史的早期阶段并非这样。

罗杰斯：我们以 1960 年来说，你可以看到在世界上多数制造业中，美国举足轻重，不管是轮胎还是电视机，或者其他什么产品，美国都是独占鳌头，产品领导着世界潮流。而现在，我们具有优势的领域可能只有 5 个。我甚至不敢说波音仍然在世界上处于主导地位，因为它有竞争对手空中客车。如果要找出几个仍然在世界上悍然不动的行业，或者说具有强大实力的行业，实在是很有限。所以，事实告诉我们，美国在走下坡路。我们深陷债务之中，美元大幅贬值，我并不愿意看到这些情况发生。不过，我们只能投资现实，否则就会遭殃。

沃森道夫：谈到货币贬值问题，您一直对格林斯潘持批评态度。1987 年 8 月他上任以后，10 月份股票市场就出现了有史以来最为惨重的下跌。我多次引用您在一篇文章中讲过的一句话，称格林斯潘的货币政策为"皇帝的新装"，他就像一个铁匠，挥着铁锤在破坏经济，而不是调整经济。

罗杰斯：格林斯潘在任的历史就是不断犯错的过程。1974 年，他被委任为经济顾问委员会主席，于是通货膨胀开始，他召开会议，旨在处理通货膨胀问题。他让人在小饰扣上印有"WIN"，意即"着手解决通货膨胀"，这是他的招数。当然，此后通货膨胀就一发不可收拾。他开的私营公司总是不得法，客户寥寥无几，因为他对市场的判断总是错误百出，令人失望。那时他经营一家投资咨询公司，先是阅读《华尔街日报》，然后步入会议室，告诉人们市场如此这般，他的讲话简直就是《华尔街日报》的翻版。1987 年他在政府机关找到一份工作，你还记得 1987 年 10 月吧，他一如既往地对经济发表评论，口口声声称什么"贸易平衡得以控制，美国经济将会走好，我们正在有序调控经济的发展"。但是三天后，贸易平衡数据出炉，美国居然出现了世界上最严重的贸易逆差！随后股票崩溃，市场陡转直下，詹姆斯·贝克走出来讲了一些蠢话（攻击德国和其他债权人），引起全球市场恐慌。正是贝克和格林斯潘引发了市场的暴跌。我本来可以继续我的长期资本运作，然而他说是泡沫，他停掉了长期资本，停掉了高盛公司，他认为是它们引起了泡沫。

沃森道夫：如今，还有其他一些泡沫也要崩溃。

罗杰斯：他正在引发房地产和消费泡沫，结果不堪设想。1999 年，有些股票疯狂上涨，他还在不停地增发钞票，伤害他的朋友们。因为新千年来临的因素，庄股气冲斗牛，人人都在说，这个人是天才。其实，如果仔细阅读一下格林斯潘的讲演稿，你就会发现他引用的是《华尔街日报》的分析报告。他就像是前所罗门公司的杰克·格鲁门一样，评述市场如何如何。他在聆听了诸如摩根士丹分析师玛丽·米科、前美林公司的亨利·布鲁特以及高盛公司的杰西弗·科恩的分析报告之后，滔滔不绝地讲起新生产力。但是我们现在都知道，那些数字是错误的，数字都是编造的，他仍然坐在那里滔滔不绝，俨然是一位专家。如果人们问："格林斯潘先生，您怎么来处理问题？"他会给你讲一大堆模棱两可的话。股票上涨，他设法维持牛市，然而下跌总是难免，因为这也是行业健康发展所必需的。

沃森道夫：我们再来谈些别的话题。从您的文章中了解到，您认为 21世纪是中国的世纪。您能否就此谈谈自己的看法？

罗杰斯：19 世纪是英国的天下，20 世纪当然是美国的，21 世纪属于中国。不管我们有没有这样的认识，也不管我们愿不愿意，这是事实，许多人还没有意识到这一点。中国是世界上最善于发展经济的国家，他们将自己收入的35%用于存储和投资，他们现在所具备的开拓创业精神，在其历史的某些阶段很少见。如果你去中国，就会亲眼目睹这种变化。每次我到中国，总是被他们感染着。我能够提供最好的投资建议，就是一定要让你的子孙后代学习汉语，因为汉语将成为 21 世纪重要的语言。中国有 13 亿人口，人人都在拼搏，瞧瞧你家里的设置，你家里有什么，他们就会有什么，你的办公室、家里和生活中的一切，中国都会有的。现在中国的领导人非常乐意接受新思想，采取新措施，为国家的经济发展服务。

沃森道夫：您说过，只有更广泛地接触世界，才能成为更好的投资者。

罗杰斯：是的。如果你想成为一名投资者，你就应该了解世界。如果你不了解中国的情况，那么你对许多投资市场就比较盲目。例如，中国已经成为世界上最大的消费市场之一，许多情况随之而变。如果你只是投资那些你中意或者是想要的市场，可能就要出问题。我们应该面向世界，顺应潮流。

闭关锁国是没有什么任何好处的。

沃森道夫：能否举几个例子？

罗杰斯：1957 年，加纳是英帝国最富的国家，然后他们就采取闭关锁国政策。7 年后，他们的经济崩溃了。阿尔巴尼亚和埃塞俄比亚也这样做了，埃塞俄比亚封闭了 200 年，中国也一样。15 世纪，中国还派遣船只到世界各地周游，后来皇帝下令毁掉了所有的船只，所有的记录，将国门紧紧地关起。自此之后，中国陷入了严重的衰退。所以说，如果你想把你的公司、国家或者家庭与外界隔绝，我并不反对，但是历史一再证明，这是衰亡之道。

沃森道夫：您在《环球投资家》一书中讲道，您认为美国搞政治的不太精通经济学，两党的许多政客为迎合选举而采取各种经济政策，利用我们支付的税款，拉选票。我认为，在我们解决眼下困难的时候，这是最大的问题。

罗杰斯：他们确实不是从长远考虑，努力做一些有意义的事情。显然我们选举了一些对经济学知之甚少的政客当权，这样的事例在全球范围内比比皆是。如果你环顾世界各国，在过去 40 年里，多数国家的领导人对经济学了解不多，当然也有在行的，有些亚洲国家做得非常好，德国、瑞士曾经就很出色。

沃森道夫：所以说，政治和世界经济是独立的两个世界。

罗杰斯：问题在于，在我们这个国家，你崇敬的人未必参与政治。近期一项调查显示，最成功的政治家有这样一个特征，他们在中学期间喜欢打打闹闹，学无所长，比尔·克林顿从未找到过一份工作；乔治·布什不止犯过一两次错误，但他绝对是一位出色的啦啦队队长。

从《罗杰斯访谈录》中摘取的这段访谈记录极为经典，甚至影响了很多当代强者的金融思想。当今很多股民对罗杰斯的崇拜程度并不亚于巴菲特。当我们对这位金融强者进行深度的研究，并对其思想进行全方位的思考之后，可以从中找到太多经典的投资炒股理论，这也正是很多新股民欠缺的关键因素。

华尔街炒股经验

自股票诞生至今已经过了几个世纪，在这几百年的磨炼中无数成功的先辈留下了宝贵的经验。作为中国新一代的股民，先辈们写下的经典家训成为了我们初学者必须遵守的炒股原则。

从客观角度出发，无论股市大盘如何变化，其自身都没有任何错误，我们也无须怨天尤人。因为往往是自己的错误想法才导致了结局的不甘。

世界著名的"美国的金融中心"——华尔街，至今仍是无数股民向往的圣地。因为股票投资一直是华尔街内传统的行业，很多新生股民都渴望到华尔街学习炒股的经验。然而事实上华尔街股民自身对华尔街炒股经验并没有太高深的评价，很多华尔街股民是这样评价华尔街炒股行业的：

对于华尔街炒股行业而言，很早以前就没有新东西了，甚至现在炒股行业已经不是最流行的行业了。早在一百多年前，炒股行业还算盛行。火车股、钢铁股、电子股等股票非常火，只不过多年来华尔街炒股行业的变动始终未能出现新的模式。今天股市发生的一切在很久以前就已经发生过，而且在未来也还会发生，所以对于华尔街的股民而言，炒股只是一种凭借经验获利的方式。

其实，对于炒股这一行业而言，本身就是新人换旧人的不断循环，有些新人在先辈的经验中做了旧人，而有些新人未能吸取前辈的经验早早便彻底脱离了这一行业。作为中国的新股民，我们学习炒股技巧更要了解前辈们总结而得到的炒股经验，现在我们分享一下有着多年专职炒股经验的陈江挺先生，他在华尔街以炒股为生的一些经历。

陈江挺先生所著的《炒股的智慧》中总结了华尔街炒股十二"家训"，让我们从华尔街先辈的宝贵经验中学会了如何快速成长。

华尔街炒股家训一：止损！

"止损"两个字非常重要，可以被视作炒股这一行业的最高准则。在华尔街炒股家训中，对"止损"的强调十分有力："你如果觉得自己实在没法以比进价更低的价钱卖出手中的股票，那就赶快退出这行吧！你在这行没有任何生存的机会。最后割一次肉，痛一次，你还能剩几块钱替儿子买奶粉。"

由此可见如果我们未能懂得如何"止损"，千万不要称自己是一名合格的股民。

华尔街炒股家训二：风险分散。

很多人说炒股如同赌博，但是股民绝对不能成为赌徒。很多股民，尤其是一些新股民在稍稍尝到炒股的甜头后，便开始肆意妄为，每每大手笔买进，希望发财梦想早日实现，但事实上，这种赌博的行为十分危险，即便有人可以成功十次，但是最后一次失败仍然会倾家荡产。

所以华尔街炒股家训中就明确提出了："你只能承担计算过的风险，不要把所有鸡蛋放在一个篮子里。手头的资本分成 5~10 份，在你认为至少有 1：3 的风险报酬比率时把其中的一份入市，同时牢记止损的最高生存原则，长期下来，不赚钱都难。很多新手的错误正是太急着赚钱，每次都要豪赌，恨不得明天就成为亿万富翁。"

如果我们记住了这一家训，那么我们便能明白什么是炒股的风险。

华尔街炒股家训三：不要同时买入太多股票。

华尔街炒股家训里，这一条警言对于新股民而言十分重要，尤其是对于一些学习过风险均摊技巧的新股民。虽然我们一直在强调为了降低风险应该多买几只股票，但是数量也应该有一定限度。华尔街炒股家训是这样形容这一观点的："问问自己能记住几个电话号码？普通人是 110 个，你呢？手头股票太多时，产生的结果就是注意力分散，失去对单独股票的感觉。我们一直强调，你必须随时具备股票运动是否正常的感觉，在此基础上才有可能控制进出场的时机。买一大堆类别不同的股票，恨不得挂牌的股票每只都买一些，是新手的典型错误，注意力将因此分散。将注意力集中在 3~5 只最有潜力的股票上，随着经验的增加，逐渐将留意的股票增加到 10~15 只。我自己的极限是 20 只股票。读者可以试试自己的极限何在？但在任何情况下，都不要超出自己的极限。"

华尔街炒股家训四：出手莫迟疑，有疑问的莫出手！

《炒股的智慧》中对这条家训的突出性很强，因为对于新股民而言，这一点的确是很多人无法做到的。很多情况下，我们明明知道自己存有很多疑问，但被利益所驱依然决定购买股票。

正如陈江挺先生所说："很多时候，你根本就对股票的走势失去感觉，你不知它要往上爬还是朝下跌，你也搞不清它处在升势还是跌势。此时，你的最佳选择就是离场！离场不是说不炒股了，而是别碰这只股票。如果手头有这只股票，卖掉！手头没有，别买！我们已经明了久赌能赢的技巧在于每次下注，你的获胜概率必须超过 50%，只要你手头还拥有没有感觉的股票，表示你还未将赌注从赌台撤回来。当你不知这只股票走势的时候，你的赢面只剩下 50%。专业赌徒绝不会在这时把赌注留在台面上。别让'专业赌徒'四字吓坏你，每个生意人其实都是专业赌徒。你在学习成为炒股专家，对自己的要求要高一些。这时出现另一问题，炒过股的朋友都会有这样的感觉：当我拥有某只股票的时候，我对它的感觉特别敏锐，股市每天算账，它让我打起十二分的精神，如果手中没拥有这只股票，我对它的注意力就不集中了。我自己有同样的问题，我的处理方式就是只留下一点股票，如 100 股。如果亏了，我就将它当成买药的钱，权当我买了贴让注意力集中的药。"

无论是新股民还是老行家，如果我们对当前看好的股票没有足够的认知，那么请不要下手，因为风险总会隐藏在我们看不到的地方，即便我们预知这只股票有风险，但是却无法得知风险究竟在何处，那么请及时收手，因为莫名的风险才是最大的风险。

华尔街炒股家训五：忘掉自己的入场价。

无论是新股民还是老行家，让我们忘记自己的炒股成本的确是一件不容易的事情。但正是因为这一原因，很多股民都经历了太多惨痛的失败。

举一个最简单的例子：有些股民花大价钱得到了自己看中的股票，然而刚刚到手第二天便发现大盘发生了变化。这时我们内心已经意识到手中的股票会亏损。那么最正确的选择是什么？当然是及时抛售。

可是，很多股民都把梦想寄托与无法预知的未来。因为这些人过分在意自己得到这只股票的成本。于是，即便明知股票握在手中会赔钱，却依然期待奇迹的出现，最终血本无归。

华尔街炒股家训中就明确提出了这一点，炒股就请在正确的时间做正确的事，如果太过在意炒股成本，那么则需要经历更大的风险。

华尔街炒股家训六：请不要频繁交易。

陈江挺先生曾讲述了他作为新股民时的一段炒股经历。当时陈江挺先生每天的工作就是频繁交易自己的股票。为什么？因为我们是股民，这是我们的工作。但是结果呢？巨额的亏损随之而来。

炒股盈利是需要寻找机遇的，如果我们明明没有看到机会，却为了炒股进行硬性的交易，那么我们怎么可能不亏损。既然我们了解了炒股应该在该出手时及时出手，那么也就应该明白，不该出手时一定要忍住，千万不能出手。

华尔街炒股家训七：不要向下摊平。

作为新股民，很多人心中都抱有或多或少的侥幸心理。这些侥幸心理并不是单纯体现在择股之上。当买到的股票发生变动时这些人的侥幸心理会导致一些错误的行为。

很多人买错股票后抱着侥幸心理向下摊平，将股票平均进价降低，希望股票小有反弹改变被动的局面，但这样的结果是什么呢？让上海石化用事实告诉我们。

上海石化在美国挂牌上市后曾获得过每股 45 美元的成绩。然而没过多久上海石化的股价就从 45 美元跌到了 35 美元。这时上海石化开始补股。随后，股价跌到 25 美元，再补，再跌，一直到 10 美元，而且股民手中的股票都套牢了，只能眼睁睁看着亏损。

所以说，任何人炒股都不要抱有太大的侥幸心理，炒股不是凭借运气，而是经验与实力，侥幸往往是亏损最大的原因。

华尔街炒股家训八：该出手时则出手，别让利润变成亏损。

这句话很多新股民应该都听说过，也切身感受过的。但是往往随着炒股经验的增长，很多新股民开始忽略这句话。因为有些股民开始认为，我已经有足够的经验，我可以将股票把握更长时间。那么随之而来的并不是大幅度的盈利，而是更大的风险。想必很多新股民都经历过两种感受：第一种是将利润等成了亏损，这种痛苦的感觉要比股票直接亏损更难受；第二种则是因为出手过早丧失了更多赚钱的机会，这种情况下，很多股民即便赚到了钱也会不开心。

针对这两种情况我们可以借鉴陈江挺先生的智慧建议。假如我们的股价为 10 元，这时我们应该把止损点设定在 11 元，因为这种设定我们能够保本。

而假如我们有一定的应对亏损的能力，也可以把止损点设定在 9.5 元左右。这样，我们可以给股票更多的变动时间。但是千万不要将股价设定到 9.9 元。怀有这种投机取巧心理的人往往会丧失很多赚钱机会。因为有些时候股价 0.1 元的变动或许只需要很短的时间，当我们在 9.9 元出售了股票后，股价马上飞涨到 15 元，也不是没有可能的。所以出手时间一定要选择正确，千万别让盈利变成了亏损。

华尔街炒股家训九：看股市选择股票，朋友的建议仅供参考。

买股票最忌讳别人买什么我们跟着买什么。虽然我们是在遵循朋友的建议，但是过程中我们一无所知。交易大厅中经常会听到的一句话是："兄弟你买的股票怎么样了？涨了？我跟进点。"

面对这样的情况我们不得不思考，对方买这只股票是因为他对股票有充分的了解，而我们呢？源于盲目的信任。至少他人在买这只股票的时候知道什么时候卖出最合适，但是跟进的人往往却不知道这一点。当股价开始下跌时，朋友已经出手，而我们则只能等待亏损。

华尔街炒股家训十：股价绝对不是选择购买与出售的唯一判断标准。

陈江挺先生至今手中还有一只亏损严重的股票。这只股票的交易符号是

"ihni"，当时这只股票从 15 美元一股跌至 5 美元一股。看到这样的情况陈江挺先生果断买入了 1000 股。

原因非常简单，股价已经够低了，很适合购买。结果呢，现在这只股票的股价为 0.25 美元一股。当时的 5000 美元变成了现在的 250 美元。陈江挺先生说这只股票他一直没有止损。当年是"不肯"，此刻是将股票作为炒股的警示。

很多新股民非常喜欢买低价股票，因为这类股票的升值空间很大。但是永远不要忘记一句话，这便是"你永远都不会知道股票可以跌到什么价位"。所以，低价股并不是最好的选择，虽然这类股票升值空间很大，但是如果我们找不到它升值的理由、升值的机会，为什么要选择它呢？

新股民中还有这样一种状况。有些股民买到的股票开始上涨，于是这些股民每日开始担忧，明天股市会不会大跌，既然现在已经赚钱了，是不是选择出售更好。股价高就应该出售吗？

这完全是两件毫无关系的事情。华尔街有这样一句格言：截短亏损，让利润奔跑！亏损的时候我们一定要第一时间止损，而有利润的时候就应该放长眼光。当然这也是依靠经验，有事实根据的。根据大盘的形式，来选择出售的时机，千万不要根据股票的价格选择。

华尔街炒股家训十一：炒股需要计划，盲目会让人无从。

新股民一定要遵循这一家训。进入股市后，我们需要认清自己当前的形势，根据当前的真实情况制订计划。作为新股民千万要注意这一点。如果我们连最基本的炒股计划都没有，脑子里只想着"赚钱"两个字，那么结果往往会是亏损。

要懂得学习炒股我们交出的"学费"是很贵的，而且很多时候我们的学费是完全出于我们个人原因，是我们"自愿"付出的。而这种情况发生的主要原因并不是我们缺乏炒股经验，而是缺少炒股计划。

试想，当一位股民在炒股过程中都已经忘记最初购买这只股票的原因，那么可想而知他要冒着多大的风险在运作自己的股票。

陈江挺先生对华尔街炒股经验总结的家训还有很多，在这里我们为新股民精心挑选了这十一条。中国的新股民一定要牢记这十一条家训，希望我们可以从中获得更多的利润，减少更多的风险。

第八篇

新股民入门其他知识必备

第二十八章 创业板投资必备

认识创业板

一、什么是创业板

创业板是指地位次于主板市场的二板证券市场，在中国特指深圳创业板，其目的主要是扶持中小企业，尤其是高成长性企业，为自主创新国家战略提供融资平台，为多层次的资本市场体系建设添砖加瓦。同时，这也是我国调整产业结构、推进经济改革的重要手段。

二、创业板的分类模式

创业板与主板市场的关系划分相比，其主要可分为两类模式：独立型和附属型。

1. 独立型

独立型创业板市场是指完全独立于主板之外，具有自己鲜明的角色定位的创业板市场。美国纳斯达克市场（Nasdaq）即属于此类。

2. 附属型

附属型创业板市场是指附属于主板市场，旨在为主板培养上市公司的创业板市场。新加坡的 Sesdaq 即属于此类。

三、创业板市场和主板市场的区别

挂牌条件	创业板	主板（中小板）
主体资格	依法设立且持续经营 3 年以上的股份有限公司，定位服务成长性创业企业；支持有自主创新的企业	依法设立且合法存续的股份有限公司
股本要求	发行前净资产不少于 2000 万元，发行后的股本总额不少于 3000 万元	发行前股本总额不少于 3000 万元，发行后不少于 5000 万元
盈利要求	（1）最近 2 年连续盈利，最近 2 年净利润累计不少于 1000 万元，且持续增长；或者最近 1 年盈利，且净利润不少于 500 万元，最近 1 年营业收入不少于 5000 万元，最近 2 年营业收入增长率均不低于 30%（2）净利润以扣除非经常性损益前后孰低者为计算依据（注：上述要求为选择性标准，符合其中一条即可）	（1）最近 3 个会计年度净利润均为正数且累计超过人民币 3000 万元，净利润以扣除非经常性损益前后较低者为计算依据（2）最近 3 个会计年度经营活动产生的现金流量净额累计超过人民币 5000 万元；或者最近 3 个会计年度营业收入累计超过人民币 3 亿元（3）最近一期不存在未弥补亏损
资产要求	最近一期末净资产不少于 2000 万元	最近一期末无形资产（扣除土地使用权、水面养殖权和采矿权等后）占净资产的比例不高于 20%
主营业务要求	发行人应当主营一种业务，且最近 2 年内未发生变更	最近 3 年内主营业务没有发生重大变化
董事、管理层和实际控制人	发行人最近 2 年内主营业务和董事、高级管理人员均未发生重大变化，实际控制人未发生变更。高管不能最近 3 年内受到中国证监会行政处罚，或者最近 1 年内受到证券交易所公开谴责	发行人最近 3 年内董事、高级管理人员没有发生重大变化，实际控制人未发生变更。高管不能最近 36 个月内受到中国证监会行政处罚，或者最近 12 个月内受到证券交易所公开谴责
同业竞争关联交易	发行人的业务与控股股东、实际控制人及其控制的其他企业间不存在同业竞争，以及影响独立性或者显失公允的关联交易	除创业板标准外，还需募集投资项目实施后，不会产生同业竞争或者对发行人的独立性产生不利影响

创业板炒股基础知识

一、创业板的交割方式及交易单位

1. 创业板的交割方式

创业板交易采用电脑集中竞价方式和 T +1 的交易制度，即券商接受投资者委托或者自营，当日买入的股票不得在当日进行买卖，这与主板的交割方式一样。现阶段国人投机情绪高涨，在相当长的时间内创业板市场出现交易冷清的可能性较小，且国内券商控制做市风险的能力有限，因此实施集中竞价及 T +1 的交易方式对控制市场风险、抑制市场投机气氛将起到一定作用。

2. 创业板的交易单位

（1）创业板股票的交易单位为"股"，投资基金的交易单位为"份"。申报买入证券，数量应当为 100 股（份）或其整数倍。不足 100 股（份）的证券，可以一次性申报卖出。

（2）证券的报价单位为"每股（份）价格"。"每股（份）价格"的最小变动单位为人民币 0.01 元。

（3）证券实行价格涨跌幅限制，涨跌幅限制比例为 10%，涨跌幅的价格计算公式为：涨跌幅限制价格 =（1 ± 涨跌幅比例）× 前一交易日收盘价计算结果四舍五入至人民币 0.01 元。证券上市首日不设涨跌幅限制。

二、创业板市场交易的品种

在创业板市场交易的证券品种包括：

（1）股票。

（2）投资基金。

（3）债券（含企业债券、公司债券、可转换公司债券、金融债券及政府债券等）。

（4）债券回购。

（5）经中国证券监督管理委员会批准可在创业板市场交易的其他交易品种。

三、创业板的交易时间

创业板市场交易日为每周一至周五。每个交易日上午 9：00~9：25 为集合竞价时间；上午 9：30~11：30，下午 1：00~3：00 为连续竞价时间。 遇到国家法定假日及证券公司公告的休市时间，创业板市场休市。

四、创业板发行的定量指标

1. 财务指标

创业板对发行人业绩指标设置了两套标准，发行人满足其中一项就行：

（1）指标要求发行人最近两年连续盈利，最近两年净利润累计不少于 1000 万元。

（2）指标要求最近 1 年盈利，且净利润不少于 500 万元，最近 1 年营业收入不少于 5000 万元，最近 2 年营业收入增长率均不低于 30%。

2. 其他定量指标

定量指标主要有以下三项：

（1）发行前净资产不少于 2000 万元。

（2）发行后股本不少于 3000 万元。

（3）最近一期末不存在未弥补亏损。

五、创业板的交易规则基本与主板一致，但为防范股票上市首日过度炒作，创业板增加了首日停牌指标

当创业板股票上市首日盘中成交价格较当日开盘价首次上涨或下跌达到或超过 20%时，深交所可对该股实施临时停牌 30 分钟；首次上涨或下跌达到或超过 50%时，深交所可对其实施临时停牌 30 分钟。

首次上涨或下跌达到或超过 80%时，深交所可对其实施临时停牌至 14 时 57 分。

临时停牌期间，投资者可以继续申报，也可以撤销申报，深交所将于 14 时 57 分将其复牌并对停牌期间已接收的申报进行复牌集合竞价，然后进行收盘集合竞价。

如何看待创业板新股

投资创业板的新股需要注意以下几点：

1. 看新股上市首日风险

新股上市首日定位过高的往往面临着价值回归过程。对此，投资者要有清醒认识，并且要采用正确的投资方法来平衡新股投资中风险与机会的矛盾。建议投资者应注意以下事项：

（1）研读公告，了解公司基本情况。

（2）参考专业机构的估值分析意见，掌握一个普遍认可的相对合理的定价范围区间，减少买卖的盲目性。

（3）关注交易所的风险提示和临时停牌公告，及时了解市场风险状况，避免遭受不必要的损失。

（4）要理性投资，切忌盲目跟风。

2. 看题材

新股是否有更强的股本扩张潜力，主要看其滚存利润、公积金和净资产这三个因素，扩张潜力巨大的个股能为将来的强劲走势提供有力的题材支持。

3. 看比价

将创业板新股与主板同一地域公司、同一行业公司、同一市场题材公司、业绩相近公司、相同流通股本规模及类似股本结构的公司进行对比，选择平均价来确定该股的预计价格，即为上市后的理论定位价格。如果该企业在其所在行业中处于龙头地位，那么其发行价格可以更高一些。

4. 看成长性

其中重点是业绩分析，不仅要看每股收益，还要注意业绩的稳定性，要和往年的业绩相比，关注业绩是否具有成长性。相对来说，盈利能力强的公司对资金的吸引力较强。

5. 看开盘成交量

新股开盘成交量的大小是观察二级市场主力是否介入的最早信号。经验表明，开盘竞价成交量达到上市新股流通总股本的 5% 以上，并且开盘价偏高时，可认为有主力参与接盘，后市看好；新股开盘价并不低，但开盘成交量明显偏小，则为一级市场持股人严重惜售，如果新股为中小盘股，很可能有主力在其中操盘，后市看好。

6. 把握好时段

判断新股是否有短线机会，最重要的一点就是换手率是否充分。一般情况下，新股成功换手率接近 60%时，欲炒作的主力资金才有比较大的欲望进行疯狂拉高脱离成本区的动作。

根据以往的经验，我们可以得出以下结论：主力机构若看中某只新股，会利用开盘后的 5~ 15 分钟，趁广大散户观望之际，快速介入收集筹码。所以，通过前 5~15 分钟及前半小时的换手率和其股价走势，我们能分析是否有大主力介入。一般情况下，前 3 笔成交换手率 5%、10 分钟换手率在 20%左右、1 小时换手率在 30%以上、上午换手率在 40%以上，都是值得高度关注的。

新股民不要极端看待创业板，那不是金矿，也不是坟墓。投资真理是：大家要以平常心面对创业板。

投资创业板的策略

在投资创业板市场时，新股民可以采取如下策略：

1. 确定合理的投资比例

投资者进行投资决策时，要考虑具体如何确定投资比例。创业板市场初期，市场容量不大，上市公司数量不多，股本小，并且有部分公司存在退市的可能。因此，投资者在资金分配上，不宜满仓买进创业板股票，而应按照一定比例投入市场。

2. 运用投资时间策略

在创业板市场进行投资，市场波动幅度相对较大，市场机会把握的难度相对增强，因此需要投资者善于机智、果断地研判市场，以准确抓住投资时机。投资时间的选择和持股时间的长短最为重要。

3. 采用顺势而为策略

根据国外创业板市场的经验，并结合国内市场投资行为分析，在创业板市场开盘后，会出现高度投机热潮，形成短期致富效应，导致市场抢短线的情况泛滥。投资者在选择投资策略时，应注意根据具体情况判断，顺势而为，并且尽量准确把握主力动向，紧跟主力步伐，共享创业板的财富效应。

4. 运用组合投资

操作方法是以传统的分散投资方法，兼顾风险与收益为主，研究并选择好上市公司，确定投资组合。

5. 运用价值评估策略

投资创业板市场股票的一个核心问题是股价如何确定。传统的定价模型主要依据每股盈利乘以市盈率确定。但对于概念先行的创业板市场上市公司来说，这种方法则过于简单化。创业板市场股票估值中以下因素将起主导作用：未来盈利预期、行业平均市盈率、发起人商誉、股本结构、核心技术的评估值等。投资者可根据这些变量设定相关参数，建立估值模型，以确定合理的市价定位，然后以此为轴心参与股价合理波动。估值模型公式如下：市价＝每股盈利预测×行业平均市盈率×发起人商誉参数×股本参数×公司竞争力评估参数。

6. 从自己熟悉的领域入手

选择自己"看得懂"的股票投资。比如对娱乐圈八卦奇闻无所不知的可以投资华谊兄弟；做医药工作的可以研究安徽安科、重庆莱美；精通空调业的人士可以跟踪南方风机。不能只听信证券研究员的报告，只有亲力亲为地深入分析才能对标的内在价值有所把握。没有时间或没有能力亲自进行分析的人，不适合投资创业板。

7. 寻找千里马

我国内地的创业板可能会走出一条全新的道路，在这一过程中，大量的细分市场的龙头公司都可能会有爆发式的发展，未来的创业板中也会诞生出世界级的大型企业。根据企业的内在价值决定企业市场价格的逻辑，我们认为应该重点关注具有独特商业模式、具有可持续自主研发创新能力和高技术壁垒、符合国家产业政策重点支持领域、符合产业升级趋势的企业。

如何寻找有投资价值的公司

投资者投资创业板首先要关注公司是否具有持续成长能力，即是否有投资价值。没有投资价值的公司只能给投资者带来高风险和高亏损。那么，如何寻找有投资价值的公司呢？我们可以从以下几个方面来判断：

（1）考察企业所拥有的技术是否先进，是否代表时代发展的方向。如微软在美国创业板上市，它的成功就是因为具有引领时代潮流的先进技术。

（2）企业经营模式。企业的经营模式决定其发展的快慢，新颖的企业模式往往能创造一个全新的企业经营方式，如马云的阿里巴巴就是因经营模式新颖、独特而迅猛发展起来的企业。

（3）管理理念是否先进。企业的管理理念是决定企业竞争力的重要依据，先进的管理理念能在竞争日益激烈的市场中乘风破浪，在优胜劣汰中生存下来，并取得发展。

（4）管理层的整体素质如何。管理层是实际经营企业的人，他们的素质无不代表着企业的形象，他们生机勃勃、开明上进，那么企业也是这样；他们腐化堕落、不思进取，那么企业也难以有所发展。

（5）企业所在行业的总体发展趋势。企业所在行业的发展趋势往往能从根本上决定该企业的最终发展潜力。

投资者还应认识到，创业板上市公司规模相对较小，多处于创业初期和成长期，发展相对不成熟。虽然定位于高成长性的创业企业，但这并不代表所有在创业板上市的企业都会获得高成长。企业的发展受到内外部诸多因素的影响，一些企业上市后获得资金支持，迅速发展壮大，投资者获得了高收益，但也有一些企业可能被市场淘汰，从而造成投资者的投资损失，而且这类企业数量不会少。因此，投资者在判断创业板上市公司价值时要多考虑风险因素。

进入创业板之前应关注的几个点

1. 关注技术竞争力

技术是竞争的主要驱动力之一。对创业板上市企业来说，如果其所拥有的技术具有较高的科技含量和较高的成长性，在技术的生命周期，在可持续性以及竞争性等方面具有相对优势，能够把握并保持这种技术的优势地位，并且享有先进技术所带来的成本和产品差别化的益处，那么，该上市股票就能获得创业板市场投资者的青睐和追捧。

2. 关注企业影响力

如果创业板上市企业具有较高的品牌知名度或者较强的股东背景，就更能够引起市场的注意力，有助于增强投资者的信心。香港创业板开设后，具有名校概念的复旦微电子受到市场的热烈追捧。

3. 关注建设初期的投资机会

相信创业板会有一个时间不会太短的"蜜月期"。其实这也是可以理解的，新兴的市场往往具有较大的投资机会，而第一批在创业板上市的股票应该是经过精挑细选，基本是有闪光点的公司。

4. 关注创业板市场的投机性

在创业板市场上市的公司往往规模小，题材多，加上涨跌幅限制比主板宽松许多，股价波动较主板频繁且落差大，为主力资金的炒作提供了广阔空间。主力资金一旦重仓持有某只股票，往往会炒至很高的价位；相反，一只股票下跌时也会相当凶猛。所以，投资操作创业板股票要有较强的风险承受能力，要注意适当控制风险。

5. 不要买创业板的垃圾股

创业板市场本身以及上市企业得以生存发展的基础是高成长性。如果一个企业上市筹资两年后，还未展露其盈利或成长前景，则必遭投资者冷落。

更重要的是，创业板对垃圾股的处理方法是退市。大多数人只知道纳斯达克孕育出微软、英特尔、思科、戴尔等辉煌的企业，殊不知纳斯达克强制摘牌的上市公司也非常多。

6. 不宜盲目捂股

创业板市场最大的特征就是高成长性，不少人于是据此认为参与创业板投资的有效方法就是认准股票长线投资，即使套牢也坚决捂股。其实，这种方法并不妥当。投资者如果缺乏专业、深入的分析能力，盲目遵循单一的"捂股"战术，不仅会带来很大的心理压力，而且会错失许多投资良机。美国纳斯达克、香港创业板等市场在历史上的大起大落就给出了很好的例证。

所以，投资创业板市场需要采用长线、中线、短线相结合的灵活战术，在入市前先设置止损点，主动对风险保持警惕。

7. 关注创业板的信息披露

创业板市场有非常严格的信息披露制度，投资者必须予以密切关注，认真、及时地阅读、分析、掌握。

总之，创业板市场尽管与主板市场有相通之处，但机制和风险不同，投资者不能将主板市场的战略、战术简单、机械地移植到创业板市场上来，而需要在对创业板市场有了深入、全面的认识之后，再参与投资。

另外，作为一名初入创业板的股民，应牢记两个原则。

1. 止盈原则

止盈原则就是在盈利时不要过于贪心，达到一定目标后先卖出，保住自己获取的利润，不让其轻易流失。在进入市场之前，投资者除了仔细分析股价的定位以外，还应根据市场的比价效应确定获利目标，达到目标即坚决出场，不要犯股民经常犯的"坐过山车"错误。

2. 止损原则

止损就是避免更大的损失。股民入市之前就应考虑自己所能承受的最大损失，在选择好买进品种和买进价格以后，在关键的支撑位设好止损位，把可能发生的损失控制在最低限度，"留得青山在，不怕没柴烧"。

缺乏经验的投资者，一般稍获微利后就急忙退场，不懂得博取更大利润并且当市场向相反方向发展时，就不知所措。如果投资者掌握了止损原则，就能有效地防止损失进一步扩大。

进入创业板——申请开通创业板交易

申请开通创业板交易程序为：

（1）通过中国证券登记结算公司网站，投资者可对本人证券账户的首次股票交易日期进行参考性查询，网址为 http：//www.chinaclear.cn/。

（2）投资者通过网上或到证券公司营业场所现场提出开通创业板市场交易的申请。

（3）在提出开通申请后，投资者应向证券公司提供本人身份、财产与收入状况、风险偏好等基本信息。证券公司将据此对投资者的风险承担能力进行测评，并将测评结果告知投资者，作为投资者判断自身是否适合参与创业板交易的参考。

（4）投资者在证券公司经办人员的见证下，须按照要求到证券公司的营业部现场签署风险揭示书（未具备两年交易经验的投资者还应抄录"特别声明"）。证券公司完成相关核查程序后，将在规定时间内为投资者开通创业板市场交易。

需要注意的是，投资者应尽可能地了解创业板的特点、风险，客观评估自身的风险承受能力，审慎决定是否申请开通创业板市场交易。

第二十九章 股票衍生品投资必备

股指期货投资必知

股指期货作为股票交易的衍生品，对股市起补充作用，具有不可替代的地位。新股民初入股市有必要了解股指期货的一些基础知识。

一、什么是股指期货

股指期货（Stock Index Futures）的全称是股票价格指数期货，也可称为股价指数期货、期指。它是买卖双方根据事先的约定，同意在未来某一特定时间，依照双方事先约定的股价进行股票指数交易的一种标准化协议合约。股指期货不涉及股票本身的交割，其价格根据股票指数计算，合约以现金清算形式进行交割。作为期货交易的一种类型，股指期货交易与普通商品期货交易具有基本相同的特征和流程。

进入20世纪70年代以后，西方国家股票市场波动日益加剧，投资者规避股市系统风险的要求也越来越迫切。由于股票指数基本上能代表整个中场股票价格变动的趋势和幅度，人们开始尝试着将股票指数改造成一种可交易的期货合约，并利用它对所有股票进行套期保值，规避系统风险，于是，股指期货应运而生。

二、股指期货的基本特征

新股民要想完全了解股指期货，必须弄清楚它所具有的基本特征。

1. 跨期性

从股指期货的定义我们可以知道，股指期货是交易双方通过对股票指数变动趋势的预测，约定在未来某一段时间按照一定条件进行交易的合约。因此，股指期货的交易是建立在对未来预期的基础上，预期的准确与否直接决定了投资者的盈亏。

2. 杠杆性

股指期货交易不需要全额支付合约价值的资金，只需要支付一定比例的保证金就可以签订较大价值的合约。例如，假如股指期货交易的保证金为10%，投资者只需支付合约价值10%的资金就可以进行交易。这样，投资者就可以控制10倍于所投资金额的合约资产。当然，在收益可能成倍放大的同时，投资者承担的损失可能也是成倍放大的。

3. 高风险性和风险的多样性

股指期货的杠杆性决定了它具有比股票市场更高的风险性。此外，股指期货还存在特定的市场风险、操作风险、现金流风险等。

4. 双重虚拟性

股指期货交易是以股票价格指数这一虚拟资产作为标的实物，使股指期货市场完全脱离实物资本运动而无限扩张，远远超过现货市场规模价值，从而具有双重虚拟性。

5. 联动性

股指期货的价格与其标的资产、股票指数的变动联系极为紧密。股票指数是股指期货的基础资产，对股指期货价格的变动具有很大影响。由于股指期货是对未来价格的预期，因而对股票指数也有一定的引导作用。

三、股指期货的风险

股指期货的风险成因主要由股指频繁波动、保证金交易的杠杆效应、非理性投机及市场机制不健全等因素造成的。对投资者而言，它主要存在以下四种风险：

1. 价格风险

由于股指期货的杠杆性，微小的价格变动可能造成客户权益的重大变化。在价格波动很大的时候甚至造成暴仓的风险，也就是损失会超过投资本金。也就是说，投资者在进行股指期货交易中，获得高额投资回报的同时也将面临重大的价格风险。

2. 结算风险

股指期货实行每日无负债结算制度，对资金管理要求非常高。如果投资者经常满仓操作，那么该投资者可能会经常面临追加保证金的问题，甚至有可能当日被多次追加保证金。没有在规定的时间内补足保证金，那么按规定将被强制平仓，可能会造成投资资金的重大损失。

3. 操作风险

和股票交易一样，行情系统、下单系统等可能出现技术故障，导致无法获得行情或无法下单，都可能会造成损失。

4. 法律风险

股指期货投资者如果选择的期货公司是未经中国证监会批准的地下期货公司，或者违反法规、未经批准从事境外股指期货的公司，则存在不合乎法律的风险。

总而言之，股指期货市场的风险规模大，涉及面广，具有放大性、复杂性与可预防性等特征。

四、如何规避股指期货的风险

1. 交易所的风险规避

交易所的风险管理首先是建立和完善一套基于期货交易特有运行模式的风险管理制度，建立实时的风险监控技术，并且要保证风险监控制度与技术的有效实施。

交易所是股指期货市场的组织者，是股指期货合约履约的保障者，市场风险可能使众多结算会员缺乏财务资源而违约，最后殃及交易所。

2. 投资者自身风险的控制

（1）注意基本面的信息，加强技术面的分析，提高自身判断能力，采取灵活的交易手段降低交易的风险。

（2）随时提醒自己，将风险控制在自己可承受的范围内。

（3）不要满仓操作，控制好资金和持仓的比例，避免被强行平仓的风险。

（4）设置每个仓位的最大损失额度：比如 10%，也就是说每个仓位的亏损达到资金的 10% 以上时，就强行平仓，这样出来后重新分析可能就会理性很多。

（5）开户之前多下工夫选择适合你的经纪公司。

（6）要注意维护自己的权益，当受到不公平、不公正的侵害时，立即向证监部门及其他有关机构进行投诉。

（7）规范自身交易行为，提高风险意识和心理承受能力，保持冷静的头脑。

五、股指期货交易常用策略

股指期货在实际交易中有很多技巧，新股民如能掌握其要点则能在交易过程中获利。这些方法包含很重要的操作手段、操作纪律以及操作原则。从实践来看，新股民应该注意以下内容：

1. 控制投资品种

投资者投资时应谨慎地研究将要交易的品种，最好不要同时进行 4 种以上不同种类的期货合约交易。

2. 制订交易计划

投资者在从事股指期货交易时必须及时做出何时入市、何时等待、何时出市的决定，必须事先确定最大的损失程度，才不至于出现超预期亏损。

在现实中很多人不能控制自己，使得亏损不断增加，其原因并不在于期货股指有多么可怕，而在于没有明确的交易计划对亏损程度加以控制。没有交易计划，就没有做出决定的依据，在必须做出决定的时候，也就无法及时做出决定。这样是无法长期在期货市场上生存的。

3. 确定止损位

投资者亏损时必须拥有足够的资金来追加保证金，确保持仓保证金超过期货公司所设定的标准，投资者亏损时不能像炒股票那样捂着，等着解套，也无法长期留住期货投资头寸。并且，任何预测都有可能与行情的真实走向不同，因此，在决定是否买或卖期货合约时，投资者应该事先为自己确定一个能承受的最大亏损限度。

4. 判断市场是处于牛市还是熊市

即使对市场发展趋势的分析正确，但趋势当中也有调整，这足以带来惨重的损失。技术分析法对选择入市时间有一定作用。

5. 资金管理

在期货市场资金管理是重要的投资管理原则，没有哪个投资者能保证每一次投资都是成功的，期货市场需要的是盈利交易中盈利额大于亏损交易中的亏损额来取得成功的，而并非寄希望于百分之百的成功率。由于期货高杠杆机制的特点，只要有一次不成功的投资，加上没有明确的交易计划来止损，就可能亏损掉所有的资金。因此，资金管理在期货市场上就成为首要的操作原则。

6. 建仓后应该密切注视市场行情的变动，随时注意限制损失、滚动利润

一旦价格到达自己制定的止损价位，立即执行止损纪律。而在行情变动有利时，不急于平仓获利，而应尽量延长持仓的时间，充分获取市场有利变动产生的利润。

7. 理性选择入市/出市时机

投资者入市操作的时机选择有不同的策略，并非千篇一律。如果是中线投资持仓，需要运用基本分析法来判断市场是处于牛市还是熊市更有利一些；如果是短线持仓投资，则技术分析更适合入市时机的把握。

8. 控制好投资额

新股民在投资股指期货时，务必将投资额控制在全部资本的 50% 以内；在单个市场上所投入的总资金务必控制在总资本的 10%~15% 以内；在单个市场上的最大亏损金额务必控制在总资本的 5% 以内。

融资融券投资必知

参与融资融券可以使投资者收益翻倍，同时也能令投资者损失加重。在此我们将从融资融券的基础知识入手，为新股民简要介绍其特征、风险以及具体操作策略，以供投资者参考。

一、什么是融资融券交易

融资融券又称证券信用交易，包括券商对投资者的融资融券和金融机构对券商的融资融券。融资就是借钱买证券，证券公司借款给客户购买证券，客户到期偿还本息，客户向证券公司融资买进证券称为"买空"；融券是借证券来卖，然后以证券归还，证券公司出借证券给客户出售，客户到期返还相同种类和数量的证券并支付利息，客户向证券公司融券卖出称为"卖空"。

二、融资融券交易的特点

1. 杠杆性

证券融资融券交易最显著的特点是借钱买证券和借证券卖证券。普通的股票交易必须支付全额价格，但融资融券只需缴纳一定的保证金即可交易。

例如，如果缴纳 10% 的保证金，意味着可以用同样多的金额进行 10 倍的操作。投资者通过向证券公司融资融券，扩大交易筹码，可以利用较少资本来获取较大的利润，这就是信用交易的杠杆效应。

2. 资金疏通性

货币市场和资本市场作为金融市场的两个有机组成部分，两个市场间的资金流动必须保持顺畅状态，如果相互间资金流动的通道阻塞或狭窄，势必降低金融市场的整体效率。信用交易机制以证券金融机构为中介，一头联结着银行金融机构，另一头联结着证券市场的投资者，通过融资融券交易，引导资金在两个市场之间有序流动，从而提高证券市场的整体效率。

因此，从信用交易机制的基本功能看，它是货币市场和资本市场之间重要的资金通道，具有资金疏通性。

3. 做空机制

普通的股票交易必须先买后卖，当股票价格上涨时很容易获利，但是当股票价格下跌时，要么割肉止损，要么等待价格重新上涨。而引入融资融券制度后，投资者可以先借入股票卖出，等股价真的下跌后再买回归还给证券公司。这意味着股价下跌时也能获利，改变了单边市场状况。

4. 信用双重性

证券融资融券交易中存在双重信用关系。在融资信用交易中，投资者仅支付部分价款就可买进证券，不足的价款由经纪人垫付。经纪人向投资者垫付资金是建立在信用基础上的。也就是说，经纪人垫付部分差价款，是以日后投资者能偿还这部分价款及支付相应利息为前提的，这是第一层信用关系。

另外，经纪人所垫付的差价款，按一般的做法，来源于券商的自有资金、客户保证金、银行借款或在货币市场融资，这称为转融通（转融通包括资金转融通和证券转融通）。我国由于试点期间只允许证券公司利用自有资金和自有证券从事融资融券业务，因此融资融券建立初期，我国只有第一层信用关系。

三、融资融券的投资特征

目前这项业务还只是在试点阶段。普通投资者要想参与此种交易，首先要到获得批准开设此种业务的券商那里，签订一个融资融券合同和一个融资融券风险揭示书。然后由券商为投资者设立一个信用资金账户和信用证券账户。

（1）投资者从事普通证券交易，买入证券时，必须事先有足额资金；卖出证券时，则必须有足额证券。而从事融资融券交易的规则不同，投资者预测证券价格将要上涨而手头没有足够的资金时，可以向证券公司借入资金买入证券。预测证券价格将要下跌而手头没有证券时，则可以向证券公司借入证券卖出。

（2）投资者从事普通证券交易时，与证券公司之间只存在委托买卖的关系，因此不需要向证券公司提供担保；而从事融资融券交易时，与证券公司之间不仅存在委托买卖的关系，还存在资金或证券的借贷关系，因此需要事先以现金或证券的形式向证券公司交付一定比例的保证金，并将融资买入的证券和融券卖出所得资金交付证券公司，作为担保物。

（3）投资者从事普通证券交易时，风险完全由其自行承担，可以买卖所有在证券交易所上市交易的证券；而从事融资融券交易时，如不能按时、足额偿还资金或证券，还将给证券公司带来风险，所以投资者只能在与证券公司约定的范围内买卖证券。

四、投资者如何参与融资融券

1. 先开立信用证券和资金账户

根据深交所专家对融资融券细则的解读，参与融资融券交易的投资者，必须先通过有关试点券商的征信调查。投资者如不能满足试点券商的征信要求，在该券商网点从事证券交易不足半年，交易结算资金未纳入第三方存管，证券投资经验不足，缺乏风险承担能力，有重大违约记录等，都不得参与融资融券业务。

投资者向券商融资融券前，要按规定与券商签订融资融券合同以及融资融券交易风险揭示书，并委托券商开立信用证券账户和信用资金账户。投资者只能选定一家券商签订融资融券合同，在一个证券市场只能委托券商开立一个信用证券账户。

2. 融券卖出价不得低于最近成交价

投资者融券卖出的申报价格不得低于该证券的最近成交价；如该证券当天还没有产生成交的，融券卖出申报价格不得低于前收盘价。投资者在融券期间卖出通过其所有或控制的证券账户所持有与其融入证券相同的，其卖出该证券的价格也应当满足不低于最近成交价的要求，但超出融券数量的部分除外。

3. 卖出证券资金须优先偿还融资欠款

投资者融资买入证券后，可以通过直接还款或卖券还款的方式偿还融入资金。投资者以直接还款方式偿还融入资金的，按与券商之间的约定办理；以卖券还款偿还融入资金的，投资者通过其信用证券账户委托券商卖出证券，结算时投资者卖出证券所得资金直接划转至券商的融资专用账户。投资者卖出信用证券账户内证券所得资金，须优先偿还其融资欠款。

4. 融券卖出后通过直接还券或买券还券的方式偿还融入证券

投资者以直接还券方式偿还融入证券的，按与券商之间的约定，以及交易所指定登记结算机构的有关规定办理。以买券还券偿还融入证券的，投资者通过其信用证券账户委托券商买入证券，结算时登记结算机构直接将投资者买入的证券划转至券商融券专用证券账户。

五、融资融券的业务流程

业务办理的具体流程：

1. 征信

证券公司对投资者的开户资格进行审核，对投资者提交的担保资产进行评估。

2. 签订合同

经过资格审查合格的投资者与证券公司签订融资融券合同、融资融券交易风险揭示书。

3. 开立账户

投资者持开户所需要的资料到证券公司开立信用证券账户，到证券公司指定的商业银行开立信用资金账户。

4. 转入担保物

投资者通过银行将担保资金划入信用资金账户，将可冲抵保证金的证券从普通证券账户划转至信用证券账户。

5. 评估授信

证券公司根据投资者信用账户整体担保资产，评估确定可提供给投资者的融资额度及融券额度。

6. 融资融券交易

融资时，证券公司以自有资金为其融资，代投资者完成和证券登记结算机构的资金交收；融券时，证券公司以融券专用证券账户中的自有证券代投资者完成和证券登记结算机构的证券交收。

7. 偿还资金和债券

在融资交易中，投资者卖券还款；在融券交易中，投资者买券还券。此外，投资者还可以按照合同约定通过直接还款、直接还券偿还对证券公司的融资融券债务。

8. 结束信用交易

当投资者全部偿还证券公司的融资融券债务后，投资者可向证券公司申请将其剩余资产转入其普通账户以结束信用交易。

六、融资融券注意事项

（1）融券卖空所造成的股价回调速度和程度可能引发市场恐慌，导致跟风抛售现象，这将使得投资者出于平仓的压力而非自愿减仓。因此，投资者应该尽可能地避免大规模的融券卖空，特别是在市场低迷时尤其要谨慎。

（2）散户的资金和持券量都比较小。因此，一般情况下基于做空动机的融券卖空只适合于机构投资者；散户投资者只有在坚持长期看空某只股票，或跟风大盘下行时才融券做空，但必须要看准个股与大势，否则风险将更大。

（3）在股价下跌过程中，投资者持有的股票往往被深套后，缺少资金进行补仓以拉低持有成本。因此，参与融资融券的投资者要把握好资金头寸，融资规模不宜过大，及时止盈止损。

（4）投资者要充分认识到从事融资融券交易，既可能放大盈利，也可能加大亏损，应当在具备一定的证券投资经验和相应的风险承担能力，并了解、熟悉相关业务规则后审慎考虑是否参加此项业务。

（5）融资融券交易的数据信息能为市场提供最新动向，特别是融券余量信息更容易诱发市场的大幅下跌。

（6）当经纪行强行平仓或关闭投资者信用账户时，投资者就丧失了在市场回暖时重新盈利挽回损失的机会。

第三十章 网上炒股、手机炒股必备

网上炒股基础知识

在科技日新月异的今天，股票投资者能否最快捷、最准确地获取信息并且进行交易，决定了投资的成败。电脑技术的发展和 Internet 的迅速进步将证券行业带入了一个崭新的时代。在世界各地，网上证券交易正在以迅雷之势蔓延开来，越来越多的证券投资者开始选择这种高科技的投资方式。

一、网上炒股的特征

网上交易简单、快捷，只要开通证券网上委托的相关手续，交易就不再受地域和时间的限制。只要有一台可以上网的电脑，就可以方便委托下单，查询所需要的咨询信息。整个交易过程的速度远远优于传统的电话委托。

具体而言，网上炒股具有以下特征：

1. 掌握信息速度快

炒股最重要的就是能快速分析、判断行情，而做到这一点的前提就是能及时获得准确信息。股市瞬息万变，行情更是不可捉摸，利用网络炒股能帮助投资者实时了解行情。

2. 交易速度快

股票网络交易具有实时性，投资者只要看准时机就能迅速交易，不会出现延误时机而错失赚钱机会的情况。

3. 交易信息查找方便

投资者选择股票需要进行一些技术面的分析，而网络上信息全面，信息更新也比较及时，便于股民全面掌握基本面的情况，为选股做铺垫。通过网络查询上市公司的相关资料、查看券商和证券研究机构提供的投资咨询信息、了解证券交易所公告和相关的新闻资讯等。互联网上提供给投资者的信息非常丰富，许多上市公司也在网上开辟了自己的站点。使用网上交易使您能够轻松获得券商提供的多样化服务。

4. 交易安全情况复杂

网上交易的安全性一直受到投资者的关注。网上交易系统充分考虑到了系统和数据的安全问题，通过架设防火墙、采用通过了国家密码委员会和国家信息安全评测中心评测和认可的各种安全技术和产品，可以有效地保障客户数据的网络传输安全。

二、网上炒股的开户步骤

投资者要在网上炒股，首先要开户，然后下载券商要求的交易软件。具体的开户步骤如下：

（1）银行网点办理开户手续。持本人有效身份证、银行同名储蓄存折（如无同名存在，可当场开立）及沪深股东代码卡到已开通"银证通"业务的银行网点办理开户手续（开户费用约 90 元）。

（2）填写表格。填写《证券委托交易协议书》和《银券委托协议书》。

（3）设置密码。表格经过校验无误后，当场输入交易密码，并领取协议书客户联。

投资者完成以上步骤，即可查询和委托交易。但在操作过程中，投资者需要注意以下几个方面：

（1）首先需要在证券公司开户，并申请开通网上炒股事项。

（2）下载个人开户的证券公司指定的网上交易软件（别的软件都不能用）。

（3）在个人银行卡里准备足够的炒股资金。一般够买目标股票 100 股的资金就可以进行交易了（留出手续费）。同时，按证券公司说明的方法，把个人资金转到证券公司开的账户里面。

（4）在股市开市的时间内上网，用该交易软件就可交易。

常用网上炒股软件介绍

一、大智慧

大智慧炒股软件是集行情、分析、交易、资讯于一体的超级证券信息平台，具有完善的行情揭示、最多的技术指标、最快的信息资讯、最深入的技术分析，还为高水平投资者设计了自编公式、系统评价等功能。

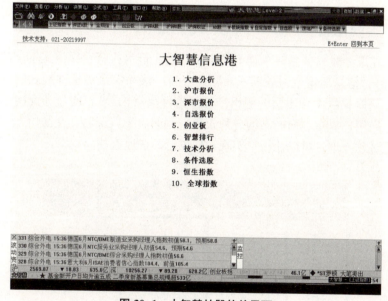

图30-1　大智慧炒股软件界面

大智慧炒股软件具有如下特色：

1. 操作简单，安全、快捷

启用全新的程序界面与清晰的视图，使用户的操作更加简洁、方便，即使初学者也能轻松上手。优化登录机制和认证机制，断线自动重连，内嵌"富易"交易软件与大智慧行情同步，一系列措施确保行情交易安全、快捷、准确。

2. 资讯丰富，稳定、可靠

大智慧炒股软件拥有万国测评专业咨询机构支持，其独创的信息地雷、生命历程、全新 F10、实时解盘等功能，会让投资者体验一份精美的资讯大餐。遍布全国的庞大服务网络和业内最大规模的服务器支持系统，使软件运行更稳定、更快速。

3. 功能强大

它提供了短线精灵实时监控沪深 A 股的涨跌、成交、盘口、资金流动及板块热点，迅速给出异动信息，帮助投资者及时把握市场机会。星空图、龙虎盘等读盘分析功能也能为投资者提供读盘帮助，它还具有分类报价、自选报价、技术分析、公告帮助和特色平台等多种功能。

二、同花顺

同花顺炒股软件是一个强大的资讯平台，能为投资者提供文本、超文本（HTML）、信息地雷、财务图示、紧急公告、滚动信息等多种形式的资讯信息，能同时提供多种不同的资讯产品（如巨灵资讯等），能与券商网站紧密衔接，向用户提供券商网站的各种资讯。同时，个股资料、交易所新闻等资讯都经过预处理，可以让用户实现轻松浏览、快速查找。

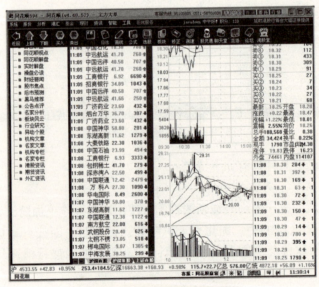

图 30-2　同花顺炒股软件界面

同花顺炒股软件具有以下特色：

1. 页面组合与财务图示相结合

各种复杂的财务数据通过图形和表格的形式表达出来，使上市公司的经营绩效清晰地展示在用户的面前。同时，同花顺还提供了大量的组合页面，将行情、资讯、图表、技术分析与财务数据有机组合，让用户多角度、全方位地进行观察、分析，捕捉最佳交易时机。

2. 高速行情，操作快捷

采用全推送行情技术，行情速度快，支持盘中即时选股和技术指标、画线等预警，股票切换时行情无丝毫延误；基本面分析简洁、直观，操作方便，轻松帮助用户做出正确的投资决策。

3. 提供区间统计功能

在 K 线图里能统计区间内的涨跌、震幅、换手等数据，能帮助用户迅速地统计出一个股票在一段时间内的各项数据。而且还提供阶段统计表格，这样就能对一个时间段内的数据在不同股票之间进行排序、比较。

4. 智能选股系统

有简单、易用的"智能选股"，用户只要在需要的被选条件前面打钩即可轻松选股。还有"选股平台"，让用户利用所有的 100 多个选股条件和 200 个技术指标，轻松编制各种选股条件组合，从而在上千只股票中选择出自己需要的股票。

5. 资讯丰富，24 小时财经视频直播

每天为用户提供专家在线盘中点评、热点分析、财经要闻报道、市场走势分析、专家在线讲座等服务。更有著名分析师的每日全新专案，指导用户把握市场热点，抓住高收益，帮助用户准确把握行情，规避风险，提高收益。

6. 交易及时，闪电下单

支持全国 2400 多家营业部、89% 以上券商的网上委托，委托服务操作简单、快捷，根据盘中价位，闪电下单委托，抓住理想买卖点，稳操胜券。

7. 个人理财，轻松自如

在"个人理财中心"里用户可以轻松地对自己的财务状况做出统计分析，轻松掌握自己目前每个股票的持仓成本、股票资金的比例、历史上每次交易的盈亏、总盈亏、账户内股票资金总额的变动状况等个人财务资料。

三、和讯股道

道有两极，太极和无极，由无极而至太极，是以宇宙生，由太极而无极，是以宇宙灭。无极而至太极，是混沌到秩序。太极而至无极，是智慧到永生。极者，一也，九九归一，终于至尊。这就是“股道”系列软件的内涵理念，凝聚着无数个具有中国古老智慧的分析师的沥血之作，蕴涵了 15 年股市发展中的“天道”。和讯股道炒股软件是一种具有我国传统文化色彩的炒股软件。

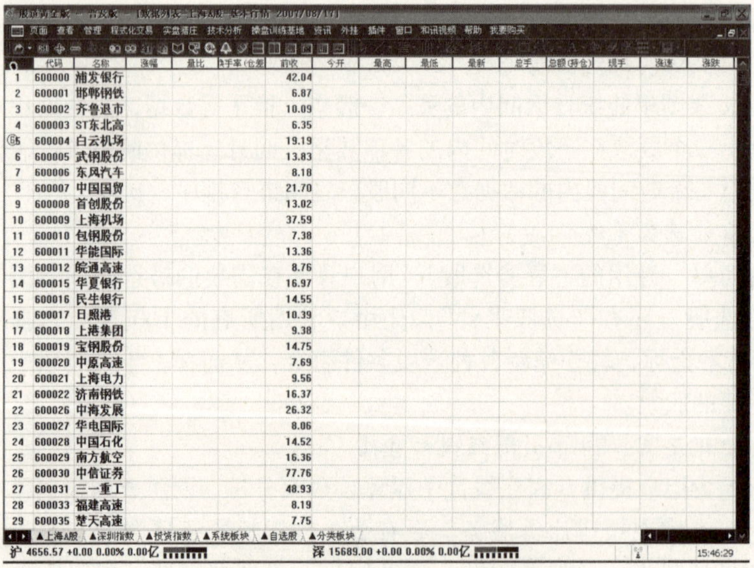

	代码	名称	涨幅	量比	换手率(仓差)	前收	今开	最高	最低	最新	总手	总额(持仓)	现手	涨速	涨跌
1	600000	浦发银行				42.04									
2	600001	邯郸钢铁				6.87									
3	600002	齐鲁退市				10.09									
4	600003	ST东北高				6.35									
5	600004	白云机场				19.19									
6	600005	武钢股份				13.83									
7	600006	东风汽车				8.18									
8	600007	中国国贸				21.70									
9	600008	首创股份				13.02									
10	600009	上海机场				37.59									
11	600010	包钢股份				7.38									
12	600011	华能国际				13.36									
13	600012	皖通高速				8.76									
14	600015	华夏银行				16.97									
15	600016	民生银行				14.55									
16	600017	日照港				10.39									
17	600018	上港集团				9.38									
18	600019	宝钢股份				14.75									
19	600020	中原高速				7.69									
20	600021	上海电力				9.56									
21	600022	济南钢铁				16.37									
22	600026	中海发展				26.32									
23	600027	华电国际				8.06									
24	600028	中国石化				14.52									
25	600029	南方航空				16.36									
26	600030	中信证券				77.76									
27	600031	三一重工				48.93									
28	600033	福建高速				8.19									
29	600035	楚天高速				7.75									

图 30-3　和讯股道炒股软件界面

和讯股道炒股软件具有以下特色：

1. 权证趋势看盘指标

该指标分别以主图、副图显示，其中副图加入了趋势 K 线显示。红色指标线是价格压力线，蓝色指标线是价格支撑线，根据是否突破压力线和跌破支撑线来判断个股下一个阶段走势。

2. MACD 实战指标

该指标是由台湾高手中文老师编写，其思路体现了与大陆传统的 MACD① 使用大不相同，在指标中加入了趋势的指示。打开 K 线图，在键盘中输入 MACDsz+回车即可调用该指标。

3. 强大的公式编辑功能

开放式分析公式创作平台，十九大类、二百多种基本函数可供调用；同时，拥有了所有的经典指标。嵌入 VBS、JS 脚本的功能，实现循环语句、条件语句、数组操作、函数、过程等高级语言的语法和语句，分析公式支持等。

4. 条件选股

用户可以根据技术指标、基本指标、K 线形态、历史记忆、模式匹配、组合条件、自设条件进行全方位选股功能。

5. 交易系统设计

用户可根据自己的交易系统设置的交易条件、选股的分析周期，对它们做修改，选择把发出多头买入信号、多头卖出信号还是任意交易信号的条件作为选股条件。

6. 交易系统测试

股道系统交易通过历史数据来验证投资方法的正确性。测试包括对技术指标、条件选股、交易系统全方位的历史数据测试，支持双向交易测试、单向交易测试。它还以报告、明细、收益图、交易分布图、频谱图等量化形式向投资者提供投资帮助，比如，提供针对性的修正投资方法等，以此来提高投资者的投资方法的实战性。

7. 操盘训练基地

操盘训练基地是一种独特心理训练机制。它主要是在交易中强化投资者的操盘质量，并且能在 1 个月之内强化训练投资者的心理素质。良好的人机结合是大脑与人工智能的完美结合。

8. 实盘猎庄

盘中计算模型，根据数据耗散结构模型，异动挂单识别跟踪，主力大单成交监测和内在的历史记忆识别模型能在 1 秒之内把庄股以及运行的时间状

---

① MACD（Moving Average Convergence and Divergence）是 Geral Appel 于 1979 年提出的，它是一项利用短期（常用为 12 日）移动平均线与长期（常用为 26 日）移动平均线之间的聚合与分离状况，对买进、卖出时机作出研判的技术指标。

态一览无余，主力再无藏身之地。

四、通达信

通达信是一个投资者可以自己动手设计需要类型的炒股软件，它具有速度快、历史数据全面、完整的特点，版面舒服。缺点是对公式的支持不够，内置公式不能删除和修改。

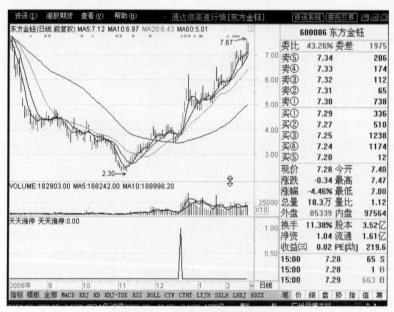

图 30-4　通达信炒股软件界面

具体来讲，通达信炒股软件具有以下特色：

1. 股指期货行情报价功能

股指期货的诞生是中国证券史上具有里程碑的标志性事件，对当前的证券市场有着深刻影响。新浪通达信软件对股指期货的标的物"沪深 300 指数"及其所包含的成分股表现进行实时全景展现，使投资者手握利器，胜券在握，在风险和收益都巨大的股指期货中快速捕捉机会。

对于不从事股指期货交易的投资者来说，也可以通过其先于股票市场的灵敏变化，来指导自己的股票交易。

2. 板块指数全景展现功能

点击行情报价下方的"板块指数"，即可对整个 A 股市场的行业板块表现进行综合呈现，还可按涨跌幅等进行排行。当点击左侧板块时，右侧自动列出该板块所有的个股，可按涨跌幅、价格等排行，同时还可以快速切换到个股的分时和 K 线图中。

投资者可以方便查询到所有行业的表现，抓住热点板块，并捕捉到各个行业的龙头股票，快速从数十个行业、上千只个股中找出最有价值的股票。

3. 关联报价功能

快速崛起的黑马股往往能带动整个板块的个股一起上涨，其所处行业的关联个股，往往具有补涨等重要的投资价值。因此，及时发现它们就显得非常重要。

在个股分时图中，点击左下角"关联报价"，即可看到和该股相关的所有板块的个股，使您快速找到该股所处的板块，以及相关板块中关联个股的表现以捕捉战机。

4. 主力监控精灵

主力是市场的主导力量，只有监控到他们的一举一动，才能抓住"黑马"。新浪通达信软件可以自动对市场上所有的股票进行实时监控，对主力的买入、卖出举动尽在掌握。

5. 市场雷达

市场上有上千只个股，如何对其中的异动进行实时监控，市场雷达功能可以解决，及时捕捉大单买卖、快速涨跌等有异动表现的个股，使您最快了解到当前市场的变化。

6. 移动筹码分布

自动分析该股的筹码分布，使投资者清晰地了解到该股的压力位、阻力位，当前的获利盘、套牢盘，以及主力的成本区间等关键信息，为投资者的投资判断做出重要参考。

7. 热门板块排行

热门板块排行可以按照行业、地区、概念等板块进行实时排行，同时列出各板块的成交额、换手率、市盈率、领涨股等实用信息。它是"板块指数"功能的有益补充，为投资者呈现更全面的市场信息。

8. 机构评测功能

机构作为市场上的专业研究机构模块，其对个股及行业的研究是普通投资者所无法比拟的。行情新浪通达信收集了各大著名机构的研究成果，按分时个股和其所处行业进行分类，投资者只需在个股分时页中点击"机构攻略、行业攻略"等按键就可以方便查询。

9. 热点星空图

对于喜欢使用星空图的用户来说，该功能可以方便地把星空图的各项功能呈现在一个窗口内。除了可以快速切换星空图的条件设置，点击星空图上的红点和绿点还可以快速切换出该股的报价、分时图和K线图。

10. 环球股市行情报价

在全球经济一体化的今天，各个国家的股市行情往往会互相影响、共涨共跌，点击右上角的"环球股指"，会自动链接到新浪财经的环球股市行情报价，包括欧美、亚洲、澳洲、非洲等各个主要国家和地区的股市指数报价。投资者可以纵览全球股市，及时获得可能对中国股市产生影响的重要信息。

如何保障网上炒股的安全

随着股市的瞬息万变，股民数量呈持续上升之势。同时，因为互联网的普及，网上炒股的股民也越来越多。但是，令人担忧的问题也随之而来：越来越多的犯罪分子也开始将木马用于盗取网上证券交易系统的用户密码和账号。作为投资者，怎样才能保障自己网上炒股的安全呢？

1. 规避网上炒股的常见错误

网上炒股常见的错误主要有：

（1）不用杀毒软件。

（2）密码设置太简单。

（3）软件没有实施同步升级。

2. 不断完善网上炒股安全保护措施

新股民可以从下面几个方面入手保护个人网上炒股的安全：

（1）及时打好系统补丁，检查并下载系统漏洞，减少网页木马入侵的可能。

（2）将电脑中的应用软件升级到最新版本。

（3）使用网上密码保护软件。

（4）登录网上银行、证券交易等网络平台时，尽量使用软键盘输入。

手机炒股基础知识

随着电子产品的高速发展，手机炒股也逐渐受到股民们的青睐。

一、手机炒股的形式

目前，在投资市场中，股民使用手机炒股主要有两种方式：

（1）投资者利用手机短消息功能实现交易。只要投资者的手机支持中文短消息和智能 STK 即可以进行手机炒股。

（2）投资者利用手机上网功能实现交易，也称 WAP 炒股。这一方式要求手机必须具有上网功能，而且先要在移动营业厅申请开通 WAP 或数据业务。

二、手机炒股系统提供的功能

手机炒股系统提供的功能主要有以下几个方面：

（1）证券交易委托。该委托主要包括委托买入、委托卖出、撤销委托。

（2）股票行情查询。股票行情查询时，一次可查询四种以上的股票行情。

（3）股票到价提示。投资者设置个股的高低价位提示的功能。

（4）证券资讯服务。如个股股评、个股新闻、个股公告、今日要闻、特别提示、投资备忘、新闻综述、行业动态及券商自己整理提供的资讯等综合提示。

随着手机炒股系统的不断完善，投资者还可以进行更多功能的应用，如历史信息的查询、账户设置及设置个人信息提示等。

三、手机炒股的优点

手机炒股的优势是突破时间、空间的限制，方便性和私密性更强了。更重要的是只要手机在网络（GSM/CDMA）覆盖的范围内（手机可以收到信号），投资者就能查看行情、做交易。

也就是说，手机炒股与传统交易方式相比，具有如下优点：

（1）不影响原有接听与拨打功能，且不会出现占线现象。

（2）输入手机密码即可进入交易。

（3）在开市时间可随时随地交易。

（4）具有成交提示、到价提示、账户预设等功能。

投资者使用手机炒股方式，除了每月月租费用外，每下一次单只需花费0.10元，且无须查询成交回报。更重要的是，它帮助投资者节省了长话费用（漫游免费）。

常用手机炒股软件介绍

手机炒股软件是在移动通信网的数据传输功能上发展起来的，它使投资者实现了用手机进行信息查询的新一代无线应用炒股系统。与其他的炒股方式相比，手机炒股在下单速度和线路通畅的可靠性上优势更大。就目前形势而言，手机炒股最受股民欢迎。

一、手机炒股的方式

手机炒股方式主要分为收费版和免费版两种。

1. 收费版手机炒股

（1）中国移动"手机证券"。中国移动"手机证券"是中国移动、北京掌上网科技有限公司、各券商三方合作推出的手机炒股业务。它为中国移动用户提供实时证券行情、资讯咨询、在线交易等证券相关服务的业务。

国信证券已经接入"移动证券"平台，国信证券客户也可以登录该平台看行情、做交易。"移动证券"的技术支持由于是第三方SP提供，客户除了要支付上网流量费，还需要支付行情、交易服务费用，15元/月服务费。首次开通当月免费、在线交易为6元/月，数据流量费另计。

（2）中国联通"掌上股市"。中国联通用户可以使用"掌上股市"业务，用户进入"互动视界"，选择"掌上股市交易版"，然后可以看到该栏目下的所有带交易功能的软件。在掌上股市交易版中口碑较好的是"钻石版"软件。股民使用"钻石版"软件可以随时随地上网，实现股票的实时买卖交易、查询大盘和个股的走势、行情、K线图等。

资费方面，"掌上股市券商冠名版"行情、资讯版资讯费为30元/月；通用证券行情软件版本"神奇股票行情版"行情、资讯版资讯费为 10 元/月。

（3）中国电信"手机炒股"。中国电信用户可以使用"手机炒股"业务，用户进入"手机下载"，依次选择"软件超市"—"软件目录"—"手机炒股"。在手机炒股栏目下有多款手机炒股软件，主要分为三大类：一是"鑫财通"系列；二是"同花顺"系列；三是"券商交易"系列。

新股民使用电信"手机炒股"时需要注意一点：由于网络制式的原因，现在中国电信的手机用户只能通过上面提到的方法下载使用手机炒股软件，不能通过互联网直接下载网上流传的软件。因为互联网上能够直接下载的软件大部分都是 Java 版本的，而绝大多数的中国电信 CDMA 手机不支持 Java 软件。不过，中国电信 CDMA 网络具备高度的安全性，可保障股民的交易安全。

2. 免费版手机炒股

益盟操盘手手机主力版是目前业内唯一可以免费体验 Level-2 功能的手机炒股软件。投资者使用该软件时无须注册，安装后即可免费体验全功能（其中，部分 Level-2 功能及行情资讯还是永久免费的）。

益盟操盘手手机主力版几乎涵盖了 Symbian、Java、Wince、Android 和 iPhone 等市面上所有手机平台的不同版本，这就为股民提供了极大的方便。与此同时，益盟操盘手手机主力版以炒股双核"操盘线和主力资金功能组"的完美组合，还为不同投资方式、不同投资习惯、不同风险偏好的中长线或短线证券投资者提供了解决方案。

二、手机炒股需要注意的问题

1. 安全问题

在目前情况下，手机上网的安全问题主要涉及三个方面：

（1）防范服务提供商的安全性问题。

（2）防范手机病毒。手机病毒一般发生在 Windows Mobile 或是 Symbian 系统的智能手机上。其中，支持蓝牙功能的手机中毒的机会最大。所以，使用此类手机上网炒股的投资者要注意蓝牙功能的使用。

（3）安全使用手机。手机炒股时，投资者要及时删除交易账号。避免因手机放置不当而带来的安全隐患。

2. 选择流量套餐问题

投资者如果没有选择相应的流量套餐会增加自己的投资成本。对于新股民来说，选择 30M 套餐就可以了。

附

如何利用大智慧软件炒股

一、如何利用大智慧软件看大盘

大智慧是一个集行情揭示、简讯咨询、技术分析和盘面检测等功能为一体的软件平台。它使用广、用户多、信息齐全，能够将证券、期货以及外汇等有机地结合在一起，是投资者的投资武器。

如果是新用户，可点击当前页面"登录"对话框的"注册新用户"然后跳出大智慧注册向导。其具体步骤如下：

（1）确定账户名。可以设定一个长度为 4~20 个字符之间的通行证账号，并且要区分大小写字母。设定完账户名后点击"下一步"进行操作。

（2）设定密码。

（3）注册信息确认。进行完以上操作后，一个新的账号即将产生，投资者可以利用其进行看盘操作。

那么，利用大智慧软件如何看股市大盘？

（1）如何看大盘分时走势图？如果投资者想要通过大智慧快速地切换到上海证券交易所的大盘走势，可按 F3 快捷键。如若看深圳证券交易所的大盘走势图可按 F4 快捷键。它可用两种图像表示（如附图 1 和附图 2 所示）。

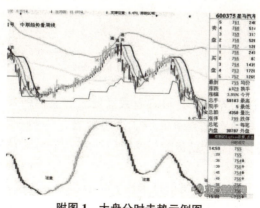

附图 1　大盘分时走势示例图

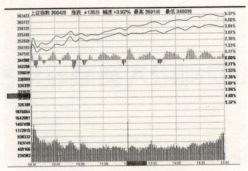

附图 2　大盘分时走势图

（2）如何看大盘的 K 线图？进入"大盘分时走势"界面后，按 Enter 键便可浏览大盘 K 线图。按"↑"键、"↓"键可放大、缩小图形，按"←"键、"→"键可移动查看历史的 K 线走势。按 Esc 键可退回大盘分时走势。如果要在大盘的分时走势图和 K 线图之间进行切换，可按 F5 快捷键进行操作。如附图 3 所示。

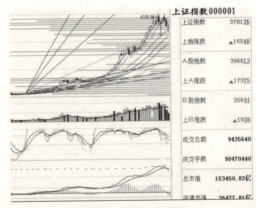

附图 3　大盘 K 线图

在大盘 K 线图的界面下，可查看大盘分时成交明细表（按 F1 键或 01+Enter 组合键），同样也可查看分价成交明细表（按 F2 键或 02+Enter 组合键）。行情在采集期间累积的成交量和最后的成交价每隔 6 秒钟更新一次。如附图 4 所示。

如果想要查看当天的股市信息可按 F10 键。

（3）如何看大盘行情？行情报价可分为分类报价、智慧排行、综合排

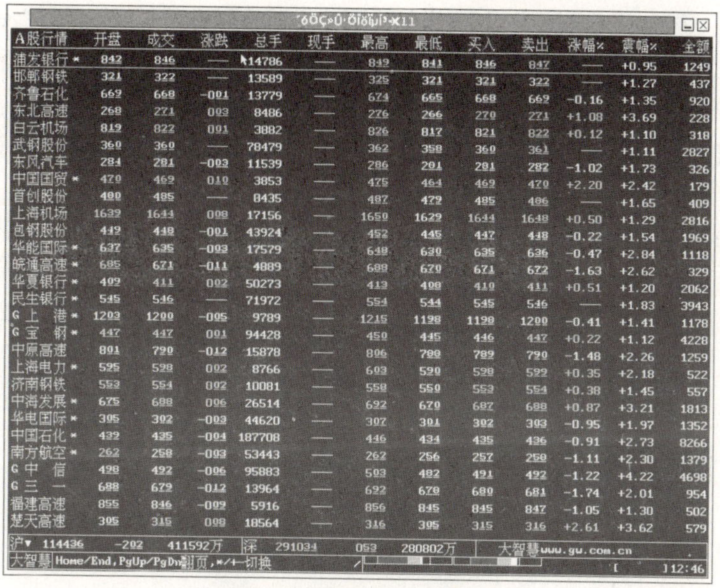

A股行情	开盘	成交	涨跌	总手	现手	最高	最低	买入	卖出	涨幅%	震幅%	金额
浦发银行 *	842	846	—	14786	—	849	841	846	847	—	+0.95	1249
邯郸钢铁	321	322	—	13589	—	325	321	321	322	—	+1.27	437
齐鲁石化	669	668	-001	13779	—	674	665	668	669	-0.16	+1.35	920
东北高速	268	271	003	8486	—	276	266	270	271	+1.08	+3.69	228
白云机场	819	822	001	3882	—	826	817	821	822	+0.12	+1.10	318
武钢股份	360	360	—	78479	—	362	358	360	361	—	+1.11	2827
东风汽车	284	281	-003	11539	—	286	281	281	282	-1.02	+1.73	326
中国国贸 *	470	469	010	3853	—	475	464	469	470	+2.20	+2.42	179
首创股份	480	485	—	8435	—	487	479	485	486	—	+1.65	409
上海机场	1639	1644	008	17156	—	1650	1629	1644	1648	+0.50	+1.29	2816
包钢股份	449	448	-001	43924	—	452	445	447	448	-0.22	+1.54	1969
华能国际 *	637	635	-003	17579	—	648	630	635	636	-0.47	+2.84	1118
皖通高速 *	685	671	-011	4889	—	688	670	671	672	-1.63	+2.62	329
华夏银行 *	409	411	002	50273	—	413	408	410	411	+0.51	+1.20	2062
民生银行 *	545	546	—	71972	—	554	544	545	546	—	+1.83	3943
G 上　港 *	1203	1200	-005	9789	—	1215	1198	1198	1200	-0.41	+1.41	1178
G 宝　钢 *	447	447	001	94428	—	450	445	446	447	+0.22	+1.12	4228
中原高速	801	790	-012	15878	—	806	788	789	790	-1.48	+2.26	1259
上海电力 *	595	598	002	8766	—	603	590	598	599	+0.35	+2.18	522
济南钢铁	553	554	002	10081	—	558	550	553	554	+0.38	+1.45	557
中海发展 *	675	688	006	26514	—	692	670	687	688	+0.87	+3.21	1813
华电国际 *	305	302	-003	44620	—	307	301	302	303	-0.95	+1.97	1352
中国石化 *	439	435	-004	187708	—	446	434	435	436	-0.91	+2.73	8266
南方航空 *	262	258	-003	53443	—	262	256	257	258	-1.11	+2.30	1379
G 中　信	498	492	-006	95883	—	503	482	491	492	-1.22	+4.22	4698
G 三　一	688	679	-012	13964	—	692	678	680	681	-1.74	+2.01	954
福建高速	855	846	-009	5916	—	856	845	845	847	-1.05	+1.30	502
楚天高速	305	315	008	18564	—	316	305	315	316	+2.61	+3.62	579

附图 4　大盘分时成交明细表

名、多股同列、自选报价。其主要的操作方法如下：

按 0+Enter 组合键后选择相应的报价或是通过鼠标左键选择“行情”中的某一选项即可操作。或是通过“↑”键、“↓”键选取想要的内容，然后按 Enter 键进行确认操作。Enter 键可以循环切换个股分时走势图、K 线图、行情列表的界面。按“←”键、“→”键可以移动查看行情列表中的数据。默认系统是按照股票的代码排列，如输入数字 61 或是数字 63 即可查看上证和深证 A 股按涨幅排名的情况，然后在“涨跌幅”处单击鼠标左键，即可查看涨跌幅的股票。一般的屏幕只显示 29 只股票，但可以单击 Pageup 键或是 Pagedown 键进行上下翻页查看。

（4）如何看大盘当日综合排名？如果想要通过大智慧软件查看股票当日的涨幅、跌幅、震幅综合排名可以按照以下步骤进行操作：

点击数字 81、82、83、84、85、86、89 即可分别弹出上海 A 股、B 股，深圳 A 股、B 股，上证国债、深证国债的综合排名。系统会用 9 个排成方阵的小窗列出所选股票的涨幅、跌幅、震幅等前几名的排名状况。在某一个窗口锁定某只股票，然后用鼠标左键进行双击就可查看该股票的分时走势图。

（5）如何查看分类指数？大智慧软件将不同类别的指数进行分类，如果看到不同类别的指数时，在大盘 K 线图的界面下按 Enter 键便可进入指数排行列表。按 Esc 键退回大盘分时走势图中。也可以按"↑"键、"↓"键查看下一个不同列别的指数，按 Pageup 键或是 Pagedown 键进行上下翻页查看。同时还可以用鼠标左键单击涨跌幅，此时涨跌幅的颜色变红，各类指数将会按照涨跌幅的降序排列，再次单击涨跌幅颜色变绿各类指标按升序排列。

（6）利用大智慧了解个股大单买卖的数据。进入大盘的日线图和分时图的界面后，可发现在屏幕的右下角和指数并列的地方新增了"大单"功能选项，按住键盘"+"键即可切换到大单界面，它在沪深大盘分时走势的界面上提供了个股买卖的数据。

二、如何利用大智慧软件看个股

（一）个股分析周期

个股 K 线技术走势图按照周期运行可分为 5 分钟 K 线图、15 分钟 K 线图、30 分钟 K 线图、60 分钟 K 线图、日 K 线图、周 K 线图、月 K 线图，并且可以通过快捷键 F8 进行周期间的页面切换。

（二）个股分时走势图

按 Enter 键可循环切换个股 K 线图、行情列表、分时走势图。按 Pageup 键可查看上一只股的动态分时走势。按 Pagedown 键可查看下一只股的动态分时走势，用 F1 键看个股分时成交明细表，F2 键看个股分价成交明细表，用 F10 键看个股基本面资料，用 "–" 键可改变盘口的显示方式，用 "+" 键切换右下角的基本面窗口，用 "/" 键可快速切换分析指标。

（三）利用大智慧查找个股

在大智慧中直接输入个股代码或是个股名称拼音首字母，智慧键盘宝就会自动搜寻到与之相匹配的股票，然后按键确认并执行操作，最后按 Esc 键退出。

在开机菜单栏中的 "分类报价" 或是 "自选股报价" 中选定个股，然后按 Enter 键执行操作，按 Esc 键退出。

（四）设置个股预警

由于人的经历有限，不可能随时都监控所有的股票，因此大智慧启动了个股预警可以帮助投资者监控股票。

个股预警的启动：在菜单的功能选项中选择个股预警，然后打开预警窗口。

　　个股预警的使用：预警条件窗是用来显示当前系统中已经指定好的预警条件。预警记录窗是用来记录系统历史发出的预警，其包含股票代码、预警时间、条件、价格以及盈亏的情况。

　　在预选股票的窗口下方点击增加或删除按钮，便可增加或减少预警股票。然后点击"新增条件"或修改条件按钮，弹出预警设定条件对话框，用于设定预警条件。对于价格或是涨跌幅预警需要设定上下限，此时便可以启动预警系统。

三、如何利用大智慧软件浏览信息

（一）可实时解盘了解股市信息

大智慧在盘中定时地有分析师发布最新股市动态信息。一旦有测评的信息发布，在屏幕的右下角会自动弹出一个提示框，告诉解盘的相关信息。点击全部按钮，可转入到实时解盘窗口。

由于弹出的对话框在几秒内会消失，如再想看解盘内容，可以通过下拉菜单进入大智慧的实时解盘窗口，点击栏目专题可以查看详细内容或点击数字 59+Enter 组合键查看当日的全部内容。

（二）通过信息地雷了解股市的重要信息

大智慧独创信息功能，在分时走势图和 K 线图上，在盘中出现重大的基本面状况、出现市场评论及预测、买卖参考等都会在相应的分时走势图的顶端出现地雷标志"*"。

在行情列表的下方，如果股票名称的后面有信息地雷标志，说明该股分时走势图上面有信息地雷出现，然后再将鼠标移动到相应的位置，按 Enter 键即可查看想要浏览的信息。或者用鼠标双击信息地雷位置进入信息地雷浏览，按鼠标右键退出。或按"↑"键、"↓"键、"←"键、"→"键直接移动鼠标到相应的地雷上，并会出现标题提示，按 Enter 键即可进入正文浏览，再按 Esc 键退出。"◆"表示咨询地雷，包括大盘分析、个股推荐。"*"表示资讯地雷，主要有上市公司的公告和新闻。"▲"表示走势图中千股千问。"▼"表示评论。"十"表示财务报表。"↑"、"↓"表示有多个地雷。如果地雷用蓝色表示说明是最近几日的信息地雷，点击 23 即可将有信息地雷的股票排列在前。

大智慧软件还为投资者提供了大量的证券媒体新闻，不必查阅报纸便可通晓股市信息。可点击大智慧菜单栏中的"大智慧"，然后在下拉菜单中点击咨询平台就可查到有关财经要闻和交易所新闻。

四、软件常用的快捷键一览表

按键	内容	按键	内容
Alt+D	除权标记	F1	个股分时成交明细表
Alt+I	信息地雷标记	F2	个股分价成交明细表
Alt+H	当前帮助	F3	上证领先
Alt+M	最高、最低标记	F4	深证领先
Alt+X	自选设定	F5	实时走势图
Alt+F1	个股概况	F6	查看个股
Alt+F2	板块监测	F7	K线画面下的指标参数设定
Alt+F5	静态分析	F8	分析周期切换
Alt+F7	自定义指标参数	F9	K线画面下画线工具
Alt+F9	画线工具选择	F10	个股概况
Alt+F12	自助委托	F12	自助委托
Ctrl+D	清除画线	/	切换指标
Ctrl+F	手动复权	Shift+Tab	画面坐标变换
Ctrl+Q	区间统计	0+Enter	系统功能菜单
Ctrl+P	开启、暂停自动翻页	19+ Enter	市盈率排行
Ctrl+R	向前复权	13+ Enter	成交量排行
Ctrl+T	向后复权	11+ Enter	涨幅排行
888	智慧投票箱	12+ Enter	震幅排行
14+ Enter	现手排行	20+ Enter	股价排行
15+ Enter	量比排行	17+ Enter	委比排行

图书在版编目（CIP）数据

中国新股民入门必备/百万编著. —3 版. —北京：经济管理出版社，2015.8
ISBN 978-7-5096-3836-1

Ⅰ．①中… Ⅱ．①百… Ⅲ．①股票交易—基本知识—中国 Ⅳ．①F832.51

中国版本图书馆 CIP 数据核字（2015）第 145179 号

组稿编辑：勇　生
责任编辑：勇　生　王格格
责任印制：黄章平
责任校对：车立佳

出版发行：经济管理出版社
　　　　　（北京市海淀区北蜂窝 8 号中雅大厦 A 座 11 层　　100038）
网　　址：www. E-mp. com. cn
电　　话：(010) 51915602
印　　刷：北京晨旭印刷厂
经　　销：新华书店
开　　本：720mm×1000mm/16
印　　张：20.75
字　　数：351 千字
版　　次：2015 年 10 月第 3 版　　2015 年 10 月第 1 次印刷
书　　号：ISBN 978-7-5096-3836-1
定　　价：48.00 元